BUSINESS
COMMUNICATION

商务沟通

方法、案例和技巧

移动学习版

张传杰 黄漫宇 ◎ 主编

吴英娜 ◎ 副主编

人民邮电出版社

北 京

图书在版编目（CIP）数据

商务沟通：方法、案例和技巧：移动学习版 / 张
传杰，黄漫宇主编. -- 北京：人民邮电出版社，2018.2（2021.12重印）
ISBN 978-7-115-47114-7

Ⅰ. ①商… Ⅱ. ①张… ②黄… Ⅲ. ①商业管理—公
共关系学 Ⅳ. ①F715

中国版本图书馆CIP数据核字(2017)第288227号

内 容 提 要

在商务活动中，我们唯有具备高效的沟通能力，才能在工作中应对自如、游刃有余，从而取得令人瞩目的成就。

本书结合大量案例，系统地介绍了商务沟通领域的理念、方法和技巧。全书共11章，内容包括商务沟通概述、口头沟通的艺术、倾听的作用与技巧、非语言沟通、书面沟通、沟通礼仪、商务谈判中的沟通、电话沟通、网络沟通、求职面试技巧和求职书面材料的准备等。另外，本书的附录还提供了6个商务沟通游戏，可增加读者的阅读兴趣。

本书既可作为高等院校经济管理类专业本科生与研究生、MBA 的教学用书，也可供企业管理人员作为提升沟通技能的参考用书。

◆ 主　　编　张传杰　黄漫宇

　　副 主 编　吴英娜

　　责任编辑　孙燕燕

　　责任印制　焦志炜

◆ 人民邮电出版社出版发行　　北京市丰台区成寿寺路 11 号

　　邮编　100164　电子邮件　315@ptpress.com.cn

　　网址　http://www.ptpress.com.cn

　　大厂回族自治县聚鑫印刷有限责任公司印刷

◆ 开本：700×1000　1/16

　　印张：17.5　　　　　　　　　　2018 年 2 月第 1 版

　　字数：277 千字　　　　　　　　2021 年 12 月河北第 8 次印刷

定价：49.80 元

读者服务热线：(010)81055256　印装质量热线：(010)81055316
反盗版热线：(010)81055315
广告经营许可证：京东市监广登字 20170147 号

前　言

在社会发展中，沟通是人们交换信息、增进情感、交流思想必不可少的环节。尤其是在经济全球化、信息大爆炸的今天，高效沟通已经成为工商界人士必备的技能。对于有志于从事管理工作的人士以及正在从事管理工作的人士而言，掌握高效沟通的精髓是增强其职场竞争力的有效保障。

鉴于沟通的重要性在现代社会中正日益显现，为了培养出具有卓越才能的企业家和高级管理人才，欧美国家的商学院把"管理沟通"作为培养 MBA 的主干课程之一。随着现代社会的不断发展，在我国，不仅越来越多的高校开始逐渐设立诸如"商务沟通""管理沟通"等课程，而且越来越多的企业管理人员也意识到商务沟通的重要性。虽然目前市场上有关这些课程的图书种类繁多，但是多数图书以引进翻译版为主，即使我国学者自己编写的相关图书也主要是针对 MBA 的"管理沟通"课程。鉴于中外国情的差别、本科生教育与 MBA 教育的差异，以及现实中企业管理人员面临的实际问题，编写一本既适合作为高等院校经济管理类专业的本科生和研究生、MBA 的教学用书，也可供企业管理人员和对商务沟通感兴趣的人士使用的参考书，是十分必要的。

本书是编者教学团队在总结众多相关课程和课堂教学经验的基础上进行的一次创新尝试，其主要特点如下。

1. 内容务实，操作性强

商务沟通特别强调实际操作的能力，本书在内容安排上也侧重介绍关于商务沟通的一些实用技巧和技能。这些技巧和技能有助于读者在短期内掌握沟通的基本要领，提高其沟通能力。此外，很多章节还加入了综合情景模拟、角色扮演等内容，这样不仅有利于活跃课堂教学气氛，也有利于读者加深对沟通理论、技巧的理解。

2. 内容通俗易懂，案例丰富生动

本书不仅通过通俗易懂的语言来阐述与沟通相关的原理和方法，做到深入浅出，而且本书在每章的开头以案例形式引入本章的教学内容，必要时根据具体内容在各章之间安排一些小案例，同时在每章的后面安排有案例讨论，读者通过案例可加深对相关知识点的理解。

3. 知识学习与实践训练紧密结合

商务沟通是一门实践性较强的课程，许多沟通方法和技巧需要通过"干中学"的方式来掌握。本书结合编者多年的教学经验，在内容安排上设计了本章案例、复习思考题、商务沟通小游戏等内容。这一方面可以为使用本书的老师提供教学素材，另一方面也有助于提高本书内容的可读性和自学性，促进读者主动思考，帮助读者快速掌握沟通技能。

4. 形式新颖，配套资源丰富

为了满足教学需要，本书提供了各章的 PPT 演示材料，供读者参考使用。另外，考虑到移动互联网技术的发展，越来越多的读者喜欢采用"互联网+"的学习模式，因而本书大胆地尝试了移动学习的教学手段，提供包括案例、视频等学习资料，读者可以通过手机扫描书中的二维码获得。

本书由中南财经政法大学工商管理学院张传杰、黄漫宇任主编，吴英娜任副主编。另外，李圆颖、吴佩佩、秦雅斐等人也参与了部分章节的编写工作，最后由张传杰总纂定稿。

此外，编者也要感谢现有的有关商务沟通类文献的作者们，因为本书中的部分内容借鉴了你们的成果。本书只是编者在探索沟通类课程教学过程中的阶段性成果，限于学术水平，书中难免有疏漏之处，希望广大读者指正。

编　者

2017 年 8 月

目 录

第 6 章　沟通礼仪

第 7 章　商务谈判中的沟通

第 8 章　电话沟通

第 9 章　网络沟通

第 10 章　求职面试技巧

第 11 章　求职书面材料的准备

第1章
商务沟通概述

【学习目的】

1. 了解沟通的目标与类型以及商务沟通未来的发展趋势。
2. 熟悉沟通过程以及了解沟通障碍产生的原因。
3. 熟悉克服沟通障碍的主要方法。
4. 熟练掌握情境分析法在商务沟通中的应用。

【引导案例】

沟通的重要性与理解误区

美国著名学府普林斯顿大学对一万份人事档案进行分析，结果发现："智慧""专业技术"和"经验"只占成功因素的25%，其余75%取决于良好的人际沟通。

哈佛大学的调查结果显示：在500名被解雇的员工中，因人际沟通不良而导致工作不称职者占82%。

美国一项对1 000名公司白领和蓝领的调查显示，导致工作不满和误解的最常见原因是缺乏沟通。

国际管理集团总裁、畅销书《哈佛商学院不教你的东西》作者马克·H.麦科马克说："在工作中，人们的书面沟通技能可能比其他任何技能都更有用。"

通过上面的描述，我们可以看到，沟通在我们工作中的重要作用。其实，大家对于沟通这个词汇并不陌生，但是人们对它的理解也多种多样，而且大都缺乏完整而准确的认识，举例如下。

观点 1：沟通不是太难的事情，每个人都会沟通。

观点 2：我把我的想法告诉了对方，这就是沟通。

观点 3：无论对待什么人，都采用相同的方式沟通。

可以说，上述观点从不同角度反映出人们对沟通的片面理解。第一种观点忽视了沟通的复杂性和难度，在处理沟通问题时容易简单化；第二种观点认为沟通仅仅是单向的信息传播，忽视了对方的理解能力和心理感受；第三种观点把沟通看作是单一模式的行为，忽视了沟通对象的多样化对沟通行为的影响。

虽然沟通是我们非常熟悉的行为，但实际上沟通远比我们想象的复杂，它综合了语言学、心理学、人际关系学等多种学科的知识和技巧。只有正确地认识沟通，并不断学习和实践，我们才能真正提升沟通技能。

1.1 沟通的目标与类型

1.1.1 沟通与商务沟通

沟通是一个经常使用的词。对于什么是沟通，众说纷纭。统计结果表明，沟通的定义竟有一百多种。

在英文中，"沟通"（Communication）这个词来自于拉丁语词根 common。Common 这个词的含义是共有、共同的意思。综合分析沟通的一百多种定义，大致有两种观点是比较普遍的。一种是说服派的观点，即强调信息的单向传播和送达。例如，赫伯特·西蒙（Herbert A.Simon）认为，沟通"可视为一种程序，借此程序，组织中的每一成员，将其所决定的意见或前提，传送给其他有关成员"。另一种是共享派的观点，即认为沟通是信息发送者与信息接收者共享信息的过程，强调信息传递的双向性。

本书倾向于第二种观点，从经营和管理的角度出发，特别是从企业、机构工作职能特性的要求出发，将沟通定义为：沟通是发送者通过某种载体和渠道将信息、感情、思想传递给接收者，并获取理解和认同的过程。根据上述定义，我们可以将商务沟通理解为沟通主体（包括个人和组织）为实现商业目的、协调商业关系而进行的一系列沟通活动。

1.1.2　沟通在商务领域的作用

沟通在商务领域的作用，主要表现为以下几点。

1. 沟通可以有效促进信息共享，实现双赢

爱尔兰作家萧伯纳曾说过："如果你有一个苹果，我有一个苹果，彼此交换，我们每个人仍只有一个苹果；如果你有一种思想，我有一种思想，彼此交换，我们每个人就有了两种思想。"这句话说出了信息共享的重要意义。在商业领域，无论是组织内部的分工协作还是组织之间的商业往来，都需要通过信息的传递、交换来实现。而这些信息的传递、交换，无一不是通过沟通来完成的。通过沟通和交换有意义、有价值的各种商业信息，商业往来中的大小事务才能得以开展。掌握低成本的沟通技巧、了解如何有效地传递信息，不仅能提高个人和组织的竞争优势，也能实现合作双方的共赢。

2. 对企业而言，沟通是维系客户关系、增加商业机会的必要手段

现代商务沟通方式为企业提供了外在条件，企业不仅能够比较容易获取目标客户信息并与之取得联系，还能及时迅速地为对方提供准确详尽的商务信息，有助于开发新的客户，建立新的业务关系。就老客户而言，企业可以通过各种沟通方式积极交流相关商务事宜，还能与之保持经常性联络，维持客户关系。例如，在传统节日、特殊日子，或在对方取得成功时，通过商务信函相互祝贺，这样不但可以维护客户关系、增进双方友谊，而且有助于增加商业机会。

3. 对个人而言，沟通能力是求职和升迁的必备素质

沟通对现代职场而言有三大功能，即交流信息、传递思想和维系人际关系。因此，沟通能力对每个工作岗位都非常重要，良好的沟通技能也成为了求职和升迁的必备条件。现代的企业招聘过程中有很多环节，诸如投递简历、自我介绍、面谈等实际上就是在考察求职者的沟通能力。对已经在职的

怎样学好商务沟通

人员来说，沟通能力可以改善和巩固组织内部的人际关系，有效传递信息，提升工作业绩。因此，掌握良好的商务沟通技能对实现人生职业目标至关重要。

1.1.3　沟通的目标

按照共享派理解的沟通的含义，我们不难得出沟通目标的 4 个层次。

1. 沟通首先是实现信息被对方接收

沟通首先是意义上的传递。如果信息和想法没有被传递到，则意味着沟通没有发生。也就是说，说话者没有听众或写作者没有读者都不能构成沟通。

2. 信息不仅是被传递到，还要被充分理解

沟通是意义上的传递和理解。要使沟通成功，信息不仅需要被传递，还需要被理解。如果一个不懂英文的人阅读英文原版小说，那么他（她）所从事的活动就无法称为沟通。有效的沟通，应该是信息经过传递后，接收者感知到的信息应与发送者发出的信息完全一致。

值得注意的是，一个观念或一项信息并不能像有形物品一样由发送者传送给接收者。

在沟通过程中，所有传递于沟通者之间的，只是一些符号而不是信息本身。语言、身体动作、表情等都是一种符号。传送者首先要把传递的信息"翻译"成符号，而接收者则进行相反的"翻译过程"。由于每个人"信息—符号储存系统"各不相同，因而他们对同一符号（例如身体语言）常存在着不同的理解。例如，在我国，人们把大拇指伸出来时，表示赞赏对方；而在德国等国家则表示数字"1"。如果人们在交往中忽视了不同成员之间"信息—符号储存系统"的差异，自认为自己的词汇、动作等符号能被对方还原成自己欲表达的信息，则会导致理解上的偏差。

3. 所传递的信息被对方接受

接受是沟通目标的更高层次。但是信息可以被对方接受，这只是我们追求的目标，而不能成为判断沟通是否高效的标准。按照这一观点，如果有人与我们意见不同时，不少人认为此人未能完全领会我们的看法，但是这种理解不一定是正确的。因为，很多时候由于其他原因的存在，对方可以非常明白我们的意思但却不同意我们的看法。事实上，沟通双方能否达成一致，别人是否接受我们的观点，往往并不是沟通良好与否这一个因素所决定的，它还受双方根本利益是否一致、价值观是否相同等其他关键因素的影响。例如，在谈判过程中，如果双方存在着根本利益的冲突，即使沟通过程中不存在任何噪声干扰，谈判双方技巧十分娴熟，沟通双方的每个人都已充分理解了对方的观点和意见，往往也不能达成协议。

4.促使对方做出反应并产生改变

沟通的目的不是行为本身，而在于结果。如果对方在接收、理解、接受我们所传递信息的基础上，能够改变行为或态度，那么沟通可以产生预期的效果，这样沟通的整体目标可以得到最完美的实现。例如，通过绩效评估面谈，主管指出了某位员工工作中的问题，这位员工在接受这些批评以后，在工作态度和工作质量方面都进行了相应的改进，提高了工作效率，那么此时主管和员工的沟通实现了最高目标。当然，对方是否会做出反应取决于他（她）的性格、价值观以及个人态度和能力等。

以上4个目标能够在沟通活动中全部实现是比较困难的，因为这不仅与沟通技能相关，它还受到其他一些主观、客观因素的影响。但是，如果我们未能实现以上4个目标中的任何一个目标，则意味着沟通失败。

通常情况下，我们把前两种效果称为"浅层沟通"，后两种效果称为"深层沟通"，如图1-1所示。被誉为"现代管理学之父"的彼得·德鲁克曾经说过："沟通不是你在说什么，而是别人怎么理解你说的什么。"这就说明沟通的效果比沟通的过程要重要。而在现实的工作和生活中，人们往往更加注重沟通的过程，却忽略了沟通的效果。这也是导致很多沟通失败的重要原因。

图1-1 沟通效果

1.1.4 沟通的类型

依据不同的划分标准，我们可以把沟通分成不同的类型。如根据信息载体的不同，沟通可分为语言沟通和非语言沟通两种类型；按照沟通所涉及的范围不同，它又可以分为自我沟通和人际沟通等。由于本书的内容侧重于介绍在各种信息载体中沟通的技能和技巧，因此在此主要介绍第一种分类，如图1-2所示。

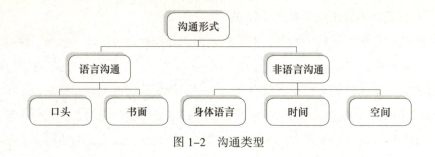

图 1-2　沟通类型

1. 语言沟通

语言沟通是建立在语言文字基础上的沟通形式，又可细分为口头信息沟通和书面信息沟通两种形式。

（1）口头信息沟通

人们之间最常见的沟通方式就是交谈，即口头信息沟通。口头信息沟通方式灵活多样，既包括演讲、正式的一对一讨论或小组讨论，也包括非正式的讨论以及传闻或小道信息传播等。

口头信息沟通是所有沟通形式中最直接的方式。它的优点是快速传递和即时反馈。在这种方式下，信息可以在最短时间内被传递，并在最短时间内得到对方回复。如果接收者对信息有疑问，迅速的反馈可使发送者及时检查其中不够明确的地方并进行改正。

但是，口头信息沟通也有缺陷。信息在发送者一段段接力式传送的过程中，存在着巨大的失真的可能性。每个人都以自己的偏好增减信息，以自己的方式诠释信息，当信息经长途跋涉到达终点时，其内容往往与最初的含义存在重大偏差。如果组织中的重要决策通过口头方式，沿着权力等级链上下传递，则信息失真可能性相当大。

（2）书面信息沟通

书面信息沟通包括信函、报告、备忘录等其他任何传递书面文字或符号的手段。书面记录具有有形展示、长期保存、法律防护依据等优点。一般情况下，发送者与接收者双方都拥有沟通记录，沟通的信息可以长期保存下去。如果对信息有疑问，过后的查询是完全可能的。对于复杂或长期的沟通来说，这尤为重要。一个新的投资计划的确定可能需要好几个月的大量工作，以书面方式记录下来，可以使计划的构思者在整个计划的实施过程中有一个依据。

书面信息沟通，可以促使人们对自己要表达的东西进行更加认真的思考。因此，书面沟通显得更加周密、逻辑性强、条理清楚。书面语言在正式发表之前能够反复修改，直至作者满意。作者所欲表达的信息能被充分、完整地表达出来，减少了情绪、他人观点等因素对信息传达的影响。书面沟通的内容易于复制、传播，这对于大规模传播来说十分有利。

当然，书面沟通也有一些缺点。相对于口头沟通来说，书面沟通耗费时间较长。同等时间的交流，口头沟通比书面沟通所传达的信息要多得多。此外，书面沟通不能及时提供信息反馈，结果是无法确保所发出的信息能被接收到，即使被接收到，也无法确保接收者对信息的理解正好是发送者的本意。发送者往往要花费很长的时间来了解信息是否已被接收并被准确地理解。

2. 非语言沟通

非语言沟通指通过某些媒介而不是语言或文字来传递信息。非语言沟通的内涵十分丰富，包括身体语言、时间、沉默和空间等。由于非语言沟通包含的内容十分广泛，这里就不一一列举，我们将在第4章详细叙述。

1.2 沟通过程与沟通障碍的克服

沟通是一个复杂的过程，其中包含了编码、传递、译码、反馈等多个环节，而且很多时候为了实现我们的沟通目标还需要进行多次循环。

1.2.1 沟通过程

沟通过程就是发送者将信息通过选定的渠道传递给接收者的过程。如图1-3所示，沟通过程包括信息发送者、编码和译码过程、信息传播渠道、信息接收者等要素，此外在这个过程中还有可能存在一些干扰或者妨碍沟通的因素。

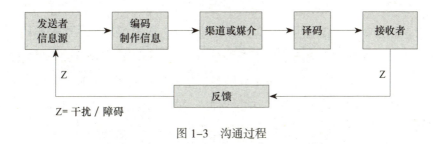

图1-3 沟通过程

1. 信息发送者

信息发送者是沟通过程的主要要素之一。发送者是利用生理或机械手段向预定对象发送信息的一方。发送者可以是个人，也可以是组织。发送者的主要任务是信息的收集、加工及传播。

怎样提高发送者的可信度

2. 编码与译码

编码是发送者将信息的意义符号化，编成一定的文字等语言符号及其他形式的符号。译码则恰恰与之相反，是接收者在接收信息后，将符号化的信息还原成为思想，并理解其意义。

完美的沟通，应该是信息发送者的信号经过编码和译码两个过程后，形成的认识和理解与之前的信号内容完全吻合，也即编码和译码完全"对称"。对称的前提条件是双方拥有类似的经验，如果双方对信息符号及信息内容缺乏共同经验，也就是缺乏共同语言，编码、译码过程不可避免地会出现误差。

3. 渠道或媒介

不同的信息内容要求使用不同的渠道。例如，工作总结报告就不宜采取口头形式而多采用正式文件作为通道，而邀请朋友吃饭如果采取备忘录的形式就显得不伦不类。有时，根据需要也可以使用两种或两种以上的传递渠道。此外，在各种方式的沟通中，影响力最大的仍然是面对面的沟通方式。

4. 接收者

接收者是发送者的信息传递对象。人们通过沟通分享信息、思想和感情，这种分享不是一种单向的过程，这个过程可逆向而行。在大多数情况下，发送者与接收者在同一时间既发送又接收。因此，接收者的主要任务是接收发送者的思想和情感，并及时地把自己的思想和情感反馈给对方。

5. 反馈

反馈是接收者接收发送者所发出的信息，通过消化吸收后，将产生的反应传达给发送者的过程。沟通实质上不是行为而是过程。这意味着在沟通的每一个阶段都要寻求受众的支持，更重要的是给他们回应的机会。通过反馈，我们才能真正使对方对沟通的过程和有效性加以正确的把握。在沟通过程中，反馈可以是有意的，也可以是无意的。例如，演讲者在登台演讲时就存在一个与观众的沟通过程，此时观众可能以喝倒彩表示他们对演讲者的不满，也可以在听演讲时显得疲惫与精神不集中，这种无意间的神情与表情的流露，同样可以反馈出他们对演讲内容和方式不感兴趣。所以，在沟通中反馈是非常重要的一环，反馈让所有发送者得知对方是否理解与接受他所发出的信息，并了解对方的感受。

6. 噪声

噪声是沟通过程中的干扰因素，它是理解信息和准确解释信息的障碍，可以说妨碍信息沟通的任何因素都是噪声。噪声发生在发送者和接收者之间，分为外部噪声、内部噪声和语义噪声等。

课间案例1

贴错的标签

情景：迈克在一家食品加工厂的包装车间里当管理人员，玛丽是车间里操作贴标签机器的工人。玛丽刚犯了一个严重的错误，包装流水线上的产品换了，她却没有换上相应的标签轴筒。迈克找玛丽谈话。

迈克：你怎么可以让这种事情发生！我早就跟你说了，而且要你特别当心。

玛丽：那时我以为当流水线上的产品要换时，我会从打包者那里得到个信号。可他什么也没有对我说。

迈克：这不是我当时的意思，我说"打包者"指的是打包机，当产品换线时，它的红灯就亮了。

玛丽：我想我大概误解你的意思了。不管怎么说，那天你跟我说这件事情时，我为母亲急得要命，她正在医院开刀，说实在的，我没有想到贴标签惹下那么大的麻烦。

1.2.2 沟通过程的障碍因素分析

沟通的过程，经常会出现干扰有效沟通的噪声，从而导致沟通不畅。总的来说，人们在沟通中通常会遇到以下4种类型的障碍：物理背景、心理背景、文化背景以及社会背景。如图1-4所示，物理背景主要包括所在场所、环境、噪声等因素的影响；心理背景主要包括情绪、性格、态度等因素的影响；社会背景主要包括沟通双方的人际关系、彼此在沟通中的需求、第三方的影响等；文化背景包括教育水平、价值观等因素的影响。

心理背景	物理背景	社会背景	文化背景
● 情绪 ● 态度 ● 性格	● 场所 ● 环境 ● 噪声	● 关系 ● 需求 ● 第三方影响	● 教育水平 ● 价值观

图 1-4　沟通的主要障碍

下面分析产生这些障碍的原因，以便于在沟通中克服这些障碍，尽可能减少其影响。

1. 感觉差异

人们对于词汇的理解在很大程度上取决于过去的经验。由于人们在年龄、国籍、文化、教育、职业、性别、个性等方面具有不同的背景，因此每种因素都可能引起感觉差异和对情境的不同认识。感觉方面的差异往往也是产生许多其他交流障碍的根源。

2. 武断判断

人们往往观其所想看的和听其所想听的，而不是客观事实，因而容易做出以偏概全、以点代面的判断。然而，这种情况下做出的判断往往是错误的，这种错误就很容易在沟通双方之间产生误解和矛盾。

3. 文化差异

所谓文化，是在同一个环境中的人民所具有的"共同的心理程序"。因此，文化不是一种个体特征，而是具有相同社会经验、受过相同教育的许多人所共有的心理程序。不同的群体、不同的国家或地区的人们，这种共有的心理程序之所以会有差异，是因为他们向来受着不同的教育、有着不同的工作和生活经历，从而也就有着不同的思维方式。而这种思维方式上的差异在人们的沟通中会产生诸多影响，具体表现在人们表达方式上的差异，对同一事物的判断、理解差异等。

4. 专业或知识水平差异

知识背景不同的人之间进行沟通是困难的，或人们对所讨论专题的知识程度不同时也难以沟通。当然，沟通仍然可能进行，但是要求沟通者能够意识到双方的知识水平的差异，并根据具体情况进行相应的沟通活动。

5. 缺乏兴趣

接收者对发送者发送的信息不感兴趣是沟通中需要克服的最大障碍之一，

而我们很可能认为大家和自己一样关心某事，所以应当时刻注意这种阻碍的存在。尽管对方缺乏兴趣是不可避免的，但你必须尽可能增加信息的吸引力，以引起接收者的共鸣。

6. 自我表达困难

作为沟通者，如果你难以用适当的词汇表达自己的思想，显然是一个沟通阻碍，所以必须努力提高自己的语言能力。但是，缺乏信心也可能引起表达困难，精心的准备和策划有助于解决问题。

7. 不良情绪

某种激动的情绪会使你讲话语无伦次甚至完全不能表达出你的本意，显然情绪有碍于沟通。然而，任何听众都认为一个声音中缺乏激动和热情的讲演者是令人乏味的，所以情绪也有其积极作用。

8. 个性

人们个性的差异会引起沟通的问题，我们的引导行为也会影响他人的表现。这种个性冲突是沟通失败的常见原因之一。我们难以改变别人的个性，但至少应当考虑自己的个性，尝试能否通过调整我们自己的行为建立更好的关系，尽管这种自我分析有些令人不快。

9. 身份地位差异

有社交经验的人在与他人交流的时候往往会考虑到彼此的身份地位，这种身份地位的差异会影响到我们的沟通效果。这种现象被称为"位差效应"，即地位的不同使人形成上位心理（优越感）和下位心理（自卑感）。美国加利福尼亚州立大学在对企业内部沟通进行研究后发现，来自领导层的信息只有20%~25%被下级知道并正确理解，从下到上反馈的信息不超过10%，而平行交流的效率则可达到90%以上。进一步研究发现，平行交流的效率之所以如此之高，是因为平行交流是一种以平等为基础的交流。

导致沟通效率较低甚至彻底失败的原因很多，以上仅仅列举了其中一部分。

📖 课间案例 2
....

沿着左边走

有一天，某男士和他的爱人约好到市内的一条商业街购物。他到达后给爱人打电话，他爱人说现在在这条大街的另一端。他们又约定共同向这条商业街的中心走，他还特别交代，要沿"左边"走。可是，他一直走到街道的另一头，还是没有看到爱人的影子。他再次打电话，爱人却说她已经到了商业街的那一头。原来，他们都是沿着自己的"左边"走过去的。

1.2.3　沟通障碍的克服

意识到在沟通中可能会产生以上障碍因素以后，我们在沟通中应该通过分析，尽可能地克服这些障碍。具体措施包括以下几个。

1. 系统思考，充分准备

凡事预则立，不预则废。在进行沟通之前，信息发送者必须对其想要传递的信息有详尽的准备，并据此选择适宜的沟通通道、场所等，也就是先必须加以系统思考。一般来说，信息发送者要考虑以下内容：一是自己沟通的目的；二是对方在此次沟通中可能会提出的要求；三是沟通双方需求的满足程度与方式；四是自己与接收者之间的关系；五是沟通所处的环境和时机。越是重要的沟通活动，如商务洽谈、内部会议等，越要准备充分，做好各项预案。

2. 沟通要因人制宜

发送者必须充分考虑接收者的心理特征、性格特点、知识背景等状况，依此调整自己的谈话方式、措辞或是服饰仪态。例如，在车间与一线工人沟通，如果你西装革履且又咬文嚼字，势必在沟通的双方间造成一道心理上的鸿沟。通常情况下，一名优秀的管理者应具备多样化的沟通技巧，在沟通中针对不同的对象采取不同的沟通方式和策略，做到因人而异。

3. 学会换位思考

人们的视角和所关注的问题受到立场、利益、经验、性格等因素的影响，因此在看待同一件事情的时候，人们的角度不同得到的结论也会有很大差异。我们在沟通中的误解也往往来自于各自的立场、利益等的差异。人与人之间要增加理解和信任，就要学会换位思考。换位思考是人对人的一种心理体验过程，将心比心、设身处地是达成理解不可缺少的心理机制。它客观上要求我们将自己的内心世界，如情感体验、思维方式等与对方联系起来，站在对方的立场上体验和思考问题，从而与对方在情感上得到沟通，为增进理解奠定基础。它既是一种理解，也是一种关爱。

📷 课间案例 3

将军与士兵

艾森豪威尔是第二次大战时的盟军统帅。有一次，他看见一个士兵从早到晚一直挖壕沟，就走过去跟他说："大兵，现在日子过得还好吧？"士兵一看是将军，敬了个礼后说："这哪是人过的日子哦！我在这边没日没夜地挖。"艾森豪威尔说："我想也是，你上来，我们走一走。"艾森豪威尔就带他在那个营区里面绕了一圈，告诉他当一个将军的痛苦和打仗前一天晚上睡不着觉的那种压力，以及对未来前途的那种迷惘。

最后，艾森豪威尔对士兵说："我们两个一样，不要看你在坑里面，我在帐篷里面，其实谁的痛苦大还不知道呢，也许你还没死的时候，我就活活地被压力给压死了。"这样绕了一圈以后，又绕到那个坑的附近，那个士兵说："将军，我看我还是挖我的壕沟吧！"

4. 充分运用反馈

许多沟通问题是由于接收者未能准确把握发送者意思造成的，如果沟通双方在沟通中积极使用反馈这一手段，就会减少这些问题的发生。我们可以通过提问以及鼓励接收者积极回应来取得反馈信息，当然，也可通过仔细观察对方的反应或行动来间接获取反馈信息。

5. 控制情绪，调整心态

有人说人际沟通本质上是一种情绪管理，因为人们的情绪对沟通的过程有着巨大影响。过于兴奋、失望等情绪，一方面容易造成对信息的误解；另一方面也容易造成过激反应。情绪在本质上就是一种态度，人们可以通过改变自己的想法和观念来改变、控制其情绪和行为结果。当我们在沟通中遇到挫折、困难，甚至是委屈、不平的时候，首先要让自己冷静下来，努力调整心态，通过积极干预逐渐将不良情绪转化为我们前进的动力。

6. 积极倾听

积极倾听要求你能站在说话者立场上，运用对方的思维架构去理解信息。积极倾听的原则包括以下4个方面：专心、移情、客观、完整。移情就是要求你应该去理解说话者的意图而不是你想理解的意思。而且在倾听时，应客观倾听内容而不迅速加以价值评判。完整则要求听者对发送者传递的信息有一个完整的了解，既获得传递的内容，又获得发送者的价值观、情感信息；既理解发送者的言中之义，又发掘出发送者的言下之意；既注意其语言信息，也关注其非语言信息。

7. 注意非语言信息

非语言信息往往比语言信息更能打动人。因此，如果你是发送者，必须确保你发出的非语言信息能强化语言信息。如果你是接收者，你同样要密切注视对方的非语言提示，从而全面理解对方的思想、情感。

1.3　高效商务沟通的标准与方法

1.3.1　高效商务沟通的标准

在商务沟通中，对沟通的发起者来说，要确保每次谈话、备忘录、电话、方案或报告包含尽可能多的信息，并尽量使对方接受。其沟通应具有以下基本特征。

1. 清晰

信息接收者可以不用费心猜测而顺利领会信息发送者的意图。

2. 完整

沟通发送者可以回答信息接收者的问题，为信息接收者提供完整的信息。

3. 准确

信息表达准确无误。从标点、拼写、语法、措辞到句子结构均无错误。

4. 节省接收者的时间

语言传递的信息应注意言简意赅，文字信息注意重点突出、层次分明、易于理解。

5. 传达友善的信息

我们应注意在沟通过程中树立自己及其所代表的组织的良好形象和信誉。充分尊重对方，从而真正在沟通过程中与对方建立良好的友谊。

1.3.2　情境分析法及其应用

情境分析法是实现高效沟通标准的关键。这种方法要求在从事沟通活动之前，必须首先回答为什么（Why）、何人（Who）、何时（When）、何地（Where）、何事（What）、怎样（How）这 6 个问题（即 5W1H 分析），这样才可以使沟通工作更加容易进行并取得更大的成功机会。以下是每个问题的分析要点。

1. 目的分析

- 我为什么要进行沟通？
- 我写作或讲话的真正原因是什么？
- 我希望得到什么？改变态度？改变观点？
- 通过沟通，我希望得到接收者的什么反应行动？
- 我的目的：告知？说服？影响？教育？慰问？娱乐？劝导？解释？刺激？启发？

2. 受众分析

- 谁是我的听众？
- 他们是哪类人？个性？受教育水平？年龄？地位？
- 他们对我的信息内容可能如何反应？
- 他们对我的信息主题已经了解多少？很多？较少？不知道？比我本人了解的多还是少？

3. 场景分析

- 他们将在何地收到我的信息？
- 我的信息在整个事件中何时出现？我准备回答他们已经提出的问题，还是就此问题提供前所未闻的信息？

4. 主题分析

- 我到底想谈什么？
- 我需要讲什么？
- 他们需要了解什么？
- 哪些信息可以省略？
- 哪些信息必须采用，以做到清楚、有建设性、简明扼要、正确、有礼貌、完整？

5. 语气和风格分析

- 我将如何传递信息？是利用文字、图解，还是两者兼而有之？利用哪些文字或图解？

- 哪种沟通媒介最适用？书面或口语？信件或面谈？书面报告或者口头介绍？备忘录或电话？

- 如何安排我所要表达的观点？是否使用演绎方法（从主要观点出发，然后进行解释、举例和说明）？或者采用归纳法（从解释、举例和说明出发，最后得出主要观点）？

- 怎样才能获得预期效果？我必须采用何种语气才能达到目的？我必须使用 / 避免哪些词汇，以创造恰当的气氛？

本章案例：卡耐基遛狗

从卡耐基住的地方，只需步行一分钟就可以到达一片森林。春天，黑草莓丛的野花白白的一片，松鼠在林间筑巢育子，马草长到高过马头。这块没有被破坏的林地叫作森林公园。卡耐基常常带着雷斯到公园里散步，这只小波士顿斗牛犬和善且不伤人。因为在公园里很少碰到其他人，卡耐基常常不给雷斯系狗链或戴口罩。

有一天，他们在公园里遇见一位警察，这位警察迫不及待地表现出他的权威。

"你为什么让你的狗跑来跑去，不给它系上链子或戴上口罩？"他训斥道，"难道你不知道这是违法的吗？"

"是的，我知道。"卡耐基轻柔地回答："不过，我认为它不至于在这儿咬人。"

"你不认为！你不认为！法律是不管你怎么认为的。它可能在这里咬死松鼠或咬伤小孩。这次我不追究，但下回再让我看到这只狗没有系上链子或套上口罩在公园里的话，你就必须去跟法官解释啦。"

卡耐基客客气气地答应照办。

他的确照办了好几回。可是雷斯不喜欢戴口罩，卡耐基决定碰碰运气。但好景不长，一天下午，雷斯跑在前头，直向那位警察冲去。

卡耐基决定不等警察开口就先发制人。他说："警察先生，这下你当场逮住我了。我有罪，我没有借口，没有托词了。你上星期警告过我，若是再带小狗出来而不给它戴口罩你就要罚我。"

"好说，好说。"警察回答的声调很柔和："我知道在没有人的时候，谁都忍不住要带这么一条小狗出来溜达。"

"的确是忍不住。"卡耐基回答："但这是违法的。"

"像这样的小狗大概不会咬伤人的吧？"警察反而为卡耐基开脱。

"不，它可能会咬死松鼠。"卡耐基说。

"哦，你大概把事情看得太严重了。"他告诉卡耐基："我们这样办吧，你只要让它跑过小山，到我看不到的地方，事情就算了。"

问题

1. 卡耐基没有给自己找任何借口，而是抢先道歉，承认自己的错误，反而得到警察的原谅，这是为什么？

2. 结合本章内容谈谈卡耐基的故事给我们的启示。

复习思考题

1. 如果在沟通中出现障碍，应该如何去分析产生沟通障碍的原因？

2. 简要分析高效沟通的标准以及如何实现高效沟通。

3. 有人曾说沟通能力是决定管理人员职场竞争力的关键，你如何看待这个问题？

4. 随着现代信息技术的进步，我们的沟通方式正在发生哪些变化？

第 2 章
口头沟通的艺术

【学习目的】

1. 认识有效口头表达的重要性。
2. 领会有效口头表达的表现特征。
3. 掌握形成有效口头表达的各种能力要素以及言谈礼仪。

【引导案例】

沟通不畅引发的空难

1990 年 1 月 25 日晚 9 点 34 分，耗尽燃料的阿维安卡 52 航班发生坠毁空难，机上 73 名工作人员和旅客遇难。

让我们看看空难前两个小时发生的事情。晚 7 点 40 分飞机起飞，在正常情况下，飞抵纽约肯尼迪机场不到半小时，而机上油量可维持近 2 个小时的航程。晚 8 点整，肯尼迪机场管理人员通知 52 航班，由于严重的交通问题，他们必须在机场上空盘旋待命。晚 8 点 45 分，52 航班的副驾驶员向肯尼迪机场报告他们的燃料快用完了。管理员收到了这一信息，但在晚 9 点 24 分之前没有批准飞机降落。晚 9 点 24 分，52 航班被迫降落，但由于飞行高度太低以及能见度太差，第一次试降失败。而后在第二次试降中发生了前述空难。

调查人员根据机上"黑匣子"和与当事管理员的交谈，发现导致这场悲剧的原因是沟通障碍，是油料状况这一简单信息未被清楚地表述又未被充分接受所致。首先，机场管理人员告诉调查人员，"燃料不足"是飞行员们经常使用的一句话。当被延误时，管理人员认为每架飞机都存在燃料问题。但是，如果飞行发出"燃料危急"的呼声，管理员有义务和责任为其优先导航，并尽可能迅速地允许其着陆。如果飞行员表明情况十分危急，那么所有的规则程序都可以不顾，管理员会尽可能以最快速度引导其降落。但令人遗憾的是，52航班的飞行员从未说过"情况紧急"，所以肯尼迪机场的管理员一直未能理解到飞行员所面对的真正困境。

其次，52航班飞行员的语调也并未向管理员传递燃料紧急的重要信息。许多管理员接受过专门训练，可以在这种情况下捕捉到飞行员声音中有极细微的语调变化。尽管52航班的机组成员相互之间表现出对燃料问题的极大忧虑，但他们向肯尼迪机场传达信息的语调却是冷静而职业化的。

这种欠缺有效性表达的形成是与联邦飞行管理局的管理制度有关的：发出紧急报告之后，飞行员需要写出大量的书面汇报；如果发现飞行员在飞行过程中对需要多少油量的计算有疏忽大意时，就会吊销其驾驶执照——这些制度极大阻碍了飞行员发出紧急呼救，而宁愿以专业技能和荣誉感作为赌注。

通过这个案例，我们发现有效的口头表达在实际工作中是十分重要的，表达不当或者表达错误往往会给工作带来极大的麻烦，甚至酿成悲剧。

口头沟通是最重要也是最常见的沟通形式，它借助口头语言实现信息交流。在商务活动中，口头沟通的形式包括口头汇报、会谈、讨论、报告等。

2.1 有效口头表达的特征

有效的口头表达是促进人际交往、达成组织目标的重要保证，有效口头表达是商务人士不可或缺的能力。

2.1.1 有效口头表达的要素特征

在商务沟通中，沟通的发送者要确保每次谈话、每次电话沟通具备以下的基本特征。

1. 准确

如果对方发现你提供的信息有误，就会觉得你有误导之嫌，进而对你产生警觉，甚至可能做出相反的行动，使你处于被动，甚至陷入困境。如果对方认为你提供的信息不够充分，就会暂时搁置或不会做出你期待的回应，从而使你的愿望落空。

在本章开篇的案例中，"燃料不足""燃料危急""燃料十分危急"是 3 个程度不同的概念，"不足"的表述当然不可能引起"危急"表述的回应，更不可能引起"十分危急"表述的回应。可以看出，52 航班上飞行员作为沟通信息的发送者未能使他的信息具备"准确"的基本特征。

2. 清晰

对于清晰这一要素特征，不会有什么人持反对意见，这正是表达上的"公理"。就是那些持"模糊派"观点的艺术家，他们也是要借用"模糊"的手法表达一个清晰的主题。其问题在于，人们对于清晰还存在一种误解：许多人认为清晰就是简单，主张在商务沟通上要坚持简单易懂的原则。实际上，大多数商务业务并非简单就可以理解，简单要以信息被清晰地表达为基准。

在上述案例中，"油料不足"的表述非常简单，但并未清晰地表述实际情况。如果说"油料只能维护 20 分钟""油料最多只能维持 20 分钟"，虽然对比起来不太"简单"，但却十分清晰。

实现清晰表达必须满足 4 个方面的要求。

（1）逻辑清晰

整个表达应当有逻辑，有一根主线贯穿，切忌甲乙丙丁式的无谓罗列：虽然每句话都很清晰，但对方不知道你到底要干什么，若干个清晰的组合倒成了模糊一片。

在上述案例中，如果飞行员能多次发出信息，由第一次的"油料不足"或"油料最多只能维持 20 分钟"到第二次的"油料危急"或"油料最多只能维持 10 分钟"，表现出逻辑的发展，则空难是可以避免的。

（2）表达清晰

第一，不能在口头表达中使用容易产生歧义或是表意模糊的词语，还应注意表述的顺畅与有序。第二，要完整地传递信息内容，使接收者有整体感。

（3）简洁

另外，我们一定要在清晰的基础上追求简洁。良好的商务沟通追求简洁，追求以少量的话传递大量的信息。无论是同董事长、高级总裁还是客户、一般员工进行沟通，简洁都是一个基本点。每一个人的时间都是有限的、有价值的，没有人喜欢不必要的、烦琐的沟通。大文豪鲁迅指责制造长而臭的文字无异于"谋财害命"。简洁不是指在形式上采用短句子，也不是指在内容上省略重要信息，而是指"字字有力"，乃至于"字字千斤"。

（4）活力

活力意味着生动，从而易于被人记住。根据心理学规律，人们通常对某个念头或信念只能保持短时间的关注，即人们只能保存对于接触到的信息的部分回忆。因此，在沟通中的精神不集中或淡忘都是很正常的现象。"活力"的作用就是使你的表达不在这正常现象之中，而处在令人印象深刻、难以忘怀之列。

2.1.2 有效口头表达的效果特征

说服力是让他人改变态度和观点，认同自己态度和观点的一种能力。

说服力是取得商业成功最重要的要素。许多商业失误不是因为缺乏资金、智慧和勤奋，而是因为缺乏说服力而不能形成协同效应。

说服力是商界成功者应具备的主要能力。在既具有频繁沟通，又具有自由竞争双重特性的商业社会中，每一次成功都是也只能是依靠一些协同效应而取胜。因此，说服力就意味着企业丰厚的利润和个人无穷的乐趣与巨大的成就感。反之，如果没有这种能力，上对上司、中对同事、下对员工，内对同行、外对顾客，就会失去影响力、号召力、竞争力，甚至难以生存。

1. 说服力是什么，究竟有多大的作用

英国极具影响力的营销管理培训专家和畅销书作家杰夫·布奇讲了一个关于说服力的故事，一定能够极具说服力地让读者明白"说服力"的作用。

肉店老板的说服技巧

一个看起来可怜兮兮、个子矮小的老板经营着一家不起眼的小肉店，估计年销售额只有区区几千英镑，利润率只有1/3。但令杰夫·布奇吃惊的是，傍晚时分，老板却开出一辆崭新的"豹牌"豪华轿车，风驰电掣般地驶往家中。看来这位老板的富有程度绝非他最初所估计的水平。他观看了老板接待顾客的一次表现。

当一位顾客走进来时，老板那张面色红润、神情和蔼、饱经沧桑的脸上立刻就绽放出友好的、灿烂的笑容，带着浓厚的乡下口音，招呼那位顾客说："早上好啊！亲爱的太太，您想要点什么？"

"请给我来一磅腊肉，史密斯先生。"

"是给我们尊敬的琼斯先生当早餐的吧，琼斯太太？"

"是啊。"

"告诉你一个好消息，我刚刚进了一批顶呱呱的五香蔡珀拉特香肠，今天早上我自己就吃了一些，味道真是好极了，而且还是事先蒸熟了的。怎么样，称几磅回去吧，亲爱的太太？"

"行，那好吧。"

他一边熟练地把香肠包好，一边又说："还有呢，我碰巧有个机会，从自由放牧区进了一批肉鸡，要不要我替您留下一只在周末吃？"

杰夫·布奇评论说，一般的营业员只把腊肉递过去，收下钱，报以微笑，就已是不错的了。但是，这位老板在做生意的过程中却进一步激发了顾客的购买欲，用一流的说服技巧取得了强行性推销所期望却达不到的结果。

2. 说服力来源于什么

有关说服力来源于什么，可以从以下内容看出。

（1）诱之以利，让对方获得利益

没有利益的驱动，在商场上是不能说服对方的，在这里，权力和强制力是不能起作用的。例如，对方是你的一位顾客，为了使对方获得利益，你就必须确保你推销的产品是件好东西，绝不是次品；你就必须推销你自己有信心的产品，绝不能推销自己都有所怀疑的产品；你就必须善于发掘顾客的购买意图，使其产生真正的需要感，获得新的满足和快乐，绝不能对顾客的购买欲望漠然视之，或者是像贪婪的鳄鱼一样张开血盆大口。

（2）投其所好，让对方感到亲切

当对方还处在警觉状态时，是不可能说服对方的。例如，对方是你的一位顾客，你就必须付出更多的努力来赢得顾客的信任。人们在决定接受某产品或某项服务时，都要事先确定其中不存在风险，那么你就必须耐心地对这产品加以说明，对产品功能进行充分展示，使人们打消一切疑虑。

（3）动之以情，消除对方的心理障碍

情感是说服活动的媒介。当对方还处于厌倦你的状态时，是不可能产生说服力的。例如，对方是你的一位顾客，你就必须尽量表现得友好。当他拿不定主意时，你要善解人意和富有耐心，一定要以诚相待。只有这样，你才能取得顾客的认同。

（4）善于折中，让对方感到双赢

当对方觉得没有利益可图时自然不会有说服力；当对方感到只是他获利，而你无利可图时，也是不可能有说服力的——你不会白做功，而他不可能得到天上掉下来的馅饼。假如对方是你的一位顾客，你就要善于谈判，审时度势地让价，让他感到"占了便宜"，你确实也接近了底线，双方就能愉快地达成交易。

2.2 言谈技巧

言谈是沟通的重要基础，也是一个人形象、气质、思维、表达等多种素质的体现。言谈技巧主要包括基本的讲话技巧和言谈礼仪两个方面。

2.2.1 基本的讲话技巧

沟通者之间需要掌握一些基本的讲话技巧，其内容如下。

1. 养成良好的说话神态

（1）注重形象，关注"自我形象"的塑造

你的外表会影响他人对你的看法。外表反映了你自己如何看待自己。听众不能不注意你的外表，他们从你的服装服饰得到附加的交流信息：因为除了打电话等非面谈形式之外，人们看得见谈话人，并在他们讲话之前就形成了对他们的某种看法，包括误解和偏见。当然，你对自己外表的关注和别人对你外表的审议，同"选美""演出"等场合的标准是大不相同的，也不应该是雷同的，对这个标准的掌握得体是极为重要的。

得体的服饰在一般场合下，如开会、求职面试等，都是十分重要的。但是，不要一味地追求"打扮时髦"或"穿着正统"，这些并非总是可行或总是合适的标准。相反，在某些场合下这样做是荒唐可笑的。例如，如果你是去工地了解问题，打扮得很时尚是不利于形成和谐气氛的，也不便于你去发现和解决问题，难以完成此行的原本任务。

即使你作为新雇员、职位较低的职员，你也应当明白你的外表影响着你给人的印象，而并不因为"新"和"低"失去重要性。

总之，在外表方面，你要相关地考虑 3 件同样重要的事：一是个人的干净和整洁；二是适合环境；三是个性，在适合环境中的灵活性、应变性。

（2）良好的姿势也是很重要的

第一，这会影响听众的情绪。如果你讲话时靠在墙上或没精打采地坐在椅子上，听者在吃惊之余会认为你处于疲倦、厌烦、不专业的状态之中，你的话给人留下的印象就要大打折扣。第二，这是因为讲话时坐或站的姿势与意识有很大关系。如果你没精打采地坐着，摇晃着脑袋或肩膀下垂，你的音质会变差——你的呼吸受到影响，不能吸入更多的空气，不能完全控制气息，你的咽肌、上下颚和声带就不能运用自如，会使声音发紧、干瘪。

（3）保持礼貌和友好的态度

即使你感到恼怒，也要尽量控制情绪，至少要保持心态平静。保持礼貌和友好的最佳方法是能处在别人的位置上看问题，让自己感受他人的感受。当然，这并不是意味着你一定要赞同他们的想法。但是，反对的同时也不排斥理解和同情。

（4）保持自然的态度

不自然就失去了真实，不真实就难以形成有效的口头表达。最常见的不自然状态是面对地位较高者时的局促不安和面对下级时的神气十足以及吹嘘成绩时的沾沾自喜。保持自然态度要从精神和生理两个方面进行放松。精神放松就是面对强者时树立自信，面对弱者和成绩时保持谦逊。心理放松就是消除肌肉紧张。肌肉紧张时很难自然地表达，并形成笨拙的动作。深呼吸能帮你放松肌肉。因为呼出空气时肌肉不能紧张，肌肉紧张会妨碍排气。

（5）保持机敏和愉快的情绪

机敏能使你由此及彼、由表及里、举一反三地充分发挥表达能力；愉快会使你的语调更动人，听众会更有兴趣、更愿意听、感到值得听，你的表达会因此而更为有效。

（6）保持激情

保持应有的表情，声音充满感情，甚至饱含激情。充满感情的表达比平淡无味的表达更能形成说服力。为了做到富有表情，你应该保持正确的姿势，对自己所讲的内容充满兴趣，还应该关心听众，避免声音低沉单调。

（7）保持目光接触

对于讲话的人与听话的人之间保持目光接触有这样一个共识：目光的接触表示了友好的愿望和重视的需要；从不看听众则传达了一些不良信息——"我

对你不感兴趣""我不喜欢你""我缺乏自信""我对自己的话把握不住""不要相信我说的话"等。当然，目光接触要适度：对一群人讲话时要扫视全场，对一个人讲话时也不宜凝视。

2. 提高声音的素质

声音的素质主要包括音调、音量、速度、语调 4 个方面。

研究声音素质之前，搞清发音机理是有必要的。发音是横膈膜、肺、气管、胸部肌肉以及声带、舌头、嘴唇、胸腔、口腔、头腔等综合作用的结果。横隔膜、胸肌、肺、气管等产生运动的空气，带动声带振动，产生基音，基音通过喉、舌、唇、齿等构成的不同通道和阻碍形成不同的元音、辅音、音节。基音通过胸腔、口腔、头腔等的共鸣作用得到放大和美化。

（1）音调

音调高的声音给人细、尖、刺耳的感觉。声调低给人粗、深的感觉。音调的物理基础是因声带的拉紧程度不同所形成的振动频率不同。

（2）音量

音量的大小给人以声音强弱的不同感觉。音量的物理基础是声带振动的振幅不同。讲话要根据具体情况的不同选择合适的音量。合适的音量取决于环境，主要应考虑 3 点：第一是讲话的地点状况。这主要考虑的是室内或室外、小屋子或大演讲厅，传音好或传音不良，有回声或没有回声。一般来说，室内、小屋子，有回声时可选取小音量；第二是听众人数的多少。人多时，音量可以适当大些；第三是噪声的大小。噪声大，音量宜大一些。

（3）速度

讲话速度对你发出的信息会产生影响，例如，快速的讲话给听众一种紧迫感。听众适度的紧迫感对于理解是有用的。但是，一直快速地讲话，话语像洪流一样喷涌而出，则有不良作用：一则使你难以清晰说出每个词语，使人不能完全听清；二则使人没有思考的余地，难以完全理解；三则会使听众转移注意力。

速度的合理控制要掌握以下 3 点：第一，在公共场合讲话要快于平时谈话的速度，但又不能太快，否则会使听众厌倦或抓不住讲话的思路；第二，要根据语句的重要性来变换速度——不重要的词和词组快一些，重要的则说得慢一些；第三，适当地使用停顿。停顿时间过长，你会失去听众，恰当使用停顿则会有助于听众了解你的思想，消化吸收你刚说的话。重要之处前或后的停顿有助于突出重点。

（4）语调

音调、音量、速度的变化，即语调的变化，也影响听众对信息的接受。语调的变化通常与讲话者的兴趣或重点强调的愿望相互作用。撇开你所说的话不算，你的语调就可能不自觉地泄露出你的态度和感情，泄露出你对听众的态度，对所讲内容的态度。

由于语调可表现出喜怒哀乐，同样的话由于使用不同的语调说出可以表示不同的意思。例如，对于别人已完成了全部程序工作的陈述，你用一个"好"字来回答，由于语调不同，可以有不同的含义："干得好"，含表扬之意；"终于干完了"，含批评之意；"我知道了"，中性，不加评议。

不懂得这一点，你就有可能在无意之间给听众错误的印象或不经意地流露出你内心的秘密和真实想法。

无论在非正式场合还是正式场合，语调的重要性都是一样的，你一定要注意不要让语调违背你的态度和感情，除非你恰好是想利用这一点来进行暗示。

3. 确保信息的清晰、准确

（1）清晰

作为好的讲话者，首先你要能够清晰地表达自己的想法，你的语言应当简洁，你的材料应当条理化，以便流畅地把它们表达出来。你应避免使用长而繁杂的句子。你应设法解释那些听众可能不熟悉，你又不得不使用的专业词汇或行话。

（2）准确

你还应当确保你所使用的词语能够精确地表达出自己的意思。因此，你需要掌握大量的词汇，以便选择符合你想法的准确词汇。

准确还要求使用的事实应恰当。所以，你应当设法全面收集有关主题的材料，并保证你引用的依据是可靠的。你也应当避免做没有事实的评说，因为这容易引起争论。你还应当避免以"每个人都认为……""没有人会接受……"之类的话开头，因为这面临争论的危险和容易让人产生敌意。

上述基本讲话技巧的3个方面存在着由浅入深的内在联系。说话神态是语言沟通的背景，声音素质是语言沟通的外衣或者说形式，清晰准确是语言沟通的内容。在第二个方面，外表、姿势、态度、情绪、表情、眼神又存在一个由浅入深的内在联系。

2.2.2　言谈礼仪

社交范围的扩大是社会进步的一种表现，也是社会进步的一种力量。公众的社交水平是思想、品德、知识、气质、修养、语言表达等因素的总和。语言表达是诸因素中一个最重要的因素。

就语言表达而言，它也包含着许多紧密联系的方面。语言所包含的信息是语言的内核，语言的艺术表达是语言的外衣，语言的礼仪是语言通向外界的桥梁和窗口。合理的内核穿上了华丽的衣裳是一个美丽的待嫁姑娘。但若没有透明的窗口，人们会看不到她；没有便利的桥梁，人们会无法走近她；封闭的窗户、带刺的松果会使人们拒绝她。她会因此表现不出她的特质，她会终老闺房。因此，有效的口头表达离不开语言礼仪。

1. 招呼语言艺术

见面要打招呼早已成为常识，在日常工作和生活中都是不可缺少的。见面不打招呼、不理人，就是在家庭生活中也是不正常的。打招呼时应注意以下两个环节。

（1）称谓

招呼的第一步是要给对方一个恰当的称谓，这是十分重要的开始。社交场合，人们对别人如何招呼自己是十分敏感的。称呼得当，双方产生良好的第一印象和心理上的相容性，创造出良好的气氛，交际就会变得顺利。称呼不当，最严重的是刚刚相会就不欢而散。一般而言，这也会使气氛不融洽，使你不得不花力气做许多补救工作，使交际平添不必要的麻烦。

一般而言，恰当的称谓取决于双方的身份、年龄以及双方关系的性质、深度和所处的交际场合。选择恰当的称谓必经考虑这 3 个基本的方面。特殊而言，应在有了一定了解后，考虑对方的特殊癖好。如有的人年龄较大，但不喜欢被人尊称"老"。

称谓的形式有泛称和尊称两种。

泛称是对人一般的称呼，常用的有以下几种形式：第一种形式是姓＋职称、职务或职业，如王教授、王厂长、王老师；第二种方式是直呼姓名；第三种形式是泛尊称，如适用于女性的小姐、男性的先生、男女性都可用的同志等；第四种形式是受尊敬或令人羡慕的职业＋泛尊称，如大使先生等。此外，还有非正式场合下的一些形式：老或小＋加姓——老王、小王；姓＋辈分——王伯伯、王阿姨；名＋同志。这些形式各有各的适用场合，如第一、第三两种形式适用于初交，二适用于有较多的交往。称谓使用不恰当就会给人一种无礼的感觉或相反地使人有一种疏远的感觉。

尊称是对人表示尊敬的称呼。人们常用以下一些形式来表示："贵"——贵姓、贵人、贵公司；"大"——大名、大作；"老"——老总；"您"——使用率最高、应用范围最广的称呼。

泛称的使用要注意不能过泛，不能滥用泛称。尊称的使用也要注意一定的界限，同样不能滥用。例如，"师傅"是对一切行当有专长的人的尊称。这些行当主要指传统意义上的工、商、戏剧等行当，而对教师、医生、记者等泛称为"师傅"，往往会引起不快。例如，除了前面提到过的特殊癖好之外，对于一般的年长女性尊为"小姐"是会引起不快的。

（2）寒暄

招呼的第二步是在称呼后进行最初的对话，我们一般称为寒暄。只有称呼而无寒暄就好像在文件上只签字，而无具体批示，使人感到别扭和不易理解。寒暄的作用有多个层次，最浅的层次是应酬，讲一些并非完全没有意义的话语；较高的层次是沟通感情，创造和谐的气氛，体现人的

寒暄话题的选择

亲和需求；最高的层次是逐步升华人与人之间的亲和需求，逐步达到水乳交融般的关系，进入交往的佳境，达到预期的交际目的。

寒暄的常用形式有以下 3 种。第一是问候型。典型的例子是"你好""早上好""春节好"之类。职场、商界常用的例子是"幸会！幸会！""幸甚！幸甚！"。我国传统型的例子是"吃饭了吗？""上哪儿去呀？"之类，在这里貌似提问的话语并不表示真想知道你的起居行为，不过是传达说话人的友好态度而已。这 3 种类型也是各有各的作用，因而也要注意运用得当。例如，在国际交流场合不要使用中国传统式的寒暄，因为外国人并不一定了解中国的民情风俗。又如，职场、商场中常用的"幸会"也并非在一般场合下禁用。在一般交往中，它有时也能创造出一定的气氛。第二种寒暄形式是攀认型。只要愿意，人们之间总可以找到这样或那样的"亲""友"关系，如"同乡""同学"

"同事""同宗""同门"等这类沾亲带故的关系。它们在初次见面时往往能成为建立交往、发展友谊的契机。第三种寒暄形式是敬慕型,即用敬重、仰慕表示出自己的热情和礼貌。例如,"王先生,久仰大名""大作早已拜读,受益匪浅"。

寒暄不论采取何种类型,都不宜过多,过多会使人厌烦。寒暄时要注意分寸,恰到好处,过分的吹捧会使人感到虚伪和警觉。

招呼的语言艺术有时可辅以体语式。体语式指的是使用面部表情和身体姿势等作为招呼语的方式。最常见的是微笑和点头。体语式招呼的含义因发出人本身的社会特征和交际双方之间关系的不同而异,比较模糊。女士们使用这种方式表现出稳重、端庄;男士们使用这种方式表现出随意、矜持。关系疏远或洽谈时可用这种方式,淡忘或一时想不起对方的姓氏、身份时,也可借用,以作掩饰。

2. 自我介绍的语言艺术

人与人之间的相识相知离不开自我介绍。自我介绍是推销自己的一种重要方法与手段。从某种意义上说,自我介绍是进行社会交往的一把钥匙。运用得好,可助你在社交活动中一帆风顺;运用不好,则会使你在社交活动中麻烦不断。因此,在社交活动中善于自我介绍,是至关重要的。

有利的自我介绍,要注意以下 4 个方面。第一,必须镇定、自信。清晰地表述自己的特征,流露出友善、关怀、自信的眼神。人们对自如、自信的人充满信心和好感,对局促不安的人产生怀疑。第二,注意繁简有度。自我介绍包括姓名、年龄、籍贯、职业、职务、单位、住址、履历、特长、兴趣等要素。要素的选取和繁简的确定取决于交往的目的。第三,掌握分寸。介绍自己的长处时不可流露出自得,介绍自己的弱点时可配合自谦、自嘲、幽默的语气;第四,在语言之外,可辅以证明材料如获奖证等,以增加信任程度。

3. 提问的语言艺术

关于提问,应注意以下 3 点。第一,要掌握提问的尺度。不提明知对方不能或不愿回答的问题,不提对方避而不答或会拂袖而去的问题。第二,提问者不可故作高深,卖弄知识,要有谦逊的态度,并对对方有赞许的一笑。第三,提问采用陈述语气 + 疑问语气的合成方式。在陈述语气中提炼出问题,这样可以不限制对方,可拓宽对方思路,可让对方打开话匣子,实现获取信息、形成沟通的目的。

4. 拒绝的语言艺术

高超的拒绝手法能使对方高高兴兴地接受你说的"不"，或者至少是让对方的不快保持在最小限度之内，从而使和谐的气氛不受影响或影响不大。常用的手法有以下一些内容。第一种手法是在倾听中保持沉默，用无言的"不"传达给对方。首先，你必须是让对方感受到你是处在认真倾听之中。其次，你要让对方感觉到你是在该说话的时候却保持沉默。第二种方法是让对方自我否定，放弃原来提出的问题。你在对方提出问题后，不做正面回答，只是提出一点看法、理由、条件，或者提出一个启示对方的问题，让对方心领神会或者有重新的认识。第三种手法是形式上肯定而实质上否定。先说是予以肯定，再转折一下，用"然而"做实质性的否定。这样做，可以使对方不因一个拒绝而使精神、肉体处于收缩状态，从而拒绝接受你的意见。这样做，可使对方处于开放状态，容易继续接收信息。

小练习

朗读练习

挑选一本书或杂志上的几篇文章。熟悉后，朗读几遍。第一遍着重关注声音的清晰度；第二遍着重关注愉快气氛的营造；第三遍着重关注声音的各方面要素，如音量、声调、速度和音调；第四遍着重关注情感的抒发；第五遍全面关注前面四遍所提到的问题。

将多次朗读录下来，进行回放，自己检查每一遍的朗读是否达到了突出要求的目标。由两个或多个人共同聆听、共同分析，直到效果更好、更为理想。

2.3 语言艺术

在沟通过程中，常常会遇到一些矛盾的、顾此失彼、难以两全的境况。例如，我们常会碰到下列情景：既想拒绝对方的某一要求，又不想损伤他的自尊心；既想吐露内心的真情，又不好意思表述得太直截了当；既不想说违心之言，又不想直接顶撞对方；既想和陌生的对方搭话，又不能表现得太轻浮和鲁莽，凡此种种，难以一一列举。但概而言之，都是一种矛盾：拒绝和伤害对方的矛盾、自己利益和他人利益的矛盾、自己近期利益和长远利益的矛盾。

为适应这些情况，从而产生了各种各样的语言表达艺术，它们可以缓解这些矛盾。这种表达的语言艺术从表面上看，似乎违背了有效口头表达的清晰、准确的要求，但实际上是对清晰、准确原则的一种必要的补充，是在更全面考虑了各种情况之后的清晰和准确，是在更高级阶段上的清晰和准确。

语言艺术的具体方法因人、因事、因时、因地而异，没有绝对适用任何情况的方法。这里介绍一些常用的语言艺术方法，供大家具体选用时作为参考。

2.3.1　直言不讳

这看似是一种最原始、最简单的做法，毫不可取。但持这种看法的人却提出了令人信服的理论根据、事实根据和改良措施。

1. 理论依据

第一，只有直言，才能产生根本的效果。有句外国谚语说得好："出自肺腑的语言，才能触动别人的心弦。"第二，只有直言，才能产生人与人之间的信任。人与人之间最大的信任就是关于直言的信任，直言是真诚的表现，是关系密切的标志。相反，委婉只能造成心理上的隔阂感，形成"见外"感。第三，直言是自信的结果，自信是交往的基础。那种过分害怕别人的反应，说一句话都要思前想后的人是没有自信可言的。人们是不愿意同畏畏缩缩的人打交道的。

2. 事实依据

第一，销售人员心诚意笃、直抒胸襟的话语虽没有什么粉饰雕琢，甚至还有点太过直接，但效果常常是出乎意料的好。第二，在一些国家，人们不习惯太多的客套而提倡自然坦诚。例如在美国，主人请你吃饭，如果每道菜上来时你都客气一番，那么，也许你会饿着肚子。如果你是一位进修学者，当教授问及你的特长和主攻方向时，你自谦过分，那也许你真的只会被派去干洗试管之类的杂差。

3. 改进措施

直言不讳，并不意味着粗鲁，不讲礼貌。如果在谈判桌上直言，特别是在说逆耳之言时能注意以下问题，会使直言的效果更好。第一，直言时配上适当的语调、速度和表情、姿态。你在对隔壁一群正在打扑克的喧哗人说"请不要吵闹，有人在休息"时，语调温和，并欠身举手示意，略带抱歉的笑意，就容易使人接受。第二，在拒绝、制止或反对对方的某些要求和行为时，诚意地陈述一下原因和利害关系。例如，有人向你借照相机使用，你不太愿意借给他，就索性向对方挑明原因："前几次就是为这件事和妻子闹了别扭，望你谅解。"这样，对方一般也就不会强你所难了。

2.3.2 委婉

委婉表达产生于人际沟通中出现了一些不能直言的情况。一是总会存在一些因为不便、不忍或不雅等原因而不能直说的事和物，只能用一些与之相关、相似的事物来烘托要说的本意。二是总会存在接受正确意见的情感障碍，只能用没有棱角的软化语言来推动正确意见被接受的过程。还有一些其他类似的情况。

常见的委婉手法有以下一些内容。

1. 用相似相关的事物取代本意要说的事物

恩格斯在《在马克思墓前的讲话》中说："3月14日下午两点三刻，当代最伟大的思想家停止了思想……他在安乐椅上安静地睡着了——但已经是永远地睡着了。"恩格斯用"停止思想""睡着了""永远地睡着了"来取代"死"的概念。

又如，在餐厅中人们一般都用"洗手间"来取代"厕所"这一概念。

2. 用相似相关事物的特征来取代本意事物的特征

在一次记者招待会上，一位美国记者问周恩来总理："请问中国人民银行有多少资金？"周恩来总理说："中国人民银行现有18元8角8分。"直接回答，涉及国家机密；拒绝回答，损害招待会的和谐气氛；不予回答，有损个人风度。借用人民币币种面值总额取代资金总额这一特征，真可谓三全其美，妙不可言。

3. 用与相似相关事物的关系类推与本意事物的关系

《庄子》中记载了一个很有趣的故事：庄子在濮水上钓鱼，楚王派两位大夫来传达他的意思道："希望将楚国的国事烦累先生。"庄子手拿钓竿，头也不回地道："听说楚国有只神龟，三千年前就死掉了，被包装得好好的，供奉在庙堂上。你们说，它是愿意像这样成为一副死骨头和甲壳受供奉呢？还是宁愿活着拖起尾巴在泥里爬？""可能会愿意活着在泥里爬吧。"两位大夫回答。"那么，两位请回吧。"庄子道："让我拖起尾巴在泥里爬吧。"楚王请庄子出山，庄子不好直接拒绝，就采用相似事物进行类比，让楚王明白自己的心意，这就是一种委婉的表达。

4. 用某些语气词，如"吗、吧、啊、嘛"等来软化语气

这样可以使对方不感到生硬，试比较下列 2 组句子：

别唱了！今天别去了！你不要强调理由！

别唱了好吗？今天别去了吧！你不要强调理由嘛！

商务场合软化语气的技巧

无疑每组中的第二句都显得比较客气婉转，会使对方易于接受，有更大的说服力。

5. 用个人的感受取代直接的否定

例如，把"我认为你这种说法不对"用"我不认为你这种说法是对的"，把"我觉得你这样不好"用"我不认为你这样好"来取代。

6. 以推托之词行拒绝之实

例如，别人求你办一件事，你回答说办不到会引起不快。你最好说："这件事目前恐怕难以办到，今后再说吧，我留意着。"——推托给将来和困难。再如，别人请你去他家玩，你要说没空，来不了，会令人扫兴，你最好说："今天恐怕没有时间，下次一定来。"——推托给将来和没空。又如，别人向你借钱，你手头也不宽裕，你可以说："这件事我将同我的内当家商量商量。"——推托给将来和爱人。

7. 以另有选择行拒绝之实

例如，有人向你推销一件产品，你不想要，你可以说："产品还可以，不过我更喜欢另一种产品。"又如，有人要求下星期一进行下次洽谈，你不想在这天洽谈，你可以说："定在星期五怎样？"

8. 以转移话题行拒绝之实

例如，甲问："星期天去不去工厂参观？"乙答："我们还是先来商量一下，下次推销的安排怎样准备吧？"又如，甲问："我们明天去展销大厅再见面好吗？"乙答："好吧，不过我想把时间定在展销前不如定在展销后。"

2.3.3 模糊

模糊法就是使输出的信息"模糊化"，以不确定的语言进行交往，以不精确的语言描述事物，以达到既不伤害或为难别人，又保护自身的目的。

1. 以大概念取代小概念

例如，某国驻加拿大商务处贸易代表在加拿大进行间谍活动，加拿大政府发出通令，限令他们 10 日之内离开加拿大，因为他们进行了与其身份不符的活动。出于外交礼仪上的需要，加拿大政府用包含了间谍活动在内的与其身份不符的活动来代替间谍活动这一概念。

2. 以弹性概念取代精确概念

例如，中国某家公司的谈判代表到欧洲和当地一家公司进行出口工程设备的谈判，双方刚一见面，对方就以寒暄的形式刺探中方的信息："欢迎贵方代表！请问你们准备在这里逗留多久啊？"对方提这个问题的目的是想要了解中方代表在当地谈判的期限，以便采取针对性的谈判策略。中方代表很清楚对方的意图，于是回答说："我们会在当地逗留几天的。"用"几天"这一有伸缩性概念取代精确的时间长短描述，既回避了敏感的问题，也不能说失去了真实性。

3. 回避

例如，有人问你："你说广州产品好还是上海产品好？"你并没有这种经验，也不宜表现自己无知，可以答："各家都有自己的特点。"例如，一个法国人问一个中国女孩："你喜欢中国人还是喜欢外国人？"因为是社交场合，女孩回答："谁喜欢我，我就喜欢谁。"这种回答，避免了说喜欢外国人而可能遭致不爱国的指责以及回答喜欢中国人会遭致的让外国友人扫兴的难堪。

4. 答非所问

电影《少林寺》中，觉远对法师不近色、不酗酒的要求都以"能"作答。法师："尽行寿，不杀生，汝今能持否？"觉远难以回答。法师高声再问："尽行寿，不杀生，汝今能持否？"觉远："知道了。"这样模糊的回答，既能在法师面前过关，又不违背自己要惩治世间恶人的决心和本意，真正做到了两全其美。

5. 以选择式代替指令式

1944 年，毛泽东同志致信丁玲、欧阳山："……除了谢谢你们的文章之外，我还想知道一点，如果可能的话，今天下午或傍晚拟请你们来我处一叙，不知是否可以？"其中，"还想知道""可能""拟请""是否可以"等多个词语，充分体现了毛泽东同志谦和的作风。

2.3.4 反语

反语的哲学依据是："将欲取之，必先予之。""欲进先退，欲前先后。"

如在一次戒烟宣讲会上，有一位专家只字不提吸烟的害处，相反却列举了吸烟的三大好处：一可防贼，抽烟的人常患气管炎，通宵咳嗽不止，贼以为主人未睡，便不敢行窃；二可防蚊，浓烈的烟雾熏得蚊子受不了，只得离开；三可永葆青春，不等年老便可去世。专家正话反说，语言诙谐幽默，令人忍俊不禁，让听众从笑声中感悟吸烟的危害，收到了良好的效果。

在《晏子春秋》中，烛邹不慎让一只打猎用的鹰逃走了。酷爱打猎的齐景公下令将之斩首，晏子用下面的一段话救了烛邹。

晏子："烛邹有三大罪状，哪能这么轻易杀了呢？请让我一条一条地列数出来再杀他，可以吗？"景公："当然可以。"晏子指着烛邹的鼻子说："你为大王养鸟，却让鸟逃走，这是第一条罪状；你使得大王为了鸟的缘故而要杀人这是第二条罪状；把你杀了，天下诸侯都会责怪大王重鸟轻士，这是第三条罪状。"景公："别杀他了，我明白你的意思。"

晏子用的反语表面上是数落烛邹的罪状，实际上是批评齐景公重鸟轻士，并指出了这样做的危害。这样做，既收到了批评的效果，又没使身居高位的君王难堪，可谓是使用反语策略成功的典型杰作。

2.3.5 沉默

沉默所具有的含义太丰富了：它可以是无言的赞许，也可以是无声的抗议；它可以是欣然的默认，也可以是保留己见；它可以是威严的震慑，也可以是心虚的无言；它可以是毫无主见、附和众议的表示，也可以是决心已定、无须多言的标志。

沉默是唯一获得诗歌赞美的语言表达手法。这首诗是诗人丘特契夫写的短诗《别声响》，这首诗被俄国大文豪列夫·托尔斯泰赞美："我不知道还有比它更好的诗歌了。""别声响，你怎能表达自己的思想？别人怎能理解你的思想，每人都有各自的生活体验，一旦说出，它就会变样，就像喷泉喷出会被弄脏，怎能捧起它喝个舒畅？——别声响。"

沉默的作用实在是太大了，所谓"沉默是金"是深刻的至理名言。例如，在舌战中适时沉默一会儿，是自信和有力的表现，是迫使对方说话的有效方法。只有缺乏自信、忐忑不安的人才会用喋喋不休来掩饰；只有愚人才不给对方以改变的机会。例如，青年男女之间倾心相爱，双眸含情脉脉，无言而对。这种沉默所传递的信息量要比言语大上几十倍。这绝对可以称得上"此时无声胜有声"。

2.3.6　自言自语

在这里，自言自语不是真正意义上的自言自语，它不发生在独处的场合，而发生在公共场合；它实际上是说给别人听的，不过采取了自言自语的形式。例如，好几次就要死于非命的宋江都以自报家门式的自言自语："可怜我宋公明……"而使别人了解他的身份，从而死里逃生。

又如，当有伯乐在场时，怀才不遇的你可以像千里马那样引颈长嘶几声，以期引起有识者注意。战国时孟尝君的门客冯谖靠几次弹剑高歌式的自言自语，以"长铗归来乎"而引起孟尝君的注意。现代一位著名话剧演员曾在年轻时报考戏剧学院，因错过报名时间，便在考场外自己引吭高歌而招来主考官的注意，从而得以走上剧坛。

2.3.7　幽默

幽默一词在古代汉语中已有，它的含义是寂静无声。现在人们早已不在原意上使用幽默一词，它倒成了一个外来词语，是英语 humor 的音译。

幽默这一手法显得比其他手法更为复杂。关于幽默很难有一个全面而准确的意义，事实上也没有出现一个这样统一的认识。运用幽默的具体技巧也难以像其他手法一样，予以一个大致的分类罗列。

应该特别指出的是，幽默手法的运用必须自然，切忌强求。第一，幽默只是手法，而非目的。第二，幽默是一种精神现象，不只是简单的笑话或滑稽所能描述；幽默是一种风格、行为特性，是智慧、教养、道德处于优势水平下的一种自然表现。

（1）幽默可以化解难堪。有一次，丘吉尔率领英国代表团对美国进行国事访问，为了便于双方领导人交流，组织者专门让丘吉尔下榻在白宫，与美国总统罗斯福离得很近。一天清晨，罗斯福去丘吉尔的房间打招呼，此时丘吉尔刚泡完澡光着身子在房间里踱步。当罗斯福看到丘吉尔一丝不挂地步出浴室时，总统惊呆了。罗斯福赶紧就看到这位大英帝国领导人的裸体而向他道歉。邱吉尔却说："大不列颠首相在美国总统面前没什么好隐瞒的。"然后他俩大笑起来。

（2）幽默可以化解矛盾，缓和气氛。例如，一个小孩看到一个陌生人，长着很大的鼻子，马上大叫："大鼻子。"小孩的父母感到很难为情，很对不起人。陌生人却幽默地说："就叫我大鼻子叔叔吧！"大家都能由此一笑了之了。

一个人在车上不小心踩了别人一脚，连声道歉。被踩者风趣地说："不，是我的脚放错了地方。"被踩者大度地认为，事情发生了，已无可挽回，又没有故意行为，也没有什么损失，何不一笑了之呢。

一个顾客在餐厅吃饭，米饭中沙子很多，服务员歉意地问："尽是沙子吧？"顾客大度地回答"不，其中也有米饭"。既批评了餐厅，也免除了尴尬局面。

（3）幽默也可以用来含蓄地拒绝。例如，一位好友向罗斯福问及美国潜艇基地的情况。罗斯福问道："你能保密吗？"好友回答："能。"罗斯福笑着说："你能我也能。"好友也就知趣地不再问了。

（4）幽默可以针砭时弊。例如，领导问："你对我的报告有什么看法？"群众："很精彩。"领导："真的？精彩在哪里？"群众："最后一句。"领导："为什么？"群众："当你说'我的报告完了'，大家都转忧为喜，热烈鼓掌。"这段话幽默讽刺了领导干部长篇大论、不着边际的作风。

（5）幽默还可以在轻松的气氛下表达严厉的批评。例如，某商店经理在全体职工大会上说："要端正经营作风，加强劳动纪律，公私分明，特别是那'甜蜜的事业'——糖果柜台。"

（6）幽默可以是你有力的反击武器。例如，德国大文豪歌德一次在公园散步，遇到了一个恶意攻击他的批评家。那位批评家不肯让路，并傲慢地说："我从不给傻瓜让路。"歌德立刻回答："我却完全相反！"说完，立即转到一边去了。

2.3.8　含蓄

含蓄手法的盛行是由于以下一些原因：许多事情只能意会，不可言传；人们越来越有素养，越来越需要得到尊重，采用暗示，即不公开地、隐蔽地给人以启示的做法最能表现素养和给人尊重；人们越来越倾向耐人寻味的永恒或长久，不喜欢一览无余的短暂；犹抱琵琶半遮面比完全显露更有魅力。含蓄的具体手法包括以下几种。

1. 通过提醒给予启示
例如，在事故多发地点竖立的一块牌子中，上书"事故高发地段"或"这里已有十人死于车祸"，以提醒人们：注意交通安全，特别是在这里。

2. 通过引导给予启示

某大学中文系因进修生、旁听生多而时常挤得在校生没有座位。为了改变这种状况，班长在课前宣布："为了尽可能地让来我们班听课的进修生、旁听生有座位，请本班同学坐前六排。"这实际上是暗示了进修生、旁听生不可坐前六排。

3. 不失矜持、自尊地给予暗示

如电影《五朵金花》中，金花以"蝴蝶飞来采花蜜，阿妹梳头为哪桩"来启发情人。《阿诗玛》中，阿黑以"有心想把鲜花戴，又怕崖高花不开"来试探阿诗玛。

4. 不伤大雅地给予启示

一位行者去买夜壶（即尿壶），在一个摊子上选了几个，虽都不错，但都嫌大。老板为做成买卖，说了一句："冬天到了，夜长着哩！"一笔生意因此做成。

5. 避免分歧，不伤和气地给予启示

例如，1972 年，在为美国总统尼克松举行的欢迎酒会上，周恩来总理这样说："由于大家都知道的原因，两国人民之间的来往中断了 20 多年。"这一发言，一举多得，堪称"绝妙好辞"：既影射了美国敌视中国的责任，又不伤客人的面子，甚至可说暗含对客人明智之举的赞赏。

关于语言表达艺术的划分难以完全统一。事实上各种方法也无绝对的界限，这些方法是互相联系、互相渗透的。例如，委婉离不开含蓄，含蓄中也包含着委婉，幽默中体现着委婉……但是，大致粗略的划分还是必要的，这是为了便于学习，便于实际运用。

📝 本章案例：会说软话的"80 后"女教师

学校新分来一位"80 后"女教师。学校本来准备让她从初一开始历练，不巧，初三有位班主任患病住院，于是她主动请缨，接下这个任务。望着她那娇小的身躯，我禁不住叹气："小姑娘，真不知深浅，这班难管呀，你又比他们大不了多少。"她说："硬的不行，就用软的呗！"

场景一

上任不久，好戏就开演了。一节体育课，一位男生不肯好好做预备活动，

体育老师几经警告无效，便朝他肩膀轻轻地拍了一下。于是，学生怒气冲冲地找到她："您得给我做主，叫体育老师给我道歉，他这是体罚学生。"

了解情况后她说："是要道歉，而且还要好好道歉！"她语出惊人，男生始料不及，睁大眼睛疑惑地望着她。她又说："而且老师的错误是在众目睽睽下犯的，所以他更应当着全体同学的面道歉，让大家都说说他。你看行吗？"男生此时一脸错愕，慌张地说："行，行……""道歉时，我想还要把你父母请来，这样老师对自己犯下的错误认识才更为深刻，也让他心服口服。我想这样处理对你够公平了吧。""啊……"男生尖叫一声说："算了，算了，老师拍得也不重，再说我也先违反了纪律。"他落荒而逃。望着男生的背影，她笑了，其他老师也笑了。

场景二

她的课上，一女生做了一节课的"私事"，下课时被她请进办公室。"为什么不好好听课？"她问。"我好像没扰乱课堂纪律吧？"学生并不买账。她平和地说："我看见你在做其他事，没有听课。"女生突然激动起来："你有什么了不起！难道你不会看错吗？"声音很大，充满着不敬和挑衅。

她听后笑了起来："哎呀！你说的全对，我没什么了不起。我只不过是一名普通教师……那么，请你说说你'了不起'的地方好吗？"看那女孩一时语塞，她一脸严肃地说道："既然你和我一样，没什么了不起，我们就应该在相互尊重、平等合作基础上完成教学任务。你有许多值得我学习的地方，我也有值得你学习的地方。你说是吧？"她顿了顿说："眼睛有时会欺骗我们，不过我向你保证我是用'心'在看你们，你能保证你也是用'心'和我交流，没有一点欺骗吗？"女孩的脸一下通红……

场景三

为了争夺一本言情小说，两个女生争吵着来到办公室。一个说："我看得好好的，她凭啥来抢呢？"另一个说："我只想看一看，她就冲我发火，太不讲理了。"见两人毫不相让，她故作无奈地说："你们是快毕业的学生了，也越来越成熟了，我看你们说得都有道理。或许你俩都没错。"

学生气得直翻白眼。她自言自语道："那又是谁错了呢？噢，是不是那本可恶的小说？"她转身指着桌上的小说说开了："你这书，我的学生快要面临中考了，繁重的学习让她们焦躁、敏感、脆弱。你这时出来，不是成心让她们争吵，使她们更烦躁吗？如果没有你的出现，她们可能心如止水般投入学习，有着纯洁的友谊，在未来的学习中彼此帮助互相提高。而这一切的美好，因你的出现或许将会破灭，你的罪过太大了！"学生变得局促不安，脸上出现羞愧的红晕。突然她大喝一声："鉴于你罪大恶极，本人决定将你冷藏！"望着她一本正经的样子，两位学生相互看了看，"扑哧"笑起来了……

问题

1. 你如何评价此位女教师的谈话技巧？

2. 该女教师采取了哪些言语表达艺术？产生了何种沟通效果？

3. 从这个案例中你得到了哪些启示？

复习思考题

1. 分析有效口头表达的作用以及有效口头表达的标准。

2. 结合实际，分析如何成为一个善于言辞的人。

3. 简述口才好和沟通能力强有何联系与区别。

第3章
倾听的作用与技巧

【学习目的】

1. 从实际数据、成功范例、过程分析各个方面认识倾听的重要性。
2. 全面掌握进行有效倾听的技巧。

【引导案例】

口若悬河与沉默寡言

联合制造公司总经理奥斯特曼对随时把本公司经济上的问题告诉雇员们的重要性非常了解。她每月向所有雇员发出一封名为：来自总经理部的信。她在出现重要情况时还随时召集各部门负责人开会，让他们确实感到他们确实是管理部的成员，并参与了重大决策的制定。

现在，她看到，由于市场价格不断跌落，公司正进入一个困难时期。她适时召开了各部门负责人会议。在会上她做了全面的讲话。

首先，我们需要积极思想的人、通力合作的人。我们需要使生产最优化，在考虑降低成本时，不能对任何一个方面有所疏忽。为了实际降低成本的应急计划，我在公司外聘请了一位高级的生产经理。

我们要做的第二件事是最大限度地提高产品的质量。质量就是一切。每部机器都必须由本部门的监督员按计划进行定期检验，只有经过监督员盖章批准后，机器才能开始运转，投入生产。在质量问题上，再小的事情也不能忽视。

在我的清单上列的值得认真考虑的第三个问题是增强我们推销员的力量。顾客是我们这个企业的生命线，尽管他们有时不对，我们还是要态度和气地、灵活地对待他们。我们的推销员必须学会做生意，使得每一次推销都有成效。公司对成功推销的回报是非常公正和丰厚的。

最后，我要谈谈相互配合的问题。这对我们来说，比其他任何问题都更加重要。要做到这一点，非齐心不可。领导就是配合，配合就是为同一目标共同努力。你们是管理部门的代表，是领导人，我们的目标你们是知道的。现在让我们一起努力工作，并快速地把我们的这项复杂的事情搞好吧！要记住我们是一个愉快的"大家庭"。

她发表完意见以后，用严厉的目光向在座的人们扫视了一下，似乎是在看是否有人敢讲什么。没有一个人说话，因为他们都知道，发表任何意见都会被她看成持有不同的意见。

奥斯特曼结束了她的讲话。参加会议的人都站了起来，静立在各自的椅子旁边。奥斯特曼收起文件，离开会议室朝她的办公室走去。

与口若悬河的奥斯特曼夫人相反的表现是卡耐基的一次亲身经历。在一次宴会上，他坐在了一个植物学家的身旁，很专注地听植物学家向他谈论各种各样的有关植物的故事。卡耐基几乎没有说话。可是分手的时候那位植物学家却称赞卡耐基是一个最有意思的谈话家。

上面提到的这两个人一个口若悬河，一个却沉默寡言，表现可以说是截然相反。它给予我们什么启示呢？

对于奥斯特曼总经理，撇开她全面罗列、公式化、老生常谈式的文风不说，撇开不依靠群力、内力解决问题的工作方法不说，最成问题的是她根本没有打算听取别人的意见，她的意见就是决定。这样她的意见就谈不上改进，更说不上转化为群体的自觉行动了。她失去了人心，难以保证她获得成功。

卡耐基以他的专注和少量得体的回应语赢得了植物学家的赞许。与此同时，卡耐基一定也获得了许多知识和信息，得到了一次美味的享受。

通过上述正反两个故事，我们可以得到同一个启示：认真倾听别人的谈话，会给别人留下很好的印象，让对方注意与你分享自己的思想；不打算倾听别人的讲话只能留下自己。这就是倾听在沟通过程中体现的价值。

在沟通学中，倾听被视作有效沟通的必要部分，它不仅能够使我们接收到很多有价值的信息，更能展现出我们谦逊的品质和对交流对象的尊重。有资料

表明，在听、说、读、写 4 种沟通形式中，听的比例占了 45%，而说话、阅读和写作分别占 30%、16% 和 9%。由此可见，倾听在沟通中的重要地位。

3.1 倾听的概念和重要性

倾听与听是两个互相联系而又有区别的概念。听是人体听觉器官对声音的接受和捕捉；听是人对声音的生理反应，是人的本能，带有被动的特征。只要你的听觉器官是完善的，你就能听，你就不得不听——有时被噪声干扰得心烦意乱，想不听还不行，你得关窗户，堵住耳朵。

3.1.1 倾听的概念

倾听必须以听为基础，但它是一种特殊形态的听。第一，它是人主动参与的听，人必须对声音有所反应，在这一过程中人必须接收、思考、理解，并做出必要的反馈。第二，它必须是有视觉器官参与的听，没有视觉的参与、闭上眼睛的听、只用耳朵的听不能称为倾听。在倾听的过程中，我们必须理解别人在语言之外的手势、面部表情，特别是眼神传达的信息。

这样，我们可以把倾听定义为：在对方讲话的过程中，听者通过视觉和听觉的同时作用，理解和接受对方思想、信息及情感的过程。依据这种见解，在倾听过程中，我们不仅要听到对方所说的话语，也不可忽视不同的重音、声调、音量停顿等因素。例如，说话人适当的停顿，会给讲话人一种谨慎、仔细的印象；过多的停顿会给人一种急躁不安、缺乏自信或不可靠的感觉。例如，说话的音量不同也会让人区分说话者愤怒、吃惊、轻视或怀疑等不同的态度。

依据这种理解，视觉接收到的信息也属于倾听的内容。我们的诉说往往由于不同的说话方式而具有不同的意义。例如，听见你的女友向你说："讨厌"，如果她的神色娇羞，你应当欣喜若狂，切不可像傻瓜一样低头走开；如果她横眉冷目，你应当当真，切不可像白痴一样没有反应，赖着不走。

依据这种理解，我们可以说不是所有听觉完整的人都会倾听。例如，下面一些人就是不会倾听的人。一种人，他用迟钝的目光看着你，一心一意地在想着他自己下面该说什么，他一点也没有听进去你说的话，还在你讲话过程中不断地打断你，说些与你刚才说的没有联系的话。一种人，他先前对你说："如果你有任何问题的话，可随时找我帮忙解决。"当你真的去找他时，他却把所有的时间用在谈论他自己的问题上。一种人抱怨每一次讲座，在讲座开始五分钟后就不听了，虽说没有睡觉，却总是在抱怨没意思和浪费时间。一种人，在某一个发言人刚说完坐下时，就对坐在他旁边的人说："这个人其实什么都不懂，我不能容忍这种装腔作势的人！"倾听不同于听，它不是人的本能，只有通过后天的学习才能获得。具有上面几种表现的人都必须通过学习才能掌握倾听的技巧，学会倾听。

3.1.2 倾听的重要性

在商务沟通中，倾听的重要性表现在以下几个方面。

沟通要从学会倾听开始

1. 倾听在人的生活工作中占有很重要的位置

根据统计数据，人们平均在工作中和生活中，有 40% 的时间用于倾听。事实上，在日常生活中，倾听是我们自幼学会的与别人沟通能力的一个组成部分。它让我们能够与周围的人保持接触。失去倾听能力也就意味着失去与他人共同工作、生活、休闲的可能。在日常工作中，领导者的倾听能力更为重要。一位擅长倾听的领导者将通过倾听，从同事、下属那里及时获得信息并对其进行思考和评估，并以此作为决策的重要参考。有效而准确地倾听信息，将直接影响管理者的决策水平和管理成效，并由此影响公司的经营业绩。

2. 在当今信息时代，倾听更加显示出其重要性

由于科学技术飞速发展，社会化大生产更具有整体性、复杂性、多变性、竞争性，单枪匹马的能力日显弱小。面对纷繁复杂的竞争市场，个人难以做出正确的判断，制定出有效的决策方案。法国作家安德烈·莫洛亚说："领导人应善于集思广益，应当懂得运用别人的头脑。"希腊谚语说："多听少讲有利于统治国家。"唐代贤臣在劝谏唐太宗时一针见血地指出："兼听则明，偏听则暗。"古今中外，对于倾听都是一致肯定，处在信息爆炸的时代，倾听更是不可或缺的法宝。

3. 名人、成功人士基于切身体会，做了许多经典论述

这些论述对于我们重视倾听是有启示作用的。

保罗·赵说："沟通首先是倾听的艺术。"伏尔泰说："耳朵是通向心灵的道路。"米内说："会倾听的人到处都受欢迎。"松下幸之助把自己的全部经营秘诀归结为一句话："首先细心倾听他人的意见。"

艾科卡说得更为动情："作为一名管理者，使我最满足的莫过于看到某个企业内被公认为一般或平庸的人，因为管理者倾听了他遇到的问题而使他发挥了应有的作用。"他说得很直接："我只盼望能找到一所能够教导人们怎样听别人说话的学院，假如你要能发动人们为你工作，你就一定要好好听别人讲话。"

美国著名的玛丽·凯化妆品公司创始人玛丽·凯说得更为风趣："一位优秀的管理人员应当多听少讲。也许这就是上天为何赐予我们两只耳朵，一张嘴巴的缘故吧。"

成功之士之所以成功，一定有多方面的因素。上面这些论述只是从听的角度进行了深入的总结。它们指出了倾听的重要作用，但我们并不是把它作为包医百病的良药来理解。

3.1.3 倾听的类型

倾听大致上可以分为学生倾听、员工倾听、管理人员倾听。大体上可以说，前者是未成年的倾听，后两者是成年人的倾听。就后两者来说，管理者的倾听在某种意义上来说，比员工倾听更为重要；在一定的意义上说，管理者的倾听比员工的倾听难度更大，更是一种挑战——由于交流时语言具有瞬时性和不可贮存性，要求处于百忙之中的管理者迅速地把握说话者的准确意思以及弦外之音。因此，倾听可以分为学生倾听和管理者倾听两种基本的、典型的类型。

管理者的倾听比学生的倾听，在难度上要大得多，这是因为两者存在以下的不同点。

第一，听课时我们可以做笔记，把要点和精彩之处记录下来，这甚至是讲课老师的要求。但是，我们不可能在每次与上级或客户交谈时都随时掏出笔记本来，而只能用心去记忆。这不仅是交谈环境的原因，也是交谈气氛和礼仪的原因。

第二，上课的讲义是经过精心组织和修整的，讲课人还会重复要点帮助听者跟上节奏。但社交场合的谈话，通常是随意和散漫的。例如，你邀请一位下属在咖啡馆聊天，他说起对公司一项新出台政策的评论。他的思维可能是跳跃式的，条理不一定清楚，甚至还可能故意隐瞒真实的想法。你就必须从零散的只言片语中分离出重点，并感受其背后的本意。

第三，上课也许只要求我们掌握信息本身，而管理者的倾听还要把握他人的情感。语言的最精妙之处在于同样的话，其字里行间可透露出截然不同的感情色彩。倾听时，我们要充分运用意识、情感和身体语言，全面地、积极地倾听：要用意识理解本意，要用情感体会感情，要用身体语言给予回应。

第四，学生听课无须考虑老师的年龄、性别、身份，可以"一如既往"地倾听。管理者的倾听必须区分说话者的身份——是上司、下属，还是顾客等。不同的对象，其讲话的目的、态度有所不同，对倾听者的要求也不同。因此，管理者所要应付的倾听是非常复杂多变的，对不同类型的发言者，要给予不同侧重的关注。

3.1.4　倾听的作用

1. 倾听对他人是一种鼓励

倾听能激发对方的谈话欲。说话者感到自己的话有价值，他们会乐意说出更多有用的信息，好的倾听者会促使对方更加灵活敏捷，产生更深入的见解。这更深的理解会使双方都受益。这种鼓励也是相互的。当别人感觉你在以友好的方式听他讲话时，他们会全部或部分解除戒备心理，并会反过来更有效地听你的讲话，更好地理解你的意思。你有效的倾听也常常使对方成为认真的倾听者。

2. 倾听可以改善关系

认真倾听通常能改善人们的关系。这样能给说话者提供说出事实、想法和感情等心里话的机会。倾听的时候，你将更好地理解他们，而你对他们的讲话感兴趣会使他们感到愉快。

这样，你的关系会改善。人们大都与你一样，喜欢发表自己的意见。如果你愿意给他们一个机会，他们立即会觉得你和蔼可亲，值得信赖。这样，倾听就使你获得友谊和信任。仔细听他人讲话会给你一个线索，了解他们是如何想的，他们认为什么重要，他们为什么说他们现在正在说的话。你并不一定喜欢他们，更不一定会赞成他们，但理解会使你们相处得更好。关键就在于认真倾听是给人留下良好印象的有效方式之一。

3. 倾听可使你获取重要信息，拥有你需要的全部信息

通过倾听我们可了解对方要传达的消息，感受对方的感情，并据此推断对方性格、目的和诚恳程度。倾听可使你能够适时和恰当地提出问题，澄清不明之处，或是启发对方提供更完整的资料。为了解决问题和更有效地做出决策，

尽可能多地获取相关信息是十分必要的。

倾听有助于你得到说话者拥有的全部信息。仔细倾听常常使他们继续讲下去并促使他们尽其所能地举出实例。当你掌握了尽可能多的信息之后，就可以更准确地做出决策了。倾听是获取信息的重要方式。报刊文献及资料是了解信息的重要途径，但受时效限制。倾听可以得到最新信息。交谈中有很多有价值的信息，有时它们常常是说话人一时的灵感，甚至他自己都没有意识到，但对听者来说却有启发。这些信息不认真倾听是抓不住的。所以，有人说一个随时都在认真倾听别人讲话的人，可在闲谈之中成为一个信息的富翁，这可以说是对古语"听君一席话，胜读十年书"的一种新解。

4. 倾听可锻炼自身能力和掩盖自身的弱点

我们通过仔细倾听，可以减少对方防卫意识，增加认同，使其产生同伴乃至知音感觉。倾听者可以训练推己及人的心态，提高思考力、想象力、客观分析能力。俗话说："沉默是金""言多必失"。沉默可以帮助我们掩盖若干弱点。例如，如果你对别人所谈问题一无所知，或未曾考虑，或考虑不成熟，沉入倾听就可以掩盖你的无知，掩盖你的准备不充分，你就获得了一个喘气的机会。

5. 倾听可以调动人的积极性

善于倾听的人能及时发现他人的长处，并创造条件让其长处得以发挥作用。倾听本身也是一种鼓励方式，能提高对方的自信心和自尊心，加深彼此的感情，激发对方的工作热情和负责精神。美国最成功的企业界人士之一——玛丽·凯·阿什，是玛丽·凯化妆品公司的创始人。现在她的公司已拥有 20 万职工。但她仍要求管理者记住倾听是最优先的事。而且，每个员工都可以直接向她陈述困难。她也抽出时间来聆听下属的讲述，并仔细记录。她还非常重视他们的意见和建议，在规定时间内给予答复。由此，满足了员工的自尊心和一吐为快的愿望，调动了他们的积极性。

6. 倾听使你善言和更有力地说服对方

只有善听才能善言。可以想象，如果在对方发言时你就急于要发表自己观点，根本无心思考对方在说些什么，甚至在对方还没有说完的时候就在心里盘算如何反驳，是无法有效沟通的。只有善听才能更好地说服别人：你能从他的讲话中发现他的出发点和弱点，是什么让他坚持己见，从而找到说服对方的契机；你的认真倾听会让人感到你充分考虑了他的需要和顾虑，增加了他认同的可能性。

7. 倾听有助于解决问题

这有 3 层含义。第一，积极倾听可使管理者做出正确决策。尤其对于缺乏经验的管理者，倾听可以减少错误。例如，日本松下电器创始人松下幸之助先生在创业之初公司只有 3 人，因为注意征询意见，随时改进产品，确立发展目标，才使松下电器达到今日的规模。玛丽·凯·阿什创业之初，公司只有 9 人，也由于善于倾听意见，按顾客的需要制作产品，所以企业的效益一直在同行中处于领先地位。第二，人们仔细地互听对方的讲话是解决异议和问题的最好办法。这并不意味着他们必须相互同意对方的观点，他们只需表明他们理解对方的观点。第三，仔细倾听也能为对方解决问题。例如，当你遇到一个在两份工作上难于做出选择的朋友时，你只需在他时而激昂、时而平静地对两个职业利弊分析的陈述中静静地倾听，偶尔在关键的地方予以启示就会起到画龙点睛的作用。也许你什么建议都没提供，但他会觉得你给了他宝贵的意见，帮他完成了艰难的选择。因为他什么都已想到了，你不会比他想得更多，他所需要的和你所能做的只是倾听。

3.2 倾听障碍

沟通的障碍来自环境、信息发送者和信息接收者 3 个方面。作为沟通的一个重要环节，倾听障碍则主要存在于环境、倾听者两个方面。

大家熟知的列队传话游戏生动具体表明，倾听障碍是客观存在的。这个游戏是让十个人排成一列，由第一个人领来纸条，记住上面的话并保留纸条。而后，第一个人将记住的话低声耳语给第二个人，第二个人将听到的话低声耳语给第三人，如此重复，直到第十人，让第十个人将听到的话写在纸上。最后比较这两张字条，会发现有很大的差别，甚至天壤之别。

3.2.1 环境障碍

环境对倾听的影响是显而易见的。例如，我们可以体会到，在会议室里向下属征询意见，大家会十分认真地发言；但若换到餐桌上，下级可能会随心所欲地谈想法，甚至说出不成熟的想法。

环境之所以影响倾听，是因为环境能产生两个方面的作用：第一，干扰信息的传递过程，使信息信号产生消减或歪曲；第二，影响倾听者的心境。也即是环境不仅从客观上，也从主观上影响倾听。

正因为如此，人们十分注重挑选谈话环境。于是，关于商务洽谈的一些特殊服务业应运而生。为了具体分析环境对倾听的影响，人们对环境因素做了进一步划分，分为 3 大项。

第一，环境的封闭性。环境的封闭性是指谈话场所的空间大小、有无遮拦设施、光照强度（暗光给人更强的封闭性）、有无噪声等干扰因素。封闭性决定着信息在传递过程中的损失概率及人们的注意力。

第二，环境的氛围。环境的氛围是环境的主观性特征，它影响人的心理接受定式，也就是人的心态是开放的还是排斥的，是否容易接收信息，对接收的信息如何看待和处置等倾向。环境是温馨和谐还是火药味浓，是轻松还是紧张，是生机勃勃的野外还是死气沉沉的房间，会直接改变人的情绪，从而作用于心理接受定式。

第三，对应关系。说话者与倾听者在人数上存在着不同的对应关系，可分为一对一、一对多、多对一和多对多 4 种。人数对应关系的差异会导致不同的心理角色定位、心理压力和注意力集中度。听下属汇报时不容易走神，因为一对一的对应关系使自己感到角色重要，心理压力较大，注意力自然集中。在教室听课是一对多的关系，听者认为自己不重要，压力小，易开小差。如果倾听者只有一位，发言者为数众多，如面对原被告的法官和面对多家新闻记者的发言人都会全神贯注，丝毫不敢懈怠。

3.2.2　倾听者障碍

倾听者本人在整个交流过程中具有举足轻重的作用。倾听者理解信息的能力和态度都直接影响倾听的效果。所以，在尽量创造适宜沟通的环境条件之后，管理者要以最佳的态度和精神状态面对发言者。来自倾听者本身的障碍主要可归纳为以下两类。

听别人讲话为什么容易
走神

第一类是倾听者的理解能力。交谈时要注意与对方进行有效的沟通，听讲人的知识水平、文化素质、职业特征及生活阅历往往与他本身的理解能力和接受能力紧密联系在一起，不同理解能力的倾听者必然会有不同的倾听效果。正因为如此，倾听者的理解能力也构成倾听中的障碍。"对牛弹琴"便是如此。

第二类是倾听者的态度。除了倾听者的理解能力之外，倾听者的态度也构成倾听中的障碍。这些态度主要有以下几种。

（1）排斥异议。有些人喜欢听和自己意见一致的人讲话，偏心于和自己观点相同的人。这种拒绝倾听不同意见的人，不仅拒绝了许多通过交流获得信息的机会，而且在倾听的过程中就不可能集中在讲逆耳之言的人身上，也不可能和他们愉快交谈。

（2）用心不专。三心二意、心不在焉是这种情况的典型表现。虽然倾听者身在现场，而且表面上似乎在用心努力地听讲，但倾听者本人要么心有另思，要么心不在焉。所以，倾听的信息完全未或部分未进入倾听者的头脑中，这种倾听的效果肯定不好。所谓"身在曹营心在汉"即如此。

（3）急于发言。人们都有喜欢自己发言的倾向。发言在商场上尤其被视为主动的行为，而倾听则是被动的。美国前参议员 S.I.Hayakawa 曾说："我们都倾向于把他人的讲话视为打乱我们思维的烦人的东西。"在这种思维习惯下，人们容易在他人还未说完的时候，就迫不及待地打断对方，或者心里早已不耐烦了。这样的话，我们就不可能把对方的意思听懂、听全。

（4）心理定式。人类的全部活动，都是由积累的经验和以前作用于我们大脑的环境所决定的，我们从经历中早已建立了牢固的条件联系和基本的联想。在每个人的思想中都有意或无意地含有一定程度的偏见。由于人都有根深蒂固的心理定式和成见，很难以冷静、客观的态度接收说话者的信息，这也会大大影响倾听的效果。

（5）感到厌倦。由于我们思考的速度比说话的速度快许多，前者至少是后者的 3~5 倍（据统计，我们每分钟可说出 125 个词，但可以理解 400~600 个词）。我们在倾听的过程中由于思维的速度和听话的速度有差距，就很容易在听话时感到厌倦。思维往往会在空闲时"寻找"一些事做，或者停留在某处，拒绝进一步的思维。这是一种不良的倾听习惯。

（6）消极的身体语言。你有没有习惯在听人说话时东张西望，双手交叉抱在胸前，跷起二郎腿，甚至用手不停地敲打桌面？这些动作都会被视为你在发出这样的讯息："你有完没完？我已经听得不耐烦了。"不管你是否真的不愿听下去，这些消极的身体语言都会大大妨碍沟通的质量。

除此之外，人的生理规律，也是形成倾听者障碍的原因。依据统计数据，一般认为存在这样的关于记忆的统计规律：一般人在 10 分钟的倾听中只能记住 50% 的信息，而到 2 个月后，则只能保留 25% 的信息量了；在紧急情况下获取的信息，在 3 天之后则只能保留 10% 的信息量了。依据大量观察，一般认为存在这样的关于注意的规律：人的注意力关于时间的函数关系呈一条自然曲线，开始高，在过程中下降，在结束阶段又会上升。作为倾听者应该利用这些规律，提高自己的注意力，采取适时适当的行动，进行坚持不懈的锻炼，消除自己的倾听障碍，提高倾听效率。

3.3 如何成为一个好听众

上一节就关于倾听的一些基本问题，包括倾听的定义、重要性、作用、类型和倾听障碍做了一些讨论。这一节进而讨论如何形成有效的倾听。关于形成有效倾听的建议是按这个思路展开的：首先，要消除倾听障碍；其次，在没有障碍的情况下提高倾听技巧；最后，在掌握了基本技巧的情况下进入一些具体场合，进行具体、熟练的操作。

3.3.1 克服倾听者障碍

倾听中的环境障碍的克服较为容易，且需双方在各个层次共同创造和努力。这里不做讨论。

倾听中，倾听者障碍的克服需要一个较长时间的努力，且主要依靠个人努力去完成。这里做一些探讨。

仔细分析倾听者障碍，可以发现：障碍的形成分别出现在发现和吸收信息及解码和理解信息两个过程中，在前一过程中主要是不够专心或粗心大意的障碍，在后一过程中主要是误解的障碍。为避免粗心大意导致的沟通失误，你可以从以下几点下功夫。

（1）尽早先列出你要解决的问题。例如，此项目何时到期？我们有什么资源可供调遣？从对方的角度看，该项目最重要的是哪方面？在谈话过程中，你应该注意听取对这些问题的回答。

（2）在会谈接近尾声时，与对方核实一下你的理解是否正确，尤其是关于下一步该怎么做的安排。

（3）对话结束后，记下关键要点，尤其是与最后期限或工作评价有关的内容。

造成解码过程错误的主要障碍是"误解"。例如，1977年两架波音747飞机在特拉维夫机场地面相撞，两名飞行员其实都接收到了调度指示。KLM的飞行员接到的指令是："滑行至跑道末端，掉转机头，然后等待起飞准许命令。"但飞行员并没把指令中"等待"一事当作必须执行的部分。另一架飞机PanAm的飞行员被命令转到第三交叉口暂避，但他将"第三交叉口"理解为"第三畅通交叉口"，因而没将第一个被阻塞的交叉口计算在内，就在该飞机停在主跑道上的时候，KLM飞机与之相撞，造成576人遇难。

这起不幸的事故就是由于飞行员对信息的误解造成的，要克服误解障碍，你可从以下几点着手。

（1）不要自作主张地将认为不重要的信息忽略，最好与信息发送者核对一下，看看指令有无问题。

（2）消除成见，克服思维定式的影响，客观地理解信息。

（3）考虑对方的背景和经历，想想他为什么要这么说，有没有什么特定的含义。

（4）简要复述一下他的内容，让对方有机会更正你理解的错误之处。

3.3.2 提高倾听技巧

关于提高倾听技巧，本章提出6个方面的建议。

1. 搞清前提

倾听要有同理心

我们所谈及的"倾听"，是在相互交谈中的倾听。双方是在交流思想和观点，联系情感，而不是辩论。基于辩论的对话与基于联系的对话在很多基本点上有本质区别。例如，在辩论中，倾听是为了反驳、为了分清正误、为了压倒对手；在交流中，倾听是为了理解、为了求同存异、为了帮助对手。搞错了前提就难以进行正确的倾听。

2. 建立信任

信任是双方交流的前提。真诚的谈话可以唤起对方的兴趣，激发对方的积极性及参与的主动性。因此，在交谈过程中有意甚至无意地撒谎，都有可能使对方觉得你是在欺骗他，从而使交谈中断或沟通效果不佳。

3. 积极投入

（1）保持精力集中的精神状态

随时提醒自己交谈到底要解决什么问题。倾听时应保持与谈话者的眼神接触，但对接触时间的长短应有适当把握，如果没有语言上的呼应，只是长时间盯着对方，那会使双方都感到局促不安。另外要努力维持大脑的警觉，保持身体警觉则有助于使大脑处于兴奋状态，专心倾听不仅要求健康的体质，而且要使躯干、四肢和头处于适当的位置。例如，有的人习惯把头稍偏一点以集中精神。全神贯注，意味着不仅用耳朵，而且用整个身体去听对方说话。

（2）采取开放式姿势

人的身体姿势会暗示出他对谈话的态度。自然开放性的姿态，代表着接受、容纳、兴趣与信任。根据达尔文的观察，交叉双臂是日常生活中普遍的姿势之一，优雅富于感染力，使人自信十足。但这常常自然地转变为防卫姿势，当倾听意见的人采取此势，大多是持保留的态度。既然开放式姿态可以传达出接纳、信任与尊重的信息，而"倾听"的本意是"向前倾着听"，也就是说，向前倾的姿势是集中注意力、愿意倾听的表现，所以二者是相容的。交叉双臂、跷起二郎腿也许是很舒服的姿势，但往往让人感觉这是种封闭性的姿势，容易让人误以为不耐烦、抗拒或高傲。

开放式态度还意味着控制自身偏见和情绪，克服心理定式，在开始谈话前让自己对对方感兴趣，做好准备积极适应对方的思路，去理解对方的话，并给予及时的回应。

倾听应是真诚的，不可抱着冷漠的优越感或批判的态度听人说话。真诚的倾听与口头敷衍有很大区别。"没必要那么担心，事情会好起来的"之类的话于事无益，甚至会使对方产生挫折感：原来自己的担心是没价值的。真诚的倾听则给人更多的关怀与启迪，有鼓励的功效。

（3）采取开放的兴趣观与心态

"如果他们讲得没有吸引力，他们就不能指望我认真听！"这是在讲座或讲话之后常常听到的话。记住——听者同样有责任。要从中寻找可能与你、与你的工作、与你的兴趣有关的信息。任何信息都可能是有关的。要提出下面这样的问题：我可以利用他们说的哪些话？我如何利用这些信息提供更好的服务、提高士气、提高效率、了解有关自己或他人的事？

你要对讲话者表示出兴趣，毕竟没有人想对空气讲话。把你放在讲话者的位置，想想你会感觉怎样。开放的心态是指要意识到自己的成见，或者意识到你会将不符合自己思想观念的信息加以调整。对于与你的信念、态度、想法和价值观相矛盾的信息不要觉得是威胁、侮辱或者有抵触情绪。

开放的心态也意味着尽量不要注意讲话者的外表和举止。不要因为你不喜欢他们的外表就排斥他们的想法。如果你清楚自己的成见，你就更可能注意这点和加以控制。永远不要过早地对讲话者的人格、主要观点和你自己的反应下结论。你可能会出错，并且如果你过快地做出决定，你会错过听到真理的每一个机会。换句话说，不要急于评论。

（4）明确倾听目的

你对你的倾听目的越明确，就越能够掌握它。事先为谈话进行大量的准备，这样可以促使我们对谈话可能出现的问题或意外有个解决的思路；同时可以围绕主题进行讨论，你的记忆将会更加深刻，感受更加丰富。这就是目的越明确，效果越显著。

总而言之，积极投入就是要贯穿这样一个指导思想：处在倾听或者说是接收信息的过程中也不能是被动的，而应是主动的——光用耳朵不行，还要用心去理解；光理解还不行，还要做出各种反应，以合乎礼仪，调节谈话内容和洽谈气氛，促进谈话顺利进行。

4. 多加理解

（1）全面倾听，建立理解的基础

全面倾听包括3个方面的内容：听取讲话的内容；注意语调和重音；注意语速的变化。只有三者结合才能完整领会说话者的意愿和情绪。

（2）全面关注，提高理解的效率

首先注意听清全部信息，不要听到一半就心不在焉，更不要匆忙下结论。很多单独无法理解的词句放到整体语境当中就容易领会了，而且听对方说完也是礼貌和尊重的表现。

其次注意整理出一些关键点和细节，并时时加以回顾。提一些问题，如"它们都意义清楚吗？""这些观点有事实依据吗？"如果有疑点，应听完以后提问。

此外，也要听出对方的感情色彩。言语本身可能带有不同色彩，只有深刻体会到说话者的潜在感情色彩，才能完全领悟其语之含意。

（3）悟出言外之意

分析背景，避免误解，听出"言外之意"也十分重要。要透过对方话语的表象，发掘他真实的动机。一般来说，对方隐瞒实情是出于以下"背景"因素：

①持有不同观点又不便直说；

②持有不满情绪又不愿表达；

③因个性或碍于面子不愿直说；

④由于特定环境而不能直说。

分析"背景"因素是做出恰当回馈的关键。例如，你的朋友向你表示他还无法下决心买下某套房子，真正原因可能是他的手头不是很宽裕，无力承担高房价。若你不了解这个情况，很可能会就房子的构造、环境跟他讨论半天。很多推销员也深有体会，顾客挑剔商品的种种不是，其实很可能只是无购买能力或想压低价格而已。

（4）克服习惯性思维，结合视觉辅助手段，"倾听"对方身体语言，加深理解

①克服习惯性思维。人们习惯性地对听到的话用潜在的假设去评价，要取得突破性的倾听效果，必须打破这些习惯性思维的束缚。例如，当你听到某个提议时，不要立即开始思量自己是否喜欢或者应该怎么做。先问一些"条件反射"之外的问题，如"这项提议顾及了哪些方面？""它能带来什么好处？"新型思维往往会带来创造力。

②结合视觉辅助手段。如果谈话对方提供了传单、讲义、小册子或提纲之类的辅助材料，最好充分利用。因为视觉、听觉刺激若结合起来，理解和记忆都可以得到加深；必要时也可以要求对方画图表予以说明。

③"倾听"对方的身体语言。身体语言往往更加诚实可信，学会"倾听"身体语言是探测对方心灵的有力手段。倾听时注意识别对方的表情大有助益。

● 僵硬型表情。脸上肌肉麻木、面无表情，往往充满不耐烦与敌意，他们试图以此种表情来掩盖自己的真实情绪。

● 厌烦型表情。其主要包括叹气、伸懒腰、打呵欠、东张西望、看时间、表情无奈等。

● 焦虑型表情。例如，手指不断敲打桌面，双手互捏，小腿抖动，坐立难安等。若厌烦型表情没有得到理解，烦躁的情绪积累下去，很可能发展为焦虑。

● 兴奋型表情。其表现为瞳孔放大、面颊泛红、搓手、轻松地跳跃等。

● 欺骗型表情。当对方喋喋不休地诉说，语义却不连贯，尤其是平时多沉默寡言时，他多半想隐瞒什么。另外，下意识地摸下巴、摆弄衣角，或将手藏在背后，都是说谎的征兆。

● 高傲型表情。眼睛眯起，头向后仰，俯视对方；或者双手抱胸，斜视，手叉腰，歪着头等，都表示自负、盛气凌人，对你的话不屑一顾。

（5）倾听主要观点

不良的听者倾向于只听事实。要学会区分事实和原理、观点和举例、证据和辩解。提炼主要观点的能力取决于你组织信息和传递语言的能力以及讲话者的重复。主要观点可能在讲话的开始、中间或结尾，所以你必须一直注意着。如果讲话者对讲话做了回顾或总结，那么你就要更加仔细地听。

（6）用批判的态度倾听

你应当在无偏见的情况下，对讲话者使用的假设和辩解持评判的态度，并小心估量主要观点背后的证据和逻辑基础。

5. 加强记忆

既然平常人对刚听过的信息记忆率只有50%，则提高记忆的效率的确是一件势在必行的事。这里提供了一些简单的技巧。

（1）重复听到的信息。将对方的话用自己的语言重新表达，既加深了记忆，又给予对方纠正错误的机会。

（2）认清说话的模式。若你能总结出对方说话的惯用模式，或者记住其中的典型事例，对其谈话内容重新整理组合，可以帮助记忆。

（3）采用某种记忆法。记忆的方法有很多种，如联想记忆法，即通过联想相似、相近或相反的事物来增强记忆效果的方法；再如理解记忆法，即在积极思考、达到深刻理解的基础上记忆材料的方法等。

（4）记笔记。快速地在纸上记录一些关键词，或自我设计的代表特定含义的符号，在事后再浏览一遍，印象会

记笔记的技巧

深刻许多。

6. 配合回应

用各种对方能理解的动作与表情，表示自己的理解，如微笑、皱眉、迷惑不解等，给讲话人提供准确的反馈信息，以利其及时调整。我们还应通过动作与表情，表现自己的感受，传达自己对谈话和谈话者的兴趣。

以下是一张倾听技能检测表，可供读者进行自我检测。

（1）你选择某个位置以使你能听得更清楚吗？

（2）你是听主要的看法和事实吗？

（3）你是不注意讲话者的外表而只关注他讲的观点吗？

（4）你"注意到"你既在看讲话者也在听他所说的话吗？

（5）你是以自己的好恶和感受来评价讲话者的话吗？

（6）你是一直把注意力集中在主题上并领悟讲话者所表达的思想吗？

（7）你是在努力深入地思考讲话者所说内容的逻辑和理性吗？

（8）当你认为所听到的内容有错误时，你是在克制自己（你没有插话或"不听"）吗？

（9）讨论时，你愿意让其他人做出最后的结论吗？

（10）在你评论、回答或不同意其他人的观点之前，你能尽量做到用心思考吗？

在这些问题中，如果有 7 项或 7 项以上你都答"是"，说明你是一个良好的倾听者，但是如果答"是"的个数在 7 以下，说明在有效倾听方面，你还需要再训练。

3.3.3　对员工的倾听

1. 通过倾听获得下属尊重

用认真倾听来显示自己的个人魅力，获得下属尊重，从而真实地了解下属传达的信息是倾听员工的第一要点。

我们要认识到：对管理者而言，做个好听众，比做个好演说家更难；认真倾听是必须而且能够掌握的沟通技能。为此，我们应当掌握美国著名管理学家罗宾斯提出的 4 个方法。

（1）专注。要精力集中地听下属讲话，打消分散注意力的念头，积极概括所听到的信息，并留意需要反馈的信息。

（2）移情。要把自己放到下属的位置，努力理解下属表达信息的含义，而不是自己想要理解的意思，对信息的认知要符合下属的本意。

（3）接受。要客观耐心地倾听下属讲话，不要即刻做出判断，应该首先在听完后再考虑是否认同对方。

（4）要有对完整性负责的意愿。少摆架子，让下属吐露真情；有诚意，倾听下属情感。只有这样，才能获得真实完整的信息。为此，你应注意以下一些细节：如与下属交流目光，适当做一些点头及手势动作；放松，不时使用"哦""嗯"等语气词；简短的插话和偶尔提问；找出下属没有清楚表达出来的意思；不要急于下结论。

2. 克服与下属的倾听障碍的要点

（1）打消畏缩情绪。例如，你可以告诉下属：我需要听取最真实的意见，不会因此而有人受到处罚。有时反过来需要平静下属的激烈情绪。你可以告诉下属："小伙子，别那么激动，事情总会有解决办法的。"

（2）克服主观障碍。这些障碍主要有以自我为中心、个人偏见、先入为主。

3. 善于提出问题

要想弄清问题和解决问题，必须善于提出问题，以便引导下属说清全部问题，引导其换个角度想，自己解决问题或者找出关键，从而便于领导出面解决问题。

（1）要提出引导性问题、能引起下属思考的问题、与下属意见紧密联系的问题。不要提出表达自己不同观点的问题。

（2）要多用一般疑问句，少用反问疑问句。

（3）提问要在下属的话告一段落时，要事先征询："对不起，我提个问题好吗？"要尽量使用商量的语气。

📷 **课间案例 1**

....

认真倾听员工的实例

实例 1：罗森勃路斯旅游公司不定期地寄给员工们一包东西，里面有建筑用纸和一盒颜色笔，让他们画图描述公司在他们心目中的形象。许多员工设计出积极振奋的图，体现出对公司共同远景的理解，有时却反映出深深隐藏在心中的不满。

实例 2：柯达公司在创业初期便设立了"建议箱"制度，公司内任何人都可以对某方面或全局性的问题提出改进意见。公司指派一位副经理专职处理建议箱里的建议，收效甚大。第一个建议被采纳的是一位普通工人，他建议软片仓库应该常有人做清洁，以切实保证产品质量，公司为此奖励了他20美元。公司共为采纳这些建议付出了400万美元，但也因此获利2 000万美元。

3.3.4　对顾客的倾听

对待顾客重要的不是你口若悬河的天分，重要的是洗耳恭听的本领；鼓励、欢迎顾客投诉，抱怨的顾客——顾客的抱怨经常是反败为胜的良机，处理顾客的抱怨常常是建立与顾客更深一层关系的机会；对顾客了如指掌，留心顾客的真正需求——从倾听中发现、唤起，以至于创造顾客对产品和服务的需要，以实现成功的销售。

📇 **课间案例 2**

倾听顾客的实例

一家仓储服务公司的经理陪同一位有意向的客户参观公司的仓储库房。这位客户即将有一大批设备要暂存，她对该公司的存储设施感到满意。就在经理觉得大功即将告成之时，女客户突然说：我们要求将货物按不同生产日期分别堆放。经理有些惊愕，因为无论按技术要求，还是取货便利，都是按货物型号种类储存更好。但他随即回答：好的，我们会努力给客户提供一切便利。女客户满意地点点头说："那就这么定了。非常感谢你们的理解，我已经联系过 5 个仓储公司了，可他们无一例外地想劝说我们按货物型号分类，说这样可节省不少空间和时间。"

3.3.5　对上级的倾听

在听上级谈话时我们一般都很认真。但是如果你想得到上级的赏识，甚至能对他施加影响，仅仅在他说话时保持沉默是不够的，你必须学会做一个"积极的倾听者"。这里面有很多学问。你首先要表现得让上级觉得你在认真倾听，然后要敏锐地听出其话外之音。最后，还要对他的话做出简洁、及时、切中精华的回应。

乔治·E.伯克利在《怎样管理你的上级》一书中介绍了如何有效倾听上级谈话的妙方，总结起来大致有以下几条。

（1）克服下属常有的"不安全感"。不要热衷于从上级的话里判断对自己是肯定还是否定，不要急于为自己辩护或证明自己的价值，应冷静地抓住上级谈话中真正的意图。

（2）集中精力用眼神与他交流，在他说完后不要迫不及待地做出反应，而是稍作停顿，让他觉得你的确仔细听了，且努力记在脑海里。

（3）用简短的一两句话或一两个词复述他的谈话内容，让他相信你已听懂，无须他费事重复。

（4）简短、及时地记录关键词。这既可迫使你认真听，又可表示你很重视他的信息。

（5）注意一些细节。如注意专门用语、语气、身体语言等改变所透露出的暗藏信息。

（6）在上级与他人交谈时，或者在非正式场合随意聊天时，你也应积极倾听，捕捉其中有意义的信息。

（7）要注意分辨上级真正的命令和一时快语。上级，尤其是暴躁的上级常常发布一些气头上的命令，事后甚至自己也会后悔。所以，为了上级，也为了你自己，在特殊的场合，即使是一些明确的命令，你最好也别急于去执行。

本章案例：迟到的倾听

在一家大食品公司，许玲所负责的部门支持销售部的工作，包括客户的信用评估、账款的收回、销售费用的审核支付、促销活动的控制等。虽无具体销售指标的压力，但工作难度是很大的。第一，一方面要做到严格控制，另一方面要提供大力支持。两者发生矛盾时，当中合理的度是很难掌握的。第二，当销量不好时，销售部会找出种种借口来指责他们支持不力，以推脱责任：信用评估太程序化，致使一些大订单消失；销售费用审核及支付的流程太烦琐，导致费用支付不及时，影响了与客户的关系；促销活动的控制缺乏灵活性，增加了促销活动的难度。第三，初始投诉发生时，上司还会为许玲的部属解释，但多次的投诉却使老板只能把许玲管理的部门当替罪羊，解雇当事的员工，以示公平、公正，以表明他们改变部门工作状况的决心。

许玲的部门新来了一位应届大学毕业生张林，他给许玲留下了聪明、诚实、积极、进取的良好印象。许玲对他寄予厚望：希望他能缓和与销售部之间的紧张关系，能给她所管理的部门带来新的活力，增强团队的凝聚力。

许玲改变了对新成员培训的方法。以往，团队有新员工加入时，许玲会给予2周的适应期。在此期间，给他看一些与工作相关的资料，并且花一定的时间与他交流，让他在正式工作前对工作环境、工作内容、工作职责、工作流程有一个大概的了解，以便较快熟悉业务，但这种培训方式效果不理想。因为两周纸上谈兵式的学习并不能让人完全适应复杂的工作状况，因为与之合作的同事会认为他不善于学习和适应能力差而不愿与之合作，以致员工不能通过试用期，只好重新招人，开始新一轮的训练。

鉴于这个原因，以及工作上急需人手，许玲这次只用半天的时间让张林了解公司的有关制度、工作职责、工作流程，就安排他上岗。此外再加上承诺：工作上遇到任何问题都可以随时来找她，她一定会给予必要的帮助。许玲认为这种新的培训方式可以让张林更容易发现问题，提高适应能力，可以降低同事对张林的要求，更乐于帮助和谅解他。

但许玲忽视了这种放任培训方法可能会带来的不良后果，许玲没有想到张林产生了不被关心、不受重视、被遗弃的感觉，没有想到他不愿意把这种感受告诉仅比他大一岁且作为女性的她，没有想到他出于自尊，宁愿尽量自己去想办法，找答案。许玲只看到张林出色的学习和适应能力以及工作被同事们一致认同。许玲对这平静表面留下的危机根本看不到，没有产生要去倾听他的想法。

在张林熟悉工作之后，许玲又给他设计了一个新的学习机会：把其他人的一些业务转交给他，以表示对他能力的认可和信任。她想不到张林产生了许玲偏袒其他同事和其他同事欺骗他的感觉。她只以为他会更开心、更努力地工作，她没有想到在做出这种非常安排之前或之后，应与他进行正式或非正式的沟通，她没有想到她又犯了一次错误。

此后，在非正式场合，许玲和张林之间也有过一些交流。例如下班了，同事都收拾好东西走人了，他还在加班。许玲去问原因，他开玩笑地说："因为你偏心，把工作都交给我做，我时间来不及，只好加班了。"许玲也开玩笑地回答："那是因为你还没上手，效率太低。"例如，午间休息时，他抱怨工作太多，其他同事都太舒服了。许玲只是开玩笑地说："你是男生，不要老是抱怨。团队里都是女孩，你要多担待一些。"其他人也都帮着许玲做这样不合理的解释，张林也就不辩解了。由于是非正式场合，而且人在工作不顺利时也常常会抱怨，因此，许玲并没有认真对待这些抱怨，也忽视了这些抱怨后面的潜台词，没有与他进行更深的交流，这让他很失望。不善于倾听使许玲又犯下一次错误。

张林顺利地通过了试用期的考核，成了一名正式的员工。他认为许玲应该对他前一段的工作做一个评价，提出对他今后的期望，了解他对自己职业的设计，帮助他认识他在公司里的发展前景，在他们之间做一次深入的沟通。可是，许玲再次忽略了他，且再次失去了沟通的良机。

就在许玲对团队的工作效率和人员稳定感到高兴时，张林提出要离职。许玲感到惊讶万分。他们终于做了一次深入的沟通，许玲做了一次真正的倾听，才了解到张林以上的那一些想法。许玲为自己的过失向他做了深刻的检讨。可是为时已晚，他已决心去另一家公司工作。许玲为自己团队失去了一个优秀的成员感到遗憾，并为自己的所作所为感到懊悔。

问题

1. 许玲错过了几次与张林的沟通机会？每次不能去倾听或未能形成有效倾听的原因是什么？

2. 一些人认为自己很开明，与下属的关系也相当融洽，非正式沟通非常流畅。因此，认为下属有问题会主动来与自己沟通，自己无须与下属主动沟通。你认同这种想法对吗？为什么？

3. 一种观点认为：应当重视非正式沟通中的信息——在非正式场合，下属能抛开心理压力，畅所欲言，不怕说错，相信容易得到谅解。因此，非正式沟通中传递的信息有时会更真实地表达他们的想法。另一种观点认为：不应当重视非正式沟通中的信息——它产生于非正式场合和随意的表达方式之中。你认为哪种观点是对的，为什么？

4. 为什么说平静的环境对管理者提出了更高的要求？（提示：平静掩盖问题；冲突的人敏锐，平静中的人迟钝）在平静的环境中管理人员应当怎么做？（提示：保持沟通，发现问题）

复习思考题

1. 完整地阐述"倾听"的概念。

2. 结合自己的具体情况,分析倾听的重要作用。

3. 按照倾听测试表和倾听技能测验表进行自我测试,并结合自身实际情况复习书中有关论述,以真正提高自己的倾听能力。

第4章
非语言沟通

【学习目的】

1. 了解非语言沟通在商务沟通中的重要性。
2. 熟悉非语言沟通的功能和作用。
3. 掌握非语言沟通的表现形式。
4. 体验各种非语言沟通表现形式的内在意义。

【引导案例】

被忽视的下属

小王是新上任的经理助理，平时工作主动积极且效率高，很受上司的器重。那天早晨小王刚上班，电话铃就响了。为了抓紧时间，她边接电话，边整理有关文件。这时，有位姓李的员工来找小王。他看见小王正忙着，就站在桌前等着。只见小王一个电话接着一个电话。

最后，他终于等到可以与她说话了。小王头也不抬地问他有什么事，并且一脸严肃。然而，当他正要回答时，小王又突然想到什么事，与同室的小张交代了几句……这时的老李已是忍无可忍了，他发怒道："难道你们这些领导就是这样对待下属的吗？"说完，他愤然离去……

其实，只需要小王在老李来找他时有适当的肢体暗示，一个微笑或是一个抱歉的表情，这样的尴尬和矛盾就可以避免。

通过上面的案例我们可以看到，沟通信息的传递不仅可以通过语言信息，还能通过表情、动作等非语言信息。有时这些非语言信息在沟通中还会占据主导地位，它会在很大程度上影响我们的沟通效果。

我们在实际沟通过程中，一定要重视非语言的信息，因为它们往往比语言提示更加有力。这些非语言的提示信息包括目光的沟通、面部表情、肢体动作、空间、时间、距离和外表等。所有这些提示都会对接收者如何解释或解码信息产生影响。

4.1 非语言沟通的功能

非语言沟通作为沟通活动的一部分，在完成信息准确传递的过程中起着重要的作用。据研究，在沟通中，55%的信息是通过面部表情、形体姿态和手势传递的。非语言沟通在交际活动中的作用是非常重要的，它能使有声语言表达得更生动、更形象，也更能真实地体现人们的心理活动状态。

4.1.1　代替语言的作用

我们现在使用的大多数非语言沟通形式经过人类社会历史、文化的积淀而不断地传递、演化，已经自成体系，具有一定的替代有声语言的功能。许多用有声语言所不能传递的信息，通过非语言沟通却可以有效传递。另外，非语言沟通作为一种特定的形象语言，它可以产生有声语言所不能达到的交际效果。在日常工作中，我们也都在自觉或不自觉地使用各种非语言沟通来代替有声语言，进行信息的传递和交流。在传递交流信息的过程中，它们既能省去过多的"颇费口舌"的解释和介绍，又能达到"只可意会，不可言传"的效果。

非语言沟通代替有声语言在舞台表演中的作用最为突出。在表演时，演员完全凭借手、脚、体形、姿势、表情等身体语言，就能够准确地传递特定的剧情信息。需要指出的是，管理工作中所采用的非语言沟通与舞台表演时的身体语言应当有所区别。我们在商务沟通中运用非语言沟通，要尽量生活化、自然化，与当时的环境、气氛相协调。如果运用非语言沟通时过分夸张或矫揉造作，那么只会给别人造成虚情假意的印象，影响沟通的质量，甚至会起到反作用。

4.1.2　强化效果的作用

非语言沟通不仅可以在特定情况下替代有声语言，发挥信息载体的作用，而且在许多场合还能强化有声语言信息的传递效果。例如，当领导在会上提出一个远大的计划

充满魅力的沟通技巧

或目标时，他必须用准确的非语言沟通来体现这个目标的重要性。他应该用沉着、冷静的目光扫视全体人员，用郑重有力的语调宣布，同时脸上表现出坚定的神情。在表达"我们一定要实现这个目标"时，要有力地挥动拳头；在表达"我们的明天会更好"时，要提高语调，同时右手向前有力地伸展等。这些非语言沟通大大增强了语言的分量，体现出决策者的郑重和决心。

4.1.3 体现真相的作用

非语言沟通大多是人们的非自觉行为。它们所载荷的信息往往都在交际主体不自觉的情况下显现出来。它们一般是交际主体内心情感的自然流露，与经过人们的思维进行精心构织的有声语言相比，非语言沟通更具有显现性。

非语言沟通在交际过程中可控性较小，它所传递的信息更具有真实性。正因为非语言沟通具有这个特点，因而非语言沟通所传递的信息常常可以印证有声语言所传递信息的真实与否。在现实交际中，常出现"言行不一"的现象。正确判断一个人的真实思想和心理活动，要通过观察他的身体语言，而不是有声语言。因为有声语言往往会掩饰真实情况。日常工作中，同事之间的一个很小的助人动作，就能验证谁是你的真心朋友。在商务谈判中，我们可以通过观察对方的言行举止，判断出对方的合作诚意和所关心的目标等。

4.2 非语言沟通的表现形式

我们在上一节的介绍中提到了非语言沟通的重要性。在日常生活中的各个方面，非语言都是顺利完成沟通必不可少的工具。在沟通时通过对所传达的非语言信息进行解读，可以得到准确的信息，有时候甚至胜于语言所传递的信息，正所谓"此时无声胜有声"。

非语言行为的研究者认为非语言沟通中的表现形式有沉默、声音、语气、语调、语速、面部表情、眼神、衣着、修饰物、气味、颜色、触摸以及时间和空间的应用等。此外，这些非语言信息符号的理解是依存于一定的社会环境的，因此沟通者所处的环境也是非语言沟通的研究对象。

4.2.1 非语言沟通的环境

每句话在特定的环境下会有不同的意思，甚至每个词也是一样的，离开了句子，词意可能会发生变化。例如，"blue"这个单词单独的意思是蓝色，可是当某人说"I'm feeling a little blue"时，表示这个人此时的心情很郁闷。如果不加区分还按照原来的意思估计就会闹笑话。因此，我们在进行有效沟通的时候就要关注时间、地点和沟通者当时的心情，以及沟通者的文化背景。例如，恋爱中的男女比较会喜欢安静和浪漫的地方，而重要的国际会议等会找相对比较安全、安静和舒适的地方进行。这些都是非语言沟通的环境。

在环境中文化的差异是沟通最大的障碍，下面是文化误区的几个实例，由此可以看出非语言沟通中环境的重要性。

📖 课间案例1

不同文化背景下的非语言沟通举例

中国某公司的主管第一次去德国时，应邀到一位最大的客户家里做客。他希望成为一个得体的客人，于是给女主人送了一束玫瑰花，一共12支。后来他才知道，在德国如果花是偶数则代表坏运气，而且红玫瑰象征着极其浪漫的情意。

在土耳其，如果你和某个人面对面，双臂交叉是很不礼貌的行为。

在我国，招待客人的时候，催促客人吃菜和帮别人夹菜是很热情的表达方式。但是在美国，从来都是主人和客人各有一套餐具，而且在客人需要佐料，但佐料很远的时候，主人就会通过身边的人一个个地把佐料传递过去，自己的身体从来不越过别人的食物。也就是说，在我国热情招待客人的方式在美国则是很不礼貌的行为。

4.2.2 非语言沟通的具体表现形式

我们把非语言沟通的表现形式大致分为沉默、时间、身体语言、空间4个方面。

1. 沉默

中国有句话叫："沉默是金。"沉默确实是沟通中很厉害的武器，但是必须有效使用。否则，无论是在平时的日常生活还是商务沟通中，很容易使另外一个沟通者无法判定行为者的真实意图而产生惧怕心理，从而不能达到有效的沟通。沉默可能是对方想结束谈话，也可能是对所提出的观点保持不同意见，抑或是想争取时间来准备自己的观点和思考自己的问题，当然也可以是纯粹的不感兴趣。当你对一个想和你交谈的人保持沉默，可能会伤害对方的感情从而影响到重大决定。例如，由于受到中国儒家文化传统的影响，中国人讲究韬光养晦，在商务谈判中，中国的谈判小组会深深隐藏自己所关心的利益和要求，在谈判中严守讨价还价的原则，对对方所出价格闭口不谈。这也就给自己争取了谈判的机会。但是，在同美国人谈判的时候沉默可能并不适合，因为美国人做事坦率、自信、真挚和热情，希望通过自己的滔滔不绝套取有价值的信息，这点正好和中国的谈判风格相抵触。因此，在和不同的谈判对象谈判的时候要把握好自己沉默的度，不然会造成谈判失败。总之，沉默是一种强有力的沟通武器，但必须巧妙使用。

2. 时间

时间作为非语言表现形式，主要是因为我们可以根据沟通者对待时间的态度来判定沟通者的性格、观念和做事的方式，从而达到有效的沟通，准确了解沟通者，做出符合自己利益的决策。

（1）不同民族、社会、文化背景下对时间的感受不同

我们往往容易做出人人都以同样的方式感受不同时间的假定。毕竟一小时就是一小时，不是吗？然而，在不同的民族、不同的社会和不同的文化背景下，人们对时间的感受是不同的。

在西方，人们信奉基督教，故而将复活节、感恩节、圣诞节这样一些宗教节日视为民族大节，非常重视，开展大量庆典活动。而在我国历史上，老百姓比较喜欢按照阴历计算日子和节日，因此诸如中秋节、春节等才是我们喜欢过的传统节日。

（2）即使在某种文化之内，不同社会团体也将时间分为不同时段

工商界关注从周一到周五的工作日，而零售店的经营者则更多关心周末的工作日；像宾馆、酒店等从事第三产业的经营者会把黄金销售期定在两个黄金周和双休日，而农民可能不怎么关心工作日和周末，他们会根据农业活动安排和季节（如耕作季节、播种季节和翻晒季节）安排时间。

（3）每个人对时间有不同的估价

由于时间观并不总是明确的，因而更重要的或许是每个人都有不同的时间

划分标准。根据他们的地位和所处的环境，人们对时间有不同的估价。例如，一个大公司的总经理和退休老夫妻对于时间的态度会有很大区别。

对人际沟通产生明显的影响也包括使用时间的方式。如果你在上午10点安排一个约会，却在上午10点半露面，那么你可能在传递着某些信息：你对约会的态度、对那个人的态度或对自己的态度及时间对你的重要性。如果你提前出席一个讲座，可能说明你对这个讲座很有兴趣。

（4）人们在时间的使用上有不同文化

在有些国家，人们并没有时间观念，公交车和列车晚点是很正常的事情。在北美国家，"时间就是金钱"。他们会记录约会日程并按日程计划和时间表生活。因此，准时和及时对于北美国家的人来说是很重要的。在欧洲一些国家，人们的时间观念会比北美国家差一点，但是准时也是他们的特征。在德国，公共交通工具从来都是按照时刻表准确运行的，一旦因为晚点而给乘客造成损失，相关部门会给予适当的赔偿；而在南美洲的一些国家中，人们在参加宴会或者谈判时迟到是很普遍的现象。因此，和不同文化背景的沟通者进行沟通时要了解和尊重对方的文化。

3. 身体语言

身体语言在我们进行沟通的过程中总是伴随着有声语言出现的。它包括面部表情、肢体语言和体触语等形式。

（1）面部表情

1957年，美国心理学家爱斯曼做了一个实验，他在美国、巴西、智利、阿根廷、日本5个国家选择被试者。他拿一些分别表现喜悦、厌恶、惊异、悲惨、愤怒和惧怕6种情绪的照片让这5国的被试者辨认。结果，绝大多数被试者"认同"趋于一致。实验证明，人的面部表情是内在的，有较一致的表达方式。因此，面部表情多被人们视为是一种"世界语"。

在面部表情中，我们应该特别注意眼、脸部肌肉、眉的变化。在日常生活和一般的商务交往中，比较常见的面部表情有挑衅的、傲慢的、厌烦的、不满的、着迷的、高兴的、震惊的、惊讶的、怀疑的、沾沾自喜的、同情的和气馁的。每一个面部表情所代表的意思会在对方用言语表达内心感受之前更加正确地传达给接收者。在商务谈判中，一方的谈判人员面无表情的时候也是心理活动最难捉摸的时候，这时会使谈判的另一方得不到信息反馈而不知所措，也是

商务沟通：方法、案例和技巧（移动学习版）

谈判最难进行下去的时候，最后可能不欢而散。

①目光语。目光语主要由视线接触的长度、方向以及瞳孔的变化3个方面组成。

视线接触的长度是指说话时视线接触的停留时间。视线接触的长度，除关系十分亲密者外，一般连续注视对方的时间为1~2秒。与人交谈时，对方视线接触你脸部的时间应占全部时间的30%~60%，超过这一平均值的人，可认为对谈话者本人比对谈话内容更感兴趣；而低于这一平均值的人，则表示对谈话内容和谈话者本人都不太感兴趣。不同的文化背景下对视线接触的长度是有差别的。在中东一些地区，相互凝视为正常的交往方式。在澳大利亚的土著文化中，避免眼睛接触是尊重的表示。当然，在大多数的国家里，特别是在英语国家里，沟通中长时间的凝视和注视及上下打量被认为是失礼行为，是对私人占有空间或个人势力圈的侵犯，往往会造成对方心理上的不舒服。但并不是说在跟他们谈话时，要避免目光的交流。事实上，英语国家的人比其他国人目光交流的时间长而且更为频繁。他们认为，缺乏目光交流就是缺乏诚意、为人不实或者逃避责任，但也可能表示羞怯。

视线接触的方向很有讲究。说话人的视线往下（即俯视），一般表示"爱护、宽容"；视线平行接触（即正视），一般多为"理性、平等"之意；视线朝上接触（即仰视），一般体现为"尊敬、期待"。

瞳孔的变化是指目光接触时瞳孔的放大与缩小。瞳孔的变化是非意志所能控制的。在高兴、肯定和喜欢时，瞳孔必然放大，眼睛会很有神；而当痛苦、厌恶和否定时，瞳孔会缩小，眼睛会无光。

眼睛是心灵的窗户，目光的接触也是内心的接触。读懂对方的眼神，也就是读懂了他的内心。

在我们工作和生活中比较常见的目光语言主要有以下几种。

● 在交谈中，对方的视线经常停留在你的脸上或与你对视，说明对方对交谈内容很感兴趣，想急于了解你的态度和诚意，成交的希望大。

● 交谈涉及关键内容时，对方时时躲避与你视线相交，一般来说，对方想把卖价抬得偏高或把买价压得过低。

● 对方的视线时时脱离你，眼神闪烁不定，说明他对你所谈的内容不感兴趣但又不好打断，产生了焦躁情绪。

070

- 对方眨眼的时间明显地长于自然眨眼的瞬间时（正常情况下，一般人每分钟眨眼 5~8 次，每次眨眼一般不超过 1 秒），表明对方对你谈的内容或对你本人已产生了厌倦情绪，或表明对方感觉有优越感，对你不屑一顾。

- 倾听对方谈话时几乎不看对方的脸，那是试图掩饰什么的表现。

- 眼神闪烁不定，常被认为是掩饰的一种手段或不诚实的表现。

- 眼睛瞳孔放大而有神，表示此人处于兴奋状态；瞳孔缩小无神，神情呆滞，表示此人处于消极、戒备或愤怒状态。

- 瞪大眼睛看着对方是对对方有很大兴趣的表示。

- 对方的视线在说话和倾听时一直环顾，偶尔瞥一下你的脸便迅速移开，通常意味着诚意不足或只想占大便宜。

- 下巴内收，视线上扬注视你，表明对方有求于你，成交的欲望强，让步幅度大；下巴上扬，视线向下注视你，表明对方认为比你有优势，成交的欲望不强，让步幅度小。

②眉与嘴。眉毛也可以反映许多情绪。当人们表示感兴趣或疑问的时候，眉毛会上挑；当人们赞同、兴奋、激动时，眉毛会迅速地上下跳动；处于惊恐或惊喜的人，他的眉毛会上扬；而处于愤怒、不满或气恼时，眉毛会倒竖；当窘迫、讨厌和思索的时候，人们往往会皱眉。

嘴巴的动作也能从各个方面反映人的内心。嘴巴紧抿而且不敢与他人目光相接触，可能心中藏有秘密，此时不愿透露；嘴巴不自觉地张着，并呈倦怠状，说明他可能对自己和对自己所处的环境感到厌倦；当对对方的谈话感兴趣时，很多人的嘴角会稍稍往后拉或向上拉。值得注意的是，在英语国家，用手遮住嘴，有说谎之嫌。

（2）肢体语言

肢体语言主要指四肢语言，它是人体语的核心。通过对肢体动作的分析，我们可以判断对方的心理活动或心理状态。

①手臂语。站立或走路时，双臂背在背后并用一只手握住另一只手掌，表示有优越感和自信心。如果握住的是手腕，表示受到挫折或感情的自我控制；如果握住的地方上升到手臂，就表明愤怒的情绪更为严重。

手臂交叉放在胸前，同时两腿交叠，常常表示不愿与人接触；而微微抬头，手臂放在椅子上或腿上，两腿交于前，双目不时观看对方，表示有兴趣沟通。

双手放在胸前，表示自己诚实、恳切或无辜。如果双手手指并拢放置于胸前的前上方呈尖塔状，则通常表明充满信心。

②手势语。手势是身体动作中最核心的部分。有的手势可以是各民族通用的，有的手势也会因文化而异。例如，在马路上要求搭便车时，英国、美国、加拿大等国人是面对开来的车辆，右手握拳，拇指翘起向右肩后晃动；但在澳大利亚和新西兰，这一动作往往会被看成是淫荡之举。

在人们的日常生活中，有两种最基本的手势，手掌朝上，表示真诚或顺从，不带任何威胁性；手掌朝下，表明压抑、控制，带有强制性和支配性。在日常沟通中其他常见的手势还有以下几种。

- 不断地搓手或转动手上的戒指，表示情绪紧张或不安。
- 伸出食指，其余的指头紧握并指着对方，表示不满对方的所作所为而教训对方，带有很大的威胁性。
- 两手手指相互交叉，两个拇指相互搓动，往往表示闲极无聊、紧张不安或烦躁不安等情绪。
- 将两手手指架成耸立的塔形，一般用于发号施令和发表意见，而倒立的尖塔形通常用于听取别人的意见。
- 在英语国家，人们喜欢将两手的食指和中指向下比画，意思是所谓的、自称的或是假冒的。在表示讥讽某人时，也常用这个动作。
- 握拳是表现向对方挑战或自我紧张的情绪。
- 用手指或铅笔敲打桌面，或在纸上乱涂乱画，表示对对方的话题不感兴趣、不同意或不耐烦。
- 吸手指或指甲的动作是婴儿行为的延续，成年人做出这样的动作是个性或性格不成熟的表现。
- 手与手连接放在胸腹部的位置，是谦逊、矜持或略带不安心情的表现。
- 两臂交叉于胸前，表示防卫或保守；两臂交叉于胸前并握拳，则表示怀有敌意。

手势语不仅丰富多彩，甚至也没有非常固定的模式。由于沟通双方的情绪不同，手势动作各不相同，采用何种手势，都要因人、因物、因事而异。

③腿部语言。

- "二郎腿"。与对方并排而坐时，对方若架着"二郎腿"并上身向前向你倾斜，意味着合作态度；反之则意味着拒绝、傲慢或有较强的优越感。相对而坐时，对方架着"二郎腿"却正襟危坐，表明他是比较拘谨、欠灵活的人，且自觉处于很低的交易地位，成交期望值很高。

● 架腿。把一只脚架在另一条腿的膝盖或大腿上。这种动作通常带有倨傲、戒备、怀疑、不愿合作等意味。若上身前倾同时又滔滔不绝，则意味着对方是个热情的但文化素质较低的人，对交谈内容感兴趣。如果频繁变换架腿姿势，则表示情绪不稳定、焦躁不安或不耐烦。

● 并腿。交谈中始终或经常保持这一姿势并上身直立或前倾的对手，意味着谦恭、尊敬，表明对方有求于你，自觉交易地位低下，成交期望值很高。时常并腿后仰的对手大多小心谨慎，思虑细致全面，但缺乏自信心和魄力。

● 分腿。双膝分开、上身后仰者，表明对方是充满自信的、愿意合作的、自觉交易地位优越的人，但要指望对方做出较大让步是相当困难的。

● 摇动足部，或用足尖拍打地板，或抖动腿部，都表示焦躁不安、无可奈何、不耐烦或欲摆脱某种紧张情绪。

● 双脚不时地小幅度交叉后又解开，这种反复的动作表示情绪不稳。

（3）腰部动作语言

①弯腰动作。例如，鞠躬、点头哈腰属于低姿势，把腰的位置放低，精神状态随之"低"下来，向人鞠躬是表示某种"谦逊"的态度或表示尊敬。

②挺腰板。使身体及腰部位置增高的动作，则反映出情绪高昂、充满自信。经常挺直腰板站立、行走或坐下的人往往有较强的自信心及自制和自律的能力，但为人可能比较刻板，缺少弹性或通融性。

③手插腰间。表示胸有成竹，对自己面临的情况已做好精神上或行动上的准备，同时也表现出某种优越感或支配欲。有人将这视作领导者或权威人士的风度。

（4）腹部动作的语言

①凸出腹部，表现出自己的心理优势，如自信与满足感。

②抱腹蜷缩，表现出不安、消沉、沮丧等情绪支配下的防卫心理。

③解开上衣纽扣而露出腹部，表示开放自己的势力范围，对于对方不存戒备之心。

④系皮带、腰带的动作与传达腹部信息有关。重新系一下皮带是在无意识中振作精神与迎接挑战的表现。反之，放松皮带则反映出放弃努力和斗志开始

松懈，有时也意味着紧张气氛中的暂时放松。

⑤腹部起伏不停，反映出兴奋或愤怒，极度起伏，意味着那将爆发的兴奋与激动状态而导致呼吸的困难。

⑥轻拍自己的腹部，表示自己有风度、雅量，同时也包含着经过一番较量之后的得意心情。

（5）其他姿势语言

①交谈时，对方头部保持中正，时而微微点点头，说明他对你的讲话既不厌烦，也非大感兴趣；若对方将头侧向一边，尤其是倾向讲话人的一边，则说明他对所讲的事很感兴趣；若对方把头垂下，甚至偶尔合眼似睡，则说明他对所讲的事兴趣索然。

②谈话时，对方不断变换站、坐等体位，身体不断摇晃，常表示他焦躁和情绪不稳；不时用一种单调的节奏轻敲桌面，则表示他极度不安，并极具警戒心。

③交谈时，对方咳嗽常有许多含义，有时是焦躁不安的表现，有时是稳定情绪的缓冲，有时是掩饰说谎的手段，有时听话人对说话人的态度过于自信或自夸表示怀疑或惊讶而用假装清清喉咙来表示对他的不信任。

④洽谈时，若是戴眼镜的对方将眼镜摘下，或拿起放在桌上的眼镜把镜架的挂耳靠在嘴边，两眼平视，表示想用点时间稍加思考；若摘下眼镜，轻揉眼睛或轻擦镜片，常表示对争论不休的问题厌倦或是喘口气准备再战；若猛推一下眼镜，上身前倾，常表示因某事而气愤，可能进行反攻。

⑤拿着笔在空白纸上画圈圈或写数字等，双眼不抬，若无其事的样子，说明已经厌烦了；拿着打火机，打着了火，观看着火苗，也是一副烦相；放下手中物品，双手撑着桌子，头向两边看看后，双手抱臂向椅子上一靠，暗示对方：没有多少爱听的啦！随你讲吧。把桌子上的笔收起，本子合上，女士则照镜子或拢拢头发、整整衣裙，都是准备结束的架势。

⑥扫一眼室内的挂钟或手腕上的表，收起笔，合上本，抬眼看着对手的眼睛；给助手使个眼神或做个手势（也可小声说话），收拾桌上的东西，起身离开会议室，或在外面抽支烟、散散步，也表明对所言无感，可以结束交谈了。

（6）体触语

体触是借身体间接触来传达或交流信息的行为。体触是人类的一种重要的非语言沟通方式，它使用的形式多样，富有强烈的感情色彩及文化特色。体触语能产生正负两种效应，其影响因素有性别、社会文化背景、触摸的形式及双方的关系等。由于体触行为属于近体交际，很容易让人产生敏感的反应，特别是在不同的文化背景中，体触行为有其不同的含义，因此在沟通中要谨慎对待。

（7）服饰

服饰是"无声的语言"，有时候直接影响陌生人对自己的第一印象。衣着的搭配直接关系到你的品位以及你对事物的欣赏力，对方通过你的着装也可以得出你的社会地位、性格等各方面的信息。

①衣着的颜色。在选择服饰的色彩搭配时，要求和谐、美观，否则会给人以不悦之感。

服装色彩的搭配有两种有效的方法，即亲色调和法和对比色调和法。亲色调和法是一种常用的配色方法。这种方法要求色调相近似，使深浅浓淡不同的颜色组合在一起，如深绿与浅绿搭配、红色与深红搭配等。对比色调和方法的特点是在服装色彩搭配上以其中一种颜色衬托另外一种或两种颜色，各种颜色不失各自的特色，相映生辉。3 种颜色对比搭配，如红黄蓝、橙绿紫等。在着装颜色搭配上，切忌上下身都采用鲜明的颜色，这样会显得很刺眼，令人不舒服。

我们要根据不同的地区环境和不同的社交场合搭配服装色彩。认识了色彩的搭配规律，我们将会更好地运用色彩进行服装搭配。

📖 课间案例 2

黑色衣服更显野蛮

根据两名康奈尔大学心理学家的研究显示，身着黑色球衣使足球运动员或曲棍球队员在赛场上的表现看上去更为野蛮。

1970—1986 年，28 个全国足球联盟队所受裁罚的记录表明，12 个受处罚最多的球队中，有 5 个队的制服以黑色为主色调。同样，这 17 年间 3 个受罚最多的全国曲棍球联盟队也身着黑色球衣。

上面的发现促使心理学家对此进行了一系列实验：将两盘足球比赛的录像带放给由球迷和裁判组成的小组观看。一盘带子上，防卫者身穿黑色球衣；另一盘上，防卫者穿白色球衣。观众认为虽然动作相同，但身穿黑色球衣的比身穿白色球衣的更具攻击性，动作也较肮脏。

心理学家推测：这是由于黑色着装的人往往给人以更具攻击性或更野蛮的感觉。

②服饰的搭配。在不同的交往情境中，服饰的搭配可以展示一个人的品位和素质，也象征一个人的身份和地位。服饰的搭配包括衣服样式、颜色和身上的饰品的搭配。从一个人的衣服样式可以知道此人究竟是时尚还是传统；从颜色可以知道此人性格外向还是内向或者人是否沉稳。身上的饰品同样也要很讲究。例如，男士在穿西装时，整体着装从上至下不能超过3种颜色，这样从整体上看线条会更流畅、更典雅，否则会显得杂乱而没有整体感。款式不一定要流行，但是要看着简洁大方；同时还要注意和袜子的搭配，穿西装时一定要搭配深色的西装袜，切忌搭配白色的袜子，因为搭配白色的袜子有可能会导致在坐着的时候，白色的袜子从西装的裤腿和西装皮鞋中间露出来，这样会显得很不和谐，通常白色或者浅色的袜子是用来搭配休闲服和便鞋的。女士一般在出席正式的场合时都是套裙，裤子是工作服或者是便服，但是要注意套裙的鞋子和袜子的搭配问题，在生活中也常常出现"凤凰头，笤帚脚"。例如，上面是很正规的套装或者是工作服，下面却是旅游鞋，有的女士穿着非常高档的套裙，下面却是没有后帮的拖鞋式凉鞋，这些会给人很差的印象从而造成沟通的障碍。

4. 空间

不管我们生活着的环境人口密度有多大，我们仍然有自己的生活空间并且是随身携带的，我们随时保护着自己的空间不被外界侵犯，并对侵犯我们空间的行为做出相应的反应，这都是我们生活中常见的现象。例如，在幽静的公园里，有人坐在一条长椅上独自沉思或者看书，如果你也想到长椅上坐一会儿，你一般会坐在哪里呢？往往你会不假思索地坐在离他尽可能远的一端，尽管这条长椅能容纳三四个人。这样你才会觉得舒坦一些。可你是否想过是什么因素支配着你的这种无意识的活动呢？

如果这次你故意靠近那人坐下，甚至已接触到那人身体，那么会发生什么事情呢？结果往往是，那人开始不自然地尽可能往一旁挪动，或者皱起眉头瞥你一眼。如果你还是不知趣地往他身边靠近，他就可能站起来，不满又无可奈何地瞪你一眼，拂袖而去。如果是女士，很可能会喊"非礼"。那么你有没有想过是什么心理原因在起作用呢?

而且,在我们的工作环境中可以发现,董事长或者是身份地位比较高的人的办公室总是会有一张比较大而宽的桌子,在你和他交谈的时候两个人的距离总是桌子的宽度甚至更远;还有的公司的布局就是把每个人工作的空间隔开,以此来增加工作人员的空间距离防止其在工作期间交谈。可能你觉得这是司空见惯的事,可是却包含着深刻含义。

(1)气泡学说

美国推销学家罗伯特·索默经过观察和实验研究发现,人具有一个把自己圈住的心理上的个体空间,它就像一个无形的"气泡"一样,为自己割据了一定的"领土"。一旦这个"气泡"被人触犯,人们就会感到不舒服或不安全,甚至恼怒起来。

人们都有一种保护自己的个体空间的需要,这并非表示拒绝与他人交往,而只是想在个体空间不受侵占的情况下自然地交往。个体空间实际上是使人在心理上产生安全感的"缓冲地带",一旦受到侵占,人们就会做出两种本能的反应:一是觉醒反应,如手脚有许多不自然动作,眨眼的次数增加;二是阻挡反应,如挺直身子,展开两肘呈保护姿势,避开视线接触。觉醒反应是引起的紧张状态,阻挡反应是对待情境的一种方式。如果实在忍无可忍,只要有机会,人们就会退而避之了。

(2)个体空间的范围

由于"气泡"的存在,大多数人都有"领土感"。因此在实际沟通活动中,我们应该根据交往对象、交往内容、交往场合、交往心境等一些主客观因素确定交往过程中双方的空间距离。

①亲密距离。这种距离在 0~0.5 米,用于表示爱情、亲密的友情和儿童抱住父母或儿童相互拉抱,但它也应包括摔跤和打架。在西方文化中,女人之间和有亲密关系的男人与女人之间处于这种状态是可接受的,但在男人之间或没有亲密关系的男人与女人之间处于这种状态则可能是令人尴尬的。然而,在阿拉伯文化中,男人们在大街上边走边相互搂着肩膀则是完全正常的。

因此,除非像拥挤的电梯或地铁车厢这样的场合迫使人们如此以外,以这种距离接触只适合于亲人、爱人或知心朋友之间。在一般的交往当中,如果有人闯入这个空间范围是不礼貌的,会引起对方的反感,只会自讨没趣。

②个人距离。这在人际间隔上稍有分寸感，极少有直接的身体接触。近距离在 0.5~0.75 米，远距离在 0.75~1.25 米。一般的个人交往都在这个空间内，它有较大的开放性。任何朋友和熟人都可以自由地进入这个空间，同时也可以提醒或者阻隔陌生人进入自己的亲密距离之内。当在交谈中和对方的关系有一定进展时，一方也能给对方接近自己的机会。

③社交距离。这已经超出了亲密或熟人的人际关系，而是体现一种社交性的或礼节上的较正式的关系。近距离在 1.25~2 米，一般出现在工作环境和社交聚会、洽谈协商场合；远距离在 2~4 米，表现了一种更加正式的交往关系。有些大公司的董事长或总经理往往有个特大的办公室，这样在与下属谈话时就能保持一定的距离。企业高层之间的谈判、工作招聘时的面谈、大学生的论文答辩等，往往都要隔一张桌子或保持一定距离，这样就增加了一种庄重的气氛。在社交距离范围内，双方已经没有直接的身体接触，说话时也要适当提高声音，需要更充分的目光接触。如果谈话者得不到对方目光的支持，他（或她）会有强烈的被忽视、被拒绝的感受。这时，相互间的目光接触已是交谈中不可或缺的感情交流形式了。

④公众距离。在这个空间内，人际之间的直接沟通大大减少了。其近距离在 4~8 米，其远距离则在 8 米之外。这是几乎能容纳一切人的"门户开放"的空间。人们完全可以对处于这个空间内的其他人"视而不见"，不予交往，因为相互之间未必发生一定联系。

可以看得出来，空间距离对于交往双方是很重要的。在管理者如何和自己的下属进行有效沟通或者管理者希望促进自己下属之间进行有效沟通时，缩小两个人之间的空间距离可能会是比较有效的沟通方法。在办公室的布局和摆设方面，有的公司是用方桌子隔开员工的工作区域或隔开上司和下属，这样可以保护沟通双方的隐私，但同时也会减少彼此之间的交流，从而影响有效的沟通。有的公司会采用敞开式的办公室从而增加员工之间的交流，提高工作效率。

课间案例 3

惠普的敞开式办公室

美国惠普公司创造了一种独特的"周游式管理办法"，鼓励部门负责人深入基层，直接接触广大职工。

为此目的，惠普公司的办公室布局采用美国少见的"敞开式大房间"，即全体人员都在一间敞厅中办公，各部门之间只有矮屏分隔，除少量会议室、会客室外，无论哪级领导都不设单独的办公室，同时不称头衔，即使对董事长也直呼其名。这样有利于上下左右通气，创造无拘束和合作的气氛。

单打独斗、个人英雄的闭门造车工作方式在现今社会是越来越不可取了，反而团队的分工合作方式正逐渐被各企业认同。管理中打破各级各部门之间无形的隔阂，促进相互之间融洽、协作的工作氛围是提高工作效率的良方。

不要在工作中人为地设置障碍，敞开办公室的门，制造平等的气氛，同时也敞开了彼此合作与心灵沟通的大门。

对一个企业而言，最重要的一点是营造一个快乐、融洽的环境：在管理的架构和同事之间，可以上下公开、自由自在、诚实的沟通。

4.3 基本姿态要领与训练方法

人们的日常沟通行为中涉及的基本姿态主要包括站姿、坐姿、走姿等。

4.3.1 站姿

站姿是生活静力态造型的动作，优美、典雅的站姿是发展人的不同质感美、动态美的起点和基础，能衬托一个人美好的气质和风度。

1. 标准站姿的动作要领

（1）身体舒展直立，重心线穿过脊柱，落在两腿中间，足弓稍偏前处，并尽量上提。

（2）精神饱满，面带微笑，双目平视，目光柔和有神，自然亲切。

（3）脖子伸直，头向上顶，下颚略回收；挺胸收腹，略微收臀。

（4）双肩后张下沉，两臂于裤缝两侧自然下垂，手指自然弯曲，或双手轻松自然地在体前交叉相握。

（5）两腿肌肉收紧直立，膝部放松。女性站立时，脚跟相靠，脚尖分开约45°，呈"V"字形。

（6）男性站立时，双脚可略微分开，但不能超过肩宽；站累时，脚可向后撤半步，身体重心移至后脚，但上体必须保持正直。

由于日常活动的不同需要，我们也可采用其他一些站立姿势。这些姿势与标准站姿的区别，主要通过手和腿脚的动作变化体现出来。例如，女性单独在公众面前或登台亮相时，两脚呈丁字步站立，显得更加苗条、优雅。需要注意的是，这些站立姿势必须以标准站姿为基础，与具体环境相配合，才会显得美观大方。

2. 几种常见的不良站姿

头不正，出现习惯性前伸、侧歪，显得身体松散下坠，没有精神；驼背，胸部不能自然挺起，造成身体不够舒展；肩不平，一高一低，身体左右倾斜；肩部紧张，形成耸肩缩脖；重心向后，挺腹；双手叉腰或抱胸前，或身体依靠其他物体。

3. 站姿训练方法

（1）五点靠墙：背墙站立，脚跟、小腿、臀部、双肩和头部靠着墙壁，以训练整个身体的控制能力。

（2）双腿夹纸：站立者在大腿间夹上一张纸，保持纸不松、不掉，以训练腿部的控制能力。

（3）头上顶书：站立者按要领站好后，在头上顶一本书，努力保持书在头上的稳定性，以训练头部的控制能力。

（4）效果检测：轻松地摆动身体后，瞬间以标准站姿站立，若姿势不够标准，则应加强练习，直至达标为止。

4.3.2　坐姿

坐姿是一种可以维持较长时间的工作劳动姿势，也是一种主要的休息姿势，更是人们在社交、娱乐中的主要身体姿势。良好的坐姿不仅有利于健康，而且能塑造沉着、稳重、文雅、端庄的个人形象。

1. 标准坐姿要领

轻轻入座，坐到椅子的 2/3 为准，后背轻靠椅背，女性双膝自然并拢，男士可略分开；对座谈话时，身体稍向前，表示谦虚和尊重；如果长时间端坐，可双腿重叠，但要注意脚尖回收。若女性着裙装，裙摆应收拢，不允许裙摆随意摇晃，也不允许当面大动作整理服饰。

2. 座位的高低对坐姿的要求

坐低座位时臀部后面距座椅靠背约 5 厘米，背部靠椅背。如果穿的是高跟鞋，坐在低座位上，膝盖会高出腰部，这时应当并拢双腿，使膝平行靠紧，然后将膝盖偏向谈话对方，偏的角度应根据座位高低来定，但以大腿与上半身构成直角为标准。

坐较高的座位时上身保持正和直，将左脚微向右倾，右大腿放在左大腿上，脚尖朝向地面，切忌脚尖朝天。

座位不高不低时，两脚尽量向左后方，让大腿和上身呈 90° 以上，双膝并拢，再把右脚从左脚外侧伸出，使两脚外侧相靠。这样不但雅致，而且显得文静且优美。

3. 入座要领

- 从椅子后面入座。如果椅子左右两侧都空着，应从左侧走到椅前。
- 不论从哪个方向入座，都应在离椅前半步远的位置立定，右脚轻向后撤半步，用小腿靠椅，以确定位置。
- 女性着裙装入座时，应用双手将后片向前拢一下，以显得娴雅端庄。
- 坐下时，身体重心徐徐垂直落下，臀部接触椅面要轻，避免发出声响。
- 坐下之后，双脚并齐，双腿并拢。

4. 离座要领

- 先有表示：离开座位，身边如有人在座，须以语言或动作向其示意，方可站起。
- 注意先后：职位低于对方时，稍后离开，双方身份近似时，可同时离座。
- 起身缓慢：起身离座时，最好动作轻缓，无声无息。
- 从左侧离席：离席时，从座位左侧离开。

4.3.3　走姿

行走是人的基本动作之一，最能体现出一个人的精神面貌。行走姿态的好坏可反映人的内心境界和文化素养的高下，能够展现出一个人的风度和风采。

1. 标准走姿要领

走姿是站姿的延续动作，行走时，必须保持站姿中除手和脚以外的各种要领。

- 走路使用腰力，身体重心宜稍向前倾。

- 跨步均匀，步幅约一只脚到一脚半。
- 迈步时，两腿间距离要小。女性穿裙子或旗袍时要走成一条直线，使裙子或旗袍的下摆与脚的动作协调，呈现优美的韵律感；穿裤装时，宜走成两条平行的直线。
- 出脚和落脚时，脚尖脚跟应与前进方向近乎一条直线，避免"内八字"或"外八字"。
- 两手前后自然协调摆动，手臂与身体的夹角一般在 10°~15°，由大臂带动小臂摆动，肘关节只可微曲。
- 上下楼梯，应保持上体正直，脚步轻盈平稳，尽量少用眼睛看楼梯，最好不要手扶栏杆。

2. 训练方法

（1）行走辅助训练

①摆臂。人直立，保持基本站姿。在距离小腹两拳处确定一个点，两手呈半握拳状，斜前方均向此点摆动，由大臂带动小臂。

②展膝。保持基本站姿，左脚跟起踵，脚尖不离地面，左脚跟落下时，右脚跟同时起踵，两只脚交替进行，脚跟提起的腿屈膝，另一条腿膝部内侧用力绷直。做此动作时，两膝靠拢，内侧摩擦运动。

③平衡。行走时，在头上放个小垫子或书本，用左右手轮流扶住，在能够掌握平衡之后，再放下手进行练习，注意保持物品不掉下来。通过训练，我们使背脊、脖子保持竖直，上半身不随便摇晃。

（2）迈步分解动作练习

保持基本站姿，双手叉腰，左腿擦地前点地，与右脚相距一个脚长，右腿直腿蹬地，髋关节迅速前移重心，成右后点地，然后换方向练习。

保持基本站姿，两臂体侧自然下垂。左腿前点地时，右臂移至小腹前的指定点位置，左臂向后斜摆，右腿蹬地，重心前移成右后点地时，手臂位置不变，然后换方向练习。

（3）行走连续动作训练

左腿屈膝，向上抬起，提腿向正前方迈出，脚跟先落地，经脚心、前脚掌至全脚落地，同时右脚后跟向上慢慢垫起，身体重心移向左腿。

换右腿屈膝，经过与左腿膝盖内侧摩擦向上抬起，勾脚迈出，脚跟先着地，落在左脚前方，两脚间相隔一脚距离。迈左腿时，右臂在前；迈右腿时，左臂在前。

4.3.4　其他几种体姿礼仪的基本要求

（1）点头：在没有必要行鞠躬礼，但又想向对方示意时，可用点头表示。点头时，转折点在脖子，双目应注视对方，可同时用微笑或话语向对方问好。

（2）回头：无论是谁，若突然被人由后面叫住，会毫无防备。倘若不假思索，只将头部和视线转向对方，很容易让人误会你在瞪他。正确的姿势是，回头时让身体也稍向后侧，转向对方，以给人谦恭、友好的印象。

（3）递物：递东西给他人时，应双手将物品拿在胸前递出。递书时，应把书名向着对方，以便对方能够看清楚。若是刀剪之类的尖锐物，要把尖锐的头向着自己。递物时，不能一只手拿着物品，更不能将物品丢给对方。

（4）接物：对他人递来的物品应双手接过。

（5）招手：若碰到较亲近的朋友或同事，可用举手招呼表示问候。招手时，手的高度以在肩部上下为宜，手指自然弯曲，大臂与上体的夹角在30°左右。

（6）"V"形手势：食指和中指上伸呈"V"形，拇指弯曲压于无名指和小指上，这个动作有"二"和"胜利"的含义。表示"胜利"时，掌心一定要向外，否则就有贬低和侮辱人的意思。

（7）请的手势：在标准站姿基础上，将手从体侧提至小腹前，优雅地划向指示方向，这时应五指并拢，掌心向上，大臂与上体的夹角在30°左右，手肘的夹角在90°~120°，以亲切柔和的目光注视客人，并说些适宜的话语。

（8）鼓掌：鼓掌礼一般表示欢迎、祝贺、赞同、致谢等意。鼓掌时，一般将左手抬至胸前，掌心向上，四指并拢，虎口张开，用右手去拍打左手发出声响。

（9）鞠躬：遇到客人表示感谢及回礼时，应行15°鞠躬礼。接待尊贵客人时，行30°鞠躬礼。行礼时面对客人，并拢双脚，视线由对方脸上落至自己脚前1.5米处（15°礼），或脚前1米外（30°礼）。男士双手放在双腿两侧；女士双手重叠放于腹前。

本章案例：这件时装不适合我

小罗经过笔试、面试，终于进入世界知名品牌C.D代理店担任销售人员。今天她打扮入时，开开心心进入购物中心二楼大厅左侧的C.D店面内。衣架上的时装，件件吸引着靓女们的眼球，不少人乘兴而来，满意而归。尽管时装价格不菲，但销路不错。在实习的两周中，她发现进店观赏的顾客中超过三成的女士都到了收银台，提着C.D的时装袋开心而去。

正式上班的第一天，直到下午四时，小罗仍然没有售出一件时装。她正在沉思着：自己曾热情地微笑着，不厌其烦地介绍和推介，但……突然，她发现一个中年女士已走近她柜台前，眼睛盯着她身边衣架上的时装。她知道，这几款套装有好多人试穿过了，只是有的腰围、胸围不符，也有的没说什么就走了。面前的这位女士身材姣好、皮肤白嫩，真叫小罗美慕和嫉妒。于是她热情服务，请她随意试穿，同时赞扬着女士的身材和皮肤。

当女士换上一套又一套C.D套装，在场的003号、008号服务员也围过来，发出惊美的声音。那位女士似乎也很满意这几款套装，特别是米灰和草绿的两套，她穿在身上反复照着镜子，走过来转过去，舍不得脱下，每件衣服她都仔细看，观察质地，看说明标牌。

小罗抓紧时机请她确认一套，那位女士却幽幽地："这套时装不适合我。"

小罗微笑着询问："哪儿不合适呢？你看这几款，款款都那么漂亮，这两天来试过的人如果像你穿得这么合身早就买走了。你看，价格也不贵，只有4 000元，如果有贵宾卡，可以9折优惠，今天我们就给你9.5折优惠，补给你一张贵宾卡。下次都可以打9折，一般购物5 000元以上，我们才发卡的。"

女士看了看小罗，没有出声。在小罗的询问下，女士说："让我看看，还有没有适合我的。"就走向其他的衣架，仔细摸摸，试试手感，看看标牌，最后还是走了出去。

小罗又陷入了沉思，003号服务员叫道："她那么好的身材给我就好了，我一定可以当上模特儿，哪用得着当这个售货员……"

问题

1.小罗在推销衣服的过程中运用了哪些非语言的沟通方式？可以告诉我们什么样的信息？

2.这么合适的时装，为什么没有成交？通过非语言沟通如何揣摩顾客的心思？

3.要成为一名出色的销售人员，哪些沟通技巧是最重要的？

复习思考题

1.通过现实生活中的例子说明非语言沟通的重要性。

2.分别找出一个沟通失败和沟通成功的例子，分析其中非语言沟通方面的内容，说明参与者成功和失败的原因。

3.如果你是下列情况的当事人，你该怎么办？

（1）在一条狭长的过道里，你看见一位同事由远及近向你走过来，你应该怎样礼貌地向对方打招呼？这中间会用到哪些非语言的沟通方式？

（2）在面试的过程中，你要怎么表示你已经做好了工作的准备？同时怎么让面试官对你有个好的第一印象？

（3）当你和一个美国人交流的时候，在非语言沟通方面，你将提醒自己注意哪些问题？

4.在沟通过程中，如果对方通过语言沟通所传递的信息与非语言沟通所传递的信息产生矛盾，你会相信哪种信息？为什么？

第5章
书面沟通

【学习目的】

1. 明确书面沟通的原则。
2. 熟知企业基本文书的写作规范和要求。
3. 掌握商务文书和调查报告的写作技巧。

【引导案例】

没有书面函件该相信谁?

2016 年 3 月的某一天,某公司外派维修的售后服务工程师陈某电话要求工厂售后服务部门为其在安徽芜湖的维修现场发送配件一个。按规定要求,陈某应当书面传真配件具体的规格型号然后再要求发货,以保证准确性。

结果陈某声称自己是老员工了,对配件很了解,要节省传真费用,且客户很急,就电话口头报告型号。售后服务部人员鉴于这种情况,就相信了陈某,按陈某说的型号发去了配件,结果发到现场后,型号错误,又要重发,造成时间的浪费和运输费用等的增加,更重要的是影响客户生产。

事后处理此事,陈某一口咬定自己当初报告的就是第二次发的正确型号;而售后服务人员则坚持陈某当初报告的就是第一次错误的型号。但是没有书面函件,该相信谁?最后因为双方都在明知公司规定的情况下,违反了书面沟通程序规定,造成了损失,都有责任,分别进行了处理。

上述案例中,我们看到了书面文件对企业的重要性。然而在现实工作中,人们对书面沟通的认识还存在一些误区。有人认为写书面材料都是秘书或其他文职人员的工作,自己是搞业务的,不是从事写作的。也有人认为书面沟通只是口头沟通的替代品，有了口头沟通就没必要再进行书面沟通。上述观点都具有一定的片面性。

实际上，书面沟通无论对组织还是对个人来说，都是非常重要的。从个人角度来看，具有较强书面沟通能力的人能够更好地展示自己的想法和业绩，从而具备较强的说服力和表现力，未来获得的晋升机会也会更多。从组织角度来看，有效的书面沟通有助于和客户建立良好的关系，有助于树立企业良好的形象，从而有利于实现组织的目标。

5.1 书面沟通与商务文书概述

目前，相对于口头语言沟通来说，书面沟通的形式发展迅猛。它从单一的文件发展出多种多样的形式，包括报纸、文案、杂志、书籍、信件、报告、板报、标语、电子邮件、传真、手机短信息、电视、计算机屏幕上的文字说明、通知以及标志等。由于书面材料的可复制、可保存、可查阅等特点，在科层制度复杂的正式企业组织中，大量的沟通都依赖于书面沟通。书面沟通的规则性更强，但写作往往比说话更让人觉得难以下手，因而，了解书面沟通的技巧显得十分必要。

5.1.1 书面沟通的必要性和重要性

书面沟通是指以书面或电子媒介作为载体，运用文字、图式进行的信息传递和交流形式。与口头沟通、非语言沟通相比，人类使用书面语言的时间是非常短的，但书面语言在现代人类生活中的重要性则比前两者要大得多，这是与书面语言的优势密切相关的。书面沟通形式虽然使用频率不如口头沟通高，但它传播的信息量较大。国际传播协会的调查研究表明，通过书面形式的信息通道所传递的信息量高于面对面的交流和电话交流。

从个人的角度来看，书面沟通技能是非常重要的。如果你的总结报告写得很出色，给客户复函时显示出很强的说服力，你就会有更多的提升机会和更好的绩效。对组织而言，有效的书面沟通还有助于与客户或顾客建立良好的关系，有助于树立企业的良好形象和声誉，从而有利于组织实现其战略目标。

换句话讲，无论是企业的内部部门之间互相协调、支持、沟通，还是企业和供应商、客户等外部部门之间互相协调、支持、沟通，都应当有书面沟通函件。

5.1.2 书面沟通方式的优势与缺点

1. 书面沟通的优势

（1）具有稳定性、权威性

与口头语言相比，书面语言的稳定性较强。口头语言中的很多词汇通常都具有一定的流行性，流行性的一个突出特点就是具有阶段性和地域性。不同时期有不同的流行语，不同地区也有不同的流行语，因此流行语能反映出时代和区域的特征。相比之下，书面语言则要稳定得多，如几百年以前的文献现代人也能够看得懂，来自不同地区的报告材料的差异性也很小。这种稳定性的文字信息便于不同时代、不同区域之间进行信息的交流。

此外，由于书面语言具有唯一性和比较强的稳定性，因此无论在法律上还是在其他领域都具有比较强的权威性。所以在商务活动中，与外部的各种契约合同和内部管理的各种材料大多采取书面的形式。

（2）具有严格的规范性

规范性是书面语言的一个重要特征。很多书面文字尤其是商务文书都有特定的写作内容和形式要求，目的是提高办事效率、加强工作的标准化和严谨性。

书面语言的规范性有效地保证了沟通的顺利进行，可以有效避免分歧。因此，一些困难或复杂的信息适合采用书面的形式来表达。例如，在商务活动中，合同的有效执行是以双方对合同的共同理解为前提的，如果双方的理解存在差异，则必然会导致合同纠纷。因此，合同的设计会严格按照一套标准化的语言和形式规范，既充分反映合同双方的真实意愿，又可以有效避免歧义。

（3）书面沟通讲究逻辑性和严密性，说理性更强

写书面文字就像盖房子，不能想到哪就盖到哪，而是应该先画好设计图，按照一定的逻辑顺序将要表达的内容呈现给读者，这样才能帮助读者更好地把握作者的思路。尤其是一些比较复杂的商务文书，通常都要按照一定的逻辑展开，如一些商业分析报告，通常会采用的逻辑是"提出问题—分析问题—解决问题"。只有上下文的内容环环相扣，才能避免出现逻辑上的漏洞，说理性才更强。

（4）书面沟通的内容易于复制和保存，有利于大规模的传播

书面沟通的载体形式多种多样，包括信件、报告、电子邮件、传真、通知等。广泛的载体形式使书面语可以不受时空限制，从一地转到另一地。特别是

随着互联网、计算机等技术的发展，书面文字可以以极低的成本被复制、保存以及传播，这样就大大方便了以书面文字为载体的沟通方式，为商务领域的沟通交流创造了更多可能。

2. 书面沟通的缺点

（1）进行书面沟通需要具备一定的文字沟通技能

由于书面沟通有较强的规范性和逻辑性的要求，因此同样一件事情用口头方式说出来比较容易，一旦用规范的书面语言表达就会感觉比较困难。因此，很多职场人士都要进行专门的学习和训练才能具备一定的书面沟通能力，包括文字表达的技巧、方法，不同书面材料的写作规范和要求等，这也是从一名普通员工到高级管理者必经的过程。

（2）书面沟通耗费时间较长

同样的内容，在相同的时间内，口头沟通传递的信息要比书面沟通传递的信息多得多。之所以如此，是因为口头沟通不需要花费过多的时间进行构思和修改，语言也比较简洁，即使出现一些不规范的省略句、半截子话等也并不影响听众的理解；而书面沟通则不同，它需要花费大量的时间和精力对文章结构、内容和逻辑顺序进行构思和修改，并要花费大量的时间做到语法规范、用词准确、语言流畅、条理清晰。可以说，有时花在构思和修改的时间要比实际的沟通时间多得多。

（3）信息反馈速度较慢

口头沟通尤其是面对面沟通，能够使接收者对其所听到的东西及时提出自己的看法，如果有不明白的地方可以及时提出疑问，反馈速度较快。而书面沟通缺乏快速的反馈机制，无法确保所发出的信息能被读者及时接收和反馈。有时发送者往往要花费很长的时间来确认信息是否已经被接收并被正确理解，并且对接收者的反馈速度也很难把握，这种反馈的滞后性有时会造成时间拖延，甚至贻误时机。因此，当出现紧急情况的时候，为了确保对方及时反馈，通常会先采用口头沟通的方式来获得对方的承诺，再通过书面沟通进行确认。

（4）无法运用情境和非语言信息

口头表达往往是在一定的情境下进行的，双方通过捕捉彼此的表情、举止、动作以及语气等一些非语言信息获得讲话者故意掩盖或逃避的信息。而书面沟通却没有这种情境性，在口头沟通中极容易理解的话语，在书面沟通中要想达到同样的效果，则需要花费大量的笔墨去做背景的交代。对于有些"只可意会，不可言传"的内容，即使传递者绞尽脑汁，恐怕也很难把它解释清楚。

5.1.3 书面沟通的注意事项

1. 主题要明确，防止跑题

主题是一份书面文字的灵魂，即作者想要表达的核心思想。一般来说，一份书面文字的主题只能有一个，文件中所有的信息都要围绕这一个主题展开。书面沟通通常都具有很强的目的性，这种目的性会在书面文字的主题中表现出来，因此书面文字要做到"主题明确，重点突出"。主题越集中，给读者的印象就越深刻。

2. 材料真实、完整

由于书面沟通的信息是可以进行留存的，因此写好书面文字首先要保证材料真实、完整，观点正确无误，语言恰如其分。在正式书写文字材料之前要遵循"广收集、严选择、善使用"的原则。事前应广泛收集材料，必要的时候还要深入实地进行调研，获取一手信息，这样才能确保材料的真实性。

3. 内容表达简洁、具体

采用书面沟通方式传递信息时，应力求简洁。这样不仅可以节省阅读者的时间，而且可以提高沟通效率。"简洁"与"完整"似乎是矛盾的，这其实是一个度的把握问题。"完整"是将所有与主题相关的要点都表达出来，但并不意味着要把所有的事实、观点都罗列在纸上。作者可以通过排序的方法，把不太重要的事项删除，也可以进行总结，把琐碎的、没有太大价值的文字精简掉，使得文章言简意赅。

此外，在职场中使用的文书要尽可能务实、具体化，拒绝一些大而空的内容和过于模糊的语言。要尽量将重点事项描述清楚，能使用数据的地方尽量使用数据。

4. 结构有条理

合理的结构、清晰的条理有助于突出主题，帮助读者迅速把握文字材料的意图。如果说主题是一份文字材料的灵魂，那么结构就是它的骨架。一个好的结构如果看上去思路清晰、逻辑严密，则读者读起来会很轻松，信息沟通效率也会很高。

金字塔结构——商务文案的逻辑设计技巧

5.1.4　商务文书的类型

商务报告的形式

商务文书是书面沟通在商务领域的应用，是人们在商务工作中为实现处理经济事务、交流商务信息等目的所使用的应用文体的统称。其具体形式包括商务往来所需的商务报告、信函、公文、合同等。

在当今市场经济时代，商务活动是一项重要的社会活动，其类型广泛，而与之对应的商务文书的种类也多种多样。大体可以分为以下几种。

（1）公务信息类：包括通知、通告、会议纪要、会议记录等。

（2）内部沟通类：包括请示、工作报告、公函、批复等。

（3）规章制度类：包括企业各类管理规章制度、决定、命令、任命书等。

（4）分析总结类：包括调查报告、市场分析报告、投资风险分析报告、工作总结等。

（5）策划方案类：包括广告创意策划书、商业计划书、文化主题策划文案等。

（6）对外宣传类：包括领导演讲稿、商务邀请函、产品说明书、新产品宣传手册等。

（7）外部沟通类：包括商务合同、委托授权书、报价函、催款函等。

（8）其他：包括电子邮件、便条、单据类等。

5.2　书面报告写作的一般过程

书面报告的形式有很多，但基本的撰写要求是相似的。本节主要介绍书面报告写作的一般过程和基本要领，下一节介绍几种常见报告的写作规范。

5.2.1　明确问题

我们应该选择那些真切、具体和重要的问题。一篇优秀报告反映的问题应该是来自于现实的问题，如现实与计划脱节的问题或是亟待解决的问题。如果写报告是你工作的一部分内容，你的公司或组织会为你选定主题。你要善于展开主题，如你可以展开针对公司报告的主题，目前你所在公司所面临的市场问题、员工忠诚度的问题、地方经济发展对公司的影响问题等。要多看新闻报道，多关注周边的热点动态。

判断报告所考察问题优劣的标准如下。

（1）问题应该是具体而真切的、重要且值得解决的、富有挑战性的。

（2）报告的读者应该是明确的、能够将建议付诸行动的。

（3）数据、材料以及事实应该是足以说明问题的严重性，足以证明建议解决方案的可行性，可以获得并且可以理解的。

5.2.2 研究和收集资料

因为涉及收集资料和数据，制定报告经常会成为一项很费精力和时间的工作。数据可以来自个人发现、实验、书籍、问卷调查、采访、财务记录等。

对于经常写报告的人而言，材料准备是必须掌握的一项基本功。材料准备主要包括以下两个方面。一是平时注意建立自己的信息库。我们要写出内容充实、论证充分、方案可行的报告，就要在平时养成良好的信息收集的习惯，要有专门的数据库，把平时积累的信息分门别类地放在信息库里，这样当需要的时候就可以比较方便地查找和使用。二是在写报告之初，先听取领导的想法，再针对性地去收集、补充信息。总之，材料准备的技巧可以用"平时积累、及时归库、分类整理"来概括。

5.2.3 组织材料

报告大约有信息类报告、可行性类报告，以及论证类报告几种形式。报告的形式不同，组织材料的要求是有区别的。

1. 信息类报告

信息类报告是概括已经完成的工作或未形成行动或意见的研究。

信息类报告的要素包括以下几个。

- 介绍：概括问题、计划的成功点。

- 历史陈述：问题如何被发现、采取了哪些行动以及结果如何。

- 结论：为后续行动提供意见。在这类报告中，建议的提出建立在事实根据的基础上。

2. 可行性类报告

可行性类报告对两种或更多方案进行评估，并推荐其中的一种。可行性类报告通常在开头部分就解释要做出的决策，列举所有可能的方案，并说明选择的标准。在报告主体部分，写作者将会利用对比方法，根据所列标准对每一项可行性方案进行评估。当其中某一项可能性明显优于其他各项时，或当标准存在交互作用时，亦或每种可能性之间密不可分时，最好分别讨论每种可能。如果最终选择依赖于对每个标准的侧重程度，我们应按照不同标准进行分类讨论。

至于建议部分应放在报告的开头还是结尾，完全取决于读者的要求或组织的文化特征。大多数读者喜欢开门见山，但如果读者在接受建议上有一定的困难，应该把建议放至结尾处，在陈述完所有证据后再进行说明。

3. 论证类报告

论证类报告推荐并论证某一购买、投资、聘用或政策调整行为的合理性。如果报告的标题和材料可以自行选择，那么我们可以采用以下写作格式。

（1）说明所需要的是什么以及为什么需要它。

（2）简单陈述问题或其背景。

（3）解释每种可能的方案，列出每个方案的成本、优势以及劣势。

（4）总结实施建议所要采取的行动。如果涉及的人数众多，应说明每个人的分工以及每个步骤所需的时间。

（5）恳请对方采取你所希望的行动。

如果读者在同意建议方面十分勉强，则可以换用问题到方案的形式。

（1）描述组织存在的问题，使用具体的例子证明问题的严重程度。

（2）说明为什么现有的方式、方法无法解决上述问题。

（3）将建议以非个人化的方式展示出来。

（4）证明建议的优势远远大于其劣势。

（5）总结实施建议所要采取的行动。如果涉及的人数众多，应说明每个人的分工以及每个步骤所需的时间。

（6）恳请对方采取你所希望的行动。

论证类报告中论述的详细程度取决于读者对建议和公司问题的了解程度。有的公司要求论证类报告简明扼要，1~2 页即可。有的问题可能需要长篇报告，详细说明预算情况，彻底讨论问题和各种解决方案等。

5.2.4　写作报告初稿

报告的初稿一般包括以下几部分。

1.内容简介

- 说明主题，强调它的重要性，或者引起读者兴趣的其他重要特征。
- 指出报告的目的，必要的话需解释背景情况。
- 简要总结结果或事实、结论和建议。
- 描述你的调查方法。
- 说明报告的实施计划（对于短报告没有必要）。

2.报告的正文

- 解释你所遵从的程序。
- 分析、阐述结果，指出从中做出的判断。

3.写作最后部分

- 对论述进行总结，引出报告的主要观点，并做出慎重的判断。
- 以你的论述和结论为基础提出一些建议。
- 不要再引入新的材料或新的观点。
- 结尾时把重点放在你希望留给读者的印象上。

4.写作摘要

- 把整个报告浓缩在若干个内容充实的段落中。
- 和报告目的进行核对，看是否与你最初的想法和目的一致。
- 和你的简介部分进行核对。

5.2.5　修改报告

初稿完成后放上一段时间，然后再进行大胆的修改。如果是十分重要的报告，在修改之后最好听听领导或同事的意见。

修改报告的步骤包括：从整体上看看你的初稿；考虑标题、目录、简介和结论，以及它们之间的关系；检查正文；检查你的视觉辅助材料等内容；最后找一些有经验的人给你提出一些建设性的批评和修改意见。

5.2.6　制作报告

要记得在提交报告之前留出较为充足的时间进行打印、校对、修改、复制和装订工作。根据经验来看，留给打印、编辑和校对的时间是永远不够的。此外，在对你的报告进

成功报告的必备条件

行最后的加工时，要特别注意整体视觉效果和页面布局。重要的报告要选择高质量的打印材料和专业的人员进行制作。

5.3 常用商务文书写作

上一节中我们介绍了商务文书的一般写作过程。由于商务文书类型比较丰富，每种类型在写作方面有着各自不同的要求，因此本节选取了几种常见的商务文书并分别介绍它们的写作规范。

5.3.1 商务上行文书的写作

上行文书是指下级部门向其上级部门发送的文书，通常这种文书以陈述型为主，如请示、报告等。

1. 请示

请示是下级部门向其直接上级部门请求对某项工作、问题做出指示，对某项政策界限给予确认，对某事予以审核批准时使用的一种请求性公文。它是应用写作实践中的一种常用文体。

请示具有以下几个特点。一是请示事项一般时间性较强。请示的事项一般都是急需明确和解决的，否则会影响正常工作，因此时间性强。二是一事一请示。因为"一文多事"牵涉的单位较多，涉及的规章、制度也多，任何一个上级部门都很难答复。三是一般主送一个部门，不多头主送。如需同时送其他部门，应当用抄送形式，但不得在请示的同时又抄送下级部门。四是应按隶属关系逐级请示。一般情况不得越级请示，如确需越级请示，应同时抄报直接主管部门。请示的内容和写法要求如下。

（1）标题。请示的标题有两种形式：一种是由发文部门名称、请示事项和文种构成的，如《××公司人力资源部关于××××××的请示》；另一种是由请示事项和文种构成的，如《关于增设地下消防栓需要资金的请示》。

（2）主送部门。请示的主送机关是指负责受理和答复该文件的部门。每件请示只能写一个主送部门，且一般不要主送上级部门的某个领导。需要同时转送其他部门的，应采用抄送的形式。

（3）正文。其结构一般由请示的依据、请示的事项和结语等部分组成。

①请示的依据。在该部分要写清楚申办事项的重要性和必要性，也要讲清

楚申办事项已具备的条件和可能性。只有原因讲得客观、具体，理由讲得合理、充分，上级领导才好及时决断，予以有针对性地批复。

②请示的事项。这是请示的中心部分，在该部分要写清楚向上级部门提出的具体请求，如请求资金要写清楚数额；请求物资要具体到品名、规格、数量；如请求某项工作的指示，则要写明申请人自己的初步意见或解决方案，而不能只提问题，就让上级给出具体措施。

③结语。结语语气很重要，要体现谦虚、低调。常见结束语有"当否，请批示""妥否，请批复""以上请示，请予审批"或"以上请示如无不妥，请批转各地区、各部门执行"等。

（4）落款。一般包括署名和成文时间两个项目内容。署名要写出机关全称，标题写明发文部门的，这里可不再署名，但需加盖单位公章。成文时间一般为发文日期，在发文部门下发标明，应具体到年、月、日，如××年××月××日。

2. 调查报告

调查报告是为解决某些问题而调查分析实际情况和研究其对策，然后向有关部门和上级领导所做的报告。它一般有以下两种形式。一是主动报告。某项工作进展得如何，以及一个企业、一个部门发生了什么事件需要有关部门掌握、了解，都需要及时写出情况报告。二是被动报告。组织因工作需要，安排人员就某个方面、某个问题进行调查研究，事后提交的报告即为被动报告。调查报告的意义在于总结经验，发现、研究和解决问题。

调查报告的标题一般有两种写法：一种是一般文章标题式写法，如"×××公司发展之路"；另一种是公文标题式写法，如"×××产品市场状况调查分析"。调查报告的正文一般包括4个方面内容，即前言、事实、分析、意见（对策或建议）。

（1）前言。前言部分要简要地说明调查目的、调查时间、调查范围以及所要研究和报告的主要内容等。有的调查报告中还包括调查方法及调查的整体思路等。

（2）事实。即阐述调查得来的主要内容或主要问题。这部分是调查报告的主体，容量较大，所以要进行归纳，或以自然情况为序，或以内容的逻辑关系为序，分条列项地进行书写。每一大条都要有一个中心，或用序码标明或用小标题的方式来概括，以使眉目清楚。其具体内容的写法主要是叙述，多用事实和数据说明，做到材料和观点相统一；表达上则要灵活一些，提出论点并以充分的论据证明，或以调查材料归纳出论点。

（3）分析。分析是调查报告的研究部分，通过分析，人们可以指出问题的性质，或找出产生问题的原因。分析可以是理论分析，也可以是实践例证；但不管如何分析，都必须基于事实和数据，要具有针对性，揭示实质不能凭主观想象，更不能主观臆断。

（4）对策和建议。调查研究的主要目的在于发现问题、分析问题，最终解决问题。因此，在调查分析的基础上，还必须提出解决问题的对策和建议。所提对策和建议可以是原则性的或带有方向性的，也可以是具体的、可操作的。

如果调查报告容量较大，而且要对事物进行全面的分析、研究，从而提高人们的认识和指导实际工作。那么，这就要求写作时不仅要具有科学的世界观和方法论，而且要深入实际，掌握第一手资料，同时还要具有驾驭题材、组织材料的能力。在具体写作时应注意以下几点。

第一，要实事求是。在调查所得的全部材料中找出能揭示事物规律的结论，不论是成绩还是问题、经验还是教训、建议还是对策，都应是实事求是的结果，并据此来选用比较恰当的报告结构方式。绝不能先入为主地用事先拟好的结论来套用或改造事实，或者为了采用某种熟知的结构方式对号入座地去找材料甚至迁就某些材料。

第二，要突出本质。要在众多的由材料得出的观点中选用最能突出事物本质的观点来说明问题，并据此选择恰当的、具有代表性的材料来作为论据。

第三，要在观点和材料的表述上下功夫，做到既要有观点，又要多提供客观的依据。例如，运用一组材料来说明一个观点；或者运用一种方法来说明一个观点；或者运用统计数字来说明一个观点。

3. 述职报告

述职报告是报告人向上级组织和领导，以及所属部门对自己在一定时期内的任职情况进行自我评述性质的报告。

述职报告的写作格式如下。

（1）标题有 4 种写法。一是只写"述职报告"4 个字。二是"××年任××职务期间的工作汇报"的公文写法。三是"×××（姓名）×××（职务）××会议上的汇报（或报告）"的写法。四是新闻标题式的写法。

（2）正文包括 3 个部分内容。①任职概况和评估。该部分包括述职范围、任职时间、工作变动情况、岗位职责、目标及对个人工作的自我评估。②尽职情况。这是述职报告的主体，主要写工作业绩、经验和问题。对于核心内容，多数是按工作性质不同分成几个方面来写，每个方面可先写业绩后写认识和做法，也可先写认识和做法后再写业绩。但不管怎么写，都要体现个人的工作能力和管理水平，尤其是在处理敏感和棘手问题以及应对突发事件和重大事件方面，要写出表现自身素质、才能和领导水平的内容。③今后的设想和信心。要从实际出发，对今后工作应在科学分析的基础上做出战略性规划，以表明尽职的态度。

（3）署名及日期。署名和日期可以写在标题下，也可以写在正文后。

由于述职报告的目的在于向人们汇报自己在职期间取得的业绩和存在的问题，因此，在书写时必须紧紧围绕自己的工作来进行。写作时应注意以下问题。

其一，思路清晰。述职报告是讲给别人听的，除了题目和称呼外，基本有一个较固定的"四步曲"。第一，介绍自己的职务和职责，以简短的话语拉开述职的序幕。第二，有条理地叙述自己在职期间所做的工作及所取得的业绩。这是述职的重点部分，要有理有据、有血有肉地详细介绍。第三，摆出工作中存在的不足和一些具体问题。第四，针对存在的问题，提出自己今后努力的方向和改进的措施。

其二，以职责为中心，突出典型业绩。述职报告有很强的"自我"性，即"述"工作时要以自己的职责为中心；摆业绩时绝不贪他人之功，而且应选择那些有影响的、人们认可的典型业绩；谈存在的问题时，则要诚恳地讲出自身的不足，不能是"我们"的不足。

其三，问题要具体。述职报告除了讲述自己的业绩外，还必须找出工作中存在的不足。讲问题时应该实事求是地讲出具体存在哪些不足，而不是用模糊性语言，说一句"当然，工作中还有很多不足之处"来搪塞。不管有多大的问题，都要向接收者具体摆出来，这样才能树立自己的形象，赢得人们的认可。

📖 **课间案例 1**

个人述职报告

姓名：★★★★★

所属公司及部门：佛山某广场商业物业管理有限公司　安全品质部

职务：品质主管

评估时间：2016 年 1 月至 2016 年 12 月

一、前期工作总结

入职佛山某广场已有近一年时间，从筹备期的施工现场消防安全管控到营运期的品质提升、安全常态化防范，我在公司部门经理领导下，认真完成了施工材料管控、施工现场安全隐患排查与整改、营运期重点部位安全排查与整改、总值制度内容培训与落实的工作。主要取得的工作成果如下：……

二、在工作中汲取的经验及教训

1. 过硬的专业知识、业务技能是安全品质工作的基石。

2. 较强的跨部门沟通能力是做好安全品质工作的必要技巧与策略。

3. 绝对的职务责任心是为总经理保驾护航、稳固安全防线的必要项。

4. 工作需有侧重点，在安全品质工作中学会抓大放小、利用现阶段单店总体工作的策略性导向和主题来安排安全、调整安全工作的重点。

三、下一步工作打算

持续提升自己的专业技能水平；最大限度地拓展自己所能接触到的商管公司管理界面，如营运、市场推广、人力资源等；做复合型人才的同时努力提高自己的情商，以适应企业文化。

四、对公司（部门）的建议

1. 重视公司企业文化的宣传与推广；知道能留住员工的除了具有市场竞争力的薪资以外，还需要有企业认同感、员工归属感，让每一名员工都清楚、认可自己是一名 ×× 公司人，这些是公司下一阶段要面临的课题。

2. 为更好地达成工作目标，希望获得的培训及相关支持。

3. 在营运期，提高安全品质部成员与区域乃至全国安全品质战线的交流和沟通，通过外派参观、学习、支援、互访互查等形式拓宽眼界，提升自身站位。

5.3.2　商务平行文书的写作

平行文书是指平级单位或无隶属关系的部门之间商洽工作、询问和答复问题时使用的公文。它主要包括协议书、商务信函、会议纪要等。

1. 协议书

协议书是社会组织或个人之间对某一问题或事项经过协商，取得一致意见后，共同订立的明确相互权利、义务关系的契约性文书。它是当事人双方（或多方）为了解决或预防纠纷，或确立某种法律关系，为实现一定的共同利益、愿望，经过双方共同协商达成一致意见后，签署的具有法律效力的记录性应用文。协议书的书写格式如下。

协议书一般由标题、立约当事人、正文、生效标识4个部分组成。

（1）标题。一般只需要在"协议书"之前写明该协议书的性质即可，如"赔偿协议书""委托协议书""技术转让协议书"等。

（2）立约当事人。在标题下方写明协议各方当事人的单位名称或个人姓名。如果是单位，可在单位名称后注明法定代表人的姓名、地址、邮编、电话号码等内容；如果是个人，可在姓名后注明性别、年龄、职务等内容。注明的项目可视协议书的性质而定。在立约各方当事人的前面或后面，一般应注明"甲方""乙方"等，以使协议书正文的行文简洁方便；"甲方""乙方"放在立约当事人名称或姓名前面时应在其后加冒号，放在后面时可加括号。

（3）正文。正文一般由立约依据及双方约定的内容两部分组成。立约依据和立约原因是正文的开头，其作用主要是引出下文。正文是协议书的主体部分，一般用条款分条列项地写出双方协商确定的具体内容。不同性质的协议书所包括的条款不同，具体应写哪些条款要视协议书的性质和双方协商的结果而定。

（4）生效标识。协议书正文结束后，署上立约各方当事人的单位名称或个人姓名。如果是单位，应同时署上代表人的姓名，然后署上协议书的签订日期，并加盖单位印章或个人印章。如果协议书有中间人或公证人的，也应署名、盖章。重要的协议书可请公证处公证，由公证人员签署公证意见、公证单位名称、公证人姓名、公证日期，并加盖公证机关印章。

📖 课间案例2

投资合作协议书

甲方：×××公司

乙方：×××公司

经甲乙双方友好协商，在平等互利的原则下，就合作投资创办出租汽车公司事宜，达成如下协议。

一、合营企业定名为 ×× 出租汽车公司。经营大小车 100 辆。其中：奔驰轿车 7 辆（为二手车，行车里程不超过 1 700 千米，外表呈新）、日产丰田轿车 83 辆（其中：50 辆含里程、金额记数表、空调、步话机等）、面包车 10 辆。

二、合营企业为有限公司。双方投资比例为 7∶3，即甲方占 70%，乙方占 30%。总投资为 140 万美元，其中：甲方 98 万美元（含库房等公用设施），乙方 42 万美元。合作期限定为 5 年。

三、公司设董事会，人数共 5 人，其中甲方 3 人，乙方 2 人。董事长 1 人由甲方担任，副董事长 1 人由乙方担任。正、副总经理由甲、乙双方分别担任。

四、合营企业所得毛利润，按国家税法照章纳税，并扣除各项基金和职工福利等，净利润根据双方投资比例进行分配。

五、乙方所得纯利润可以人民币计收。合作期内，乙方纯利润所得达到乙方投资额后，企业资产即归甲方所有。

六、双方共同遵守我国政府制定的外汇、税收、合资经营以及劳动等法规。

七、双方商定，在适当的时间，就有关事项进一步洽商，提出具体实施方案。

甲方法人代表　　　　　　乙方法人代表

×××　　　　　　　　×××

×年×月×日

2. 商务信函

信函是部门之间或者组织之间商洽工作、询问和答复问题使用的一种公文。在商务活动中，信函是人们应用最多也最为普遍的沟通工具。信函具有以下几个特点。一是多向性。信函虽然属于平行文，但不受行文限制，它除了平行行文外，还可以向上行文或向下行文。信函的格式灵活，可以按照公文的格式及行文要求撰写。它可以有文头版，也可以没有文头版，不编发文字号，甚至可以不拟标题。二是特别简短。信函的主体内容应该具备单一性的特点，一份信函只宜写一件事情。商洽的内容有时比较简单，几句话就可以说清楚，无须华丽的辞藻。三是类型多样，用途广泛。商务场合使用的信函种类较多，如按性质分，可以分为公函和便函两种。公函用于单位正式的公务活动往来。便函则用于日常事务性工作的处理。便函不属于正式公文，没有公文格式要求，甚至可以不要标题，不用发文字号，只需要在尾部署上机关单位名称、成文时间并加盖公章即可。另外，从内容和用途上，还可以分为询价函、答复函、催款函、订购函、理赔函等。

商务信函的写作格式和内容表述虽然有一定的灵活性，但主要由以下几部分构成。

（1）开头。"良好的开端是成功的一半"，商务信函写作也不例外。因为，开头的好坏决定了能否吸引读者阅读、能否满足读者需求、能否实现信函的目的。开头应遵循以下几个原则。①符合信函的目的和读者的需求。在肯定性的信函中应以主题和好消息开始，在负面性的信函中应以主题缓冲的表述开始，在劝说性的信函中应以主题和容易激发兴趣的陈述开始。②给人以周到、礼貌、简洁明了的感觉。一般开头段比较短，应多用积极的口吻和礼貌且谈话式的语言，避免不必要的重复。③检查信函的完整性。必须从复函日期及事宜的准确性上，从句子的结构、段落本身的逻辑性上来检查开头段是否完整。

（2）中间。中间段是在开头所提及的主要内容的基础上，对有关信函中涵盖的资料、数据进行富有逻辑性的、简要而清晰的描述。例如，投诉的准确程度、在销产品的益处、支付程度等。此外，也可以提供表格或图片以支持有关表述。

（3）结尾。除了对整篇信函做全面归纳之外，结尾的主要作用是简明扼要地从 5W 和 1H 出发，阐明撰写者希望读者采取的行动，即何时（When）、何处（Where）、由谁做（Who）、做什么（What）、为何做（Why）、如何做（How）。应鼓励读者付诸行动，如支付有关款项、订购某种产品、接受某项服务或满足加薪的要求等。由于行动陈述是商务信函的整个理由，因此，强调采取行动的要求一般出现在信函结尾处以达到加深印象的效果，最后应表示真诚的赞扬并以友善的口吻结束。

（4）信封。信封有一定的格式，一般应按规定格式写。信封地址要写得工整、清楚。字迹潦草模糊、涂涂改改，不仅影响信件的投递，对于收信人来说也是不礼貌的。书写信封一般应写明收信人的详细地址，收信人的姓名或公司、企业、团体的全名，寄信人的详细地址和姓名。

3. 会议纪要

会议纪要是用于记载、传达会议情况和议定事项的公文。会议纪要与会议记录是两个不同的概念，二者的区别十分明显。从应用写作和文字处理的角度来探析，二者截然不同。会议纪要是一种法定的公务文书，其撰写与制作属于应用写作和公文处理的范畴。它必须遵循应用写作的一般规律，严格按照公文制发处理程序办事。而会议记录则只是办公部门的一项业务工作，属于管理服务的范畴，它只需忠实地记载会议实况，保证记录的原始性、完整性和准确性，其记录活动同严格意义上的公文写作完全是两码事。

会议纪要具有以下特点。一是纪实性。会议纪要必须是会议宗旨、基本精神和所议定事项的概要纪实，不能随意增减和更改内容，要实事求是。二是概括性。会议纪要必须精其髓、概其要，以极为简洁精炼的文字高度概括会议的内容和结论。有的会议纪要，还要有一定的分析说理。三是条理性。会议纪要要对会议精神和议定事项分类别、分层次地予以归纳、概括，使之眉目清晰、条理清楚，以极为简洁的文字概括会议的内容和结论。

会议纪要主要由以下几部分构成。

（1）标题。标题有以下两种格式。一是会议名称加纪要，也就是在"纪要"两个字前写上会议名称，如《××公司人事工作会议纪要》。会议名称可以写简称，也可以用开会地点作为会议名称，如《北京投资规划座谈会纪要》。二是把会议的主要内容在标题里揭示出来，类似于文件标题式的写法，如《关于建设一级现代物流园区相关工作会议纪要》。

（2）文号、制文时间。文号写在标题的正下方，由年份、序号组成，用阿拉伯数字全称标出，并用"〔〕"括入，如〔2017〕67号。办公会议纪要对文号一般不做必须的要求，但是在办公例会中一般要有文号，如"第××期""第××次"，写在标题的正下方。

（3）开头。在开头部分简要介绍会议概况，其中包括会议召开的形势和背景；会议的指导思想和目的要求；会议的名称、时间、地点、与会人员、主持者；会议的主要议题或解决什么问题；对会议的评价。

（4）正文。会议纪要的正文部分是对会议主要内容以及基本结论等进行具体的阐述。根据会议议题等的不同，大致可以有以下3种写法。

①集中叙述法，多用于小型会议。这种写法是把会议的基本情况、研究讨论的主要问题、与会人员的认识、解决问题的措施以及要求用概括性的方法进行整体的阐述和说明。

②分项叙述法，多用于大中型会议。它一般要求采用分项叙述的办法，常常包括对目的、意义、现状的分析，以及目标、任务、政策、措施等的阐述，

即把会议的主要内容分成几个大的方面，然后加上标号或标题，分开来写。

③三部曲法，适用于专题会议。该写法将会议的主要内容分为提出问题、分析问题、解决问题3个部分来写。

（5）结尾。会议纪要的结尾一般有两种写法：一种是正文写完之后就结束；另一种是提出希望和号召，但要根据会议的内容和纪要的要求。有的是以会议名义向本地区或本系统发出号召；有的是突出强调贯彻落实会议精神的关键问题，指出其核心问题；有的是对会议做出简要评价，并提出希望和要求。

5.3.3　商务下行文书的写作

下行文书是指上级领导管理层对所属下级部门下发的一种行文。它包括工作规划、工作方案、工作计划、工作安排、简报等。

1.工作规划

工作规划具有以下特点：（1）时间一般都要在5年以上；（2）范围大都是全局性工作或涉及面较广的重要工作项目；（3）在内容和写法上比较笼统。规划是为了对全局或长远工作做出统筹部署，相对其他计划类文书而言，规划带有方向性、战略性、指导性的意味，因而其内容往往要更具有严肃性、科学性和可行性。这就要求写作者必须首先进行深入的调查和周密的测算，在掌握大量的可靠资料的基础上，确定组织的发展远景和目标，并反复经过多种方案的比较、研究和选择，最终确定规划的各项指标和措施。

规划的具体写法为：格式由"标题＋正文"两部分组成，一般不必再落款，也不用写成文时间。规划的标题采用"四要素"写法：主体名称＋期限＋内容＋规划，如"×××公司2015—2020年战略发展规划"。规划的正文内容如下。

（1）前言。即背景资料，也就是制定规划的起因。写作者应把诸多背景资料认真地加以综合分析，而不能简单地罗列事实，这样才会使人相信规划目标是可靠的和言之有据的。

（2）指导思想和目标要求。这属于规划的纲领和原则，是在前言的基础上提出的，因此要用精练的语言概要地进行阐述，使人读起来感到坚定有力、受鼓舞。

（3）具体任务和政策、措施。这是规划的核心部分，是解决"做什么"和"怎么做"的问题，因此任务要明确，措施要具体。

（4）结尾。即远景展望和号召，这部分要写得简短、有力，富有号召性。

2. 工作方案

方案是计划类文书中内容最为复杂的一种。由于一些具有某种职能的具体工作比较复杂，不做全面部署不足以说明问题；因而，文书内容的构成要烦琐一些，一般有指导思想、主要目标、工作重点、实施步骤、政策、措施、具体要求等项目。

工作方案写作

方案的具体写法：方案的内容由于是上级对下级的要求或涉及面比较大的工作，一般都用带"文件头"的形式下发，因而不用落款，只有标题、成文时间和正文 3 个部分内容。

（1）方案的标题有两种写法：一个是"三要素"写法，即由发文机关、计划内容和文种 3 个部分组成，如"×××公司五年发展规划总体方案"；另一个是"两要素"写法，即省略发文机关，但这个发文机关必须在领头的"批示性通知"的标题中体现出来。为郑重起见，方案的成文时间一般不省略，而且要注在标题下。

（2）方案的正文一般有以下两种写法。一是常规写法，即按指导方针、主要目标、实施步骤、政策、措施及要求几个部分来写，这个较固定的程序适合于一般常规性单项工作。二是变项写法，即根据实际需要加项或减项的写法，适合于特殊性的单项工作。但不管哪种写法，主要目标、实施步骤、政策、措施这几项是必不可少的。实际写作时的称呼可以不同，如把"主要目标"称为"目标和任务"或"目标和对策"等，把"政策、措施"称为"实施办法"或"组织措施"等。在"主要目标"一项中，一般还要分总体目标和具体目标；"实施步骤"一般还要分基本步骤、阶段步骤和关键步骤，关键步骤里还有重点工作项目；"政策、措施"的内容里一般还要分政策保证、组织保证和具体措施等。

3. 工作计划

这里的计划指狭义的计划，计划期限一般在 1 年或半年，且大多是以一个企业的工作为内容，只在单位内执行。计划一般不以文件形式下发，因而除标题和正文外，往往还要在标题下或文后标明"×年×月×日制订"的字样，以示郑重。计划的标题也采用"四要素"写法。计划的内容一般包括以下几个方面。

（1）开头。开头要通过概述情况来阐述计划的依据，应写得简明扼要，同时明确表达目的。

（2）主体。即计划的核心内容，包括阐述"做什么"（目标和任务）、"做到什么程度"（要求）和"怎么做"（措施和办法）3 项内容。

（3）结尾。结尾主要是突出重点，或强调有关事项，或提出简短号召。

4. 工作安排

工作安排是计划类文书中最为具体的一种格式。由于某些工作比较确切、单一，不做具体安排就不能达到目的，因而其内容要写得详细一些，这样容易使人把握。工作安排的具体写法如下。

（1）发文方式。安排的内容由于涉及范围较小的工作或单位内部的工作，因而一般有两种发文形式：一种是上级对下级安排工作，尽管涉及面较小，也要用"文件头"形式下发，格式是"标题"和"正文"两部分；另一种是单位内部的工作安排，格式由"标题""正文""落款及时间"3 个部分组成。但不管哪种形式，安排本身都不该有受文单位，如果必须有，则或以"文件头"形式下发，或者以"关于……安排的通知"名义下发。

（2）安排的标题可以是"三要素"写法，也可以是"两要素"写法（省略主体名称）。

（3）安排的正文一般由"开头""主体"和"结尾"3 个部分组成；也有的省略"结尾"，"主体"结束，正文也随之结束。"开头"同工作计划的开头差不多，或阐述依据，或简明扼要地概述。"主体"是正文的核心，一般包括任务、要求、步骤、措施 4 个方面内容。在结构上，安排可按这 4 个方面内容分项来写；也可把任务和要求合在一起、把步骤和措施合在一起来写；还可以先写总任务，然后按时间先后顺序一项一项地写具体任务，每一项有每一项的要求及措施，要依据工作性质及具体内容来定。但不管是怎样的结构，其任务都要具体，其要求都要明确，其措施都要得当。

总之，写好计划类文书可能是公文写作中比较难的事。因为，这不仅仅是文字表达上的事，它还涉及具体工作及业务的组织和安排问题，需要有长远的眼光和领导魄力，这种写作是一个人综合能力的表现。但是，在写作上也有一些章法，具体体现如下。

首先，写作者必须分清这个计划的内容属于哪一类，适合用哪一个具体的计划种类来表达，从而确定具体文种，即是规划、计划、方案、安排中的哪一种。然后，再根据具体内容和文种写作要求进行写作。如果是时间较长、范围较广的计划，就要用"规划"。因为，规划不必也不能写得太细，只要能起到明确方向、鼓舞人心、激发热情的作用就差不多了。当然，这并不是说规划就可以写得不切实际。如果计划的内容是某一项工作，一般用"方案"或"安排"，工作项目比较复杂者用"方案"，较简单者用"安排"。因为，方案和安排都必须写得很细，否则工作就没法开展。如果计划的内容既不是单项工作，又不是很宏大的工作，这就该用真正的"计划"了。因为，狭义的计划是广义计划中最适中的一种。当然，若只想把计划的摘要加以公布，则可用"要点"来写。

5. 简报

简报是用于传递某方面信息、交流工作经验、指导工作的一种内部交流书面材料。它具有汇报性、交流性和指导性等特点。简报不属于正式公文，因此不能公开出版，只能在内部发行。日常工作中所见的通信、动态、情况反映、信息通报等都属于简报的范畴。

简报主要有以下特点。一是真实性。简报中所反映的材料必须真实、可靠，对事物的分析解释必须坚持实事求是的科学态度，所有相关的事件、材料、数据都需认真核实。二是简明性。篇幅简短，这是简报区别于其他报刊的最显著的特点。一期简报甚至可能只登一篇文章、几段信息，或一期几篇文章，总共一两千字，长的也不过三五千字，读者可以用很短的时间把它读完，适应现代快节奏工作的需要。简报的语言必须简明精练。三是及时性。简报一般来说都是描述最新发生的事件，因此要写得快、发得快，以便有关人员能在第一时间掌握动态，制定决策。重要的情况要一日一报，甚至可以一日数报。

简报一般分为报头、报核和结尾 3 个部分。

（1）报头

①简报名称。在简报首页上部，约占首页 1/3 的版面，用间隔红线与正文部分隔开，中间有几个醒目的大字，是简报名称："××简报"。简报名称一般用套红印刷的大号字体。如有特殊内容而又不必另出一期简报时，就在名称或期数下面注明"增刊"或"××专刊"字样。秘密等级写在左上角，也有的写"内部文件"或"内部资料，注意保存"等字样。

②期号。期号可写在名称下一行，用括号括上。

③编印单位。编印单位一般排在横隔线的左上方，要使用全称："××会议秘书处"。

④印发日期。日期写在与编印单位平行的右侧。在下面，用一道横线将报头与报核隔开。

⑤密级。如"机密""绝密""内部刊物"等排在简报左侧上方位置。

（2）报核

报核主要包括标题、导语和主体部分。

①简报的标题十分重要，好的标题能够简要、准确地概括全文内容。一般来说，简报的标题可以采用正副标题的写法，正标题提示全文的思想、意义，副标题写明事件与范围。

②导语通常用简明的一句话或一段话概括全文的主旨或主要内容，给读者一个总的印象。导语的写法多种多样，有提问式、结论式、描写式、叙述式等。导语一般要交代清楚谁（某人或某单位）、什么时间、干什么（事件）、结果怎样等内容。

③主体部分通常采用以下几种写法：一是按照时间顺序写，即按照事件开始、发展、结束的顺序来描述一个完整的事件；二是按照空间变换的顺序写，这种写法适合报道一个事件几个方面的情况；三是按照逻辑方法分类、归纳，即把所有材料归纳为几个部分，按照序号或小标题展开叙述；四是采用夹叙夹议的写法，一边叙述，一边评述，这种方法适合于带有某种倾向性的简报；五是对比法，即在对比中展开叙述。

（3）报尾

报尾的写法有两种：一种是把主体叙述的情况用一句话或一段话总结一下；另一种是叙述完事实之后干净利落地结束全文。报尾在简报最后一页下部，用一横线与报核隔开，横线下左边写明发送范围，在平行的右侧写明印刷份数。

5.3.4 其他公文的写作

1. 工作总结

工作总结是组织、部门或个人对过去一个时期内的工作活动做出系统的回顾、归纳、分析与评价，并从中得出规律性认识，用以指导今后工作的事务性文书。工作总结的基本写法如下。

（1）标题。标题通常有以下 3 种类型。①文件性标题。一般由单位名称、时限、内容、文种名称构成，如"××公司 2016 年度新产品开发的工作总结"。②文章式标题。通常以单行标题概括主要内容或基本观点，而不出现"总结"字样，如某企业的专题总结"技术改造是振兴企业之路"和某高校的专题总结"我们是如何实行教学与科研相结合的"。③双行式标题。例如，"优质服务树形象，抢抓机遇谋发展——××公司 2015 年工作总结"。

（2）正文。正文包括以下 4 个部分。①前言。一般介绍工作背景、基本概况等，也可交代总结主旨并对工作做出基本评价。前言书写要力求简洁，开宗明义。②主体。主体包括主要工作内容和成绩、工作目标及任务的完成情况、经验和体会、问题或教训等内容。这些内容是总结的核心部分，可按纵式或横式结构撰写。纵式结构，是指按主体内容从所做工作、方法、成绩、经验、教训等方面逐层展开；横式结构，是指按材料的逻辑关系将其分成若干部分，各部分加小标题，逐一来写。③结尾。结束语可以归纳、呼应主题，指出努力方向，提出改进意见，也可表示对今后工作的决心、信心；结束语要求简短、利索。④落款。一般在正文右下方署名。

2. 商业策划书

商业策划书，又叫商业计划书，是指为一个商业发展计划而做的书面文件。它是用以描述与拟创办企业相关的内外部环境条件和要素特点，为业务的发展提供指示图和衡量业务进展情况的标准。其主要用途是递交给投资者和一切对创业者的项目感兴趣的人，以便他们能对企业或项目做出评判，从而使企业获得融资。商业策划书提交的对象一般包括公司筹办合伙人、潜在投资者及融资公司、潜在雇员、合作伙伴及顾问、客户及供应商等。

虽然企业的商业计划不一定需要一个固定的模式，但其编写格式还是相对标准化的，这些格式涵盖了一个商业计划最需要回答问题的层面，得到了众多专家和实践者的一致认同。一个企业自身的商业计划和一个给潜在投资者递交的商业计划可能在形式上或诉求重点上都略有差异，但其实质和根本应该是完全一致的。大致而言，就是任何一个商业计划都必须仔细审视并分析和描述企业的目标、所处的产业和市场、所能够提供的产品和服务、会遇到什么样的竞争、对手的管理和其他资源、如何满足顾客的要求、长期优势，以及企业的基本财务状况和财务预测。至于如此重要的商业计划究竟该让谁来编制完成，主要视企业规模大小而定，但一般都是采用企业核心成员研讨形式；必要时，还可外聘专业顾问来进行协助。下面，我们以一个完整的范例来描述商业计划书。

（1）封面和目录

商业计划封面看起来要既专业又可提供联系信息。如果递交给投资人，计划书最好美观漂亮，并附上保密说明。而准确的目录索引能够让读者迅速找到他们想看的内容。

（2）计划摘要

计划摘要列在创业计划书的最前面，它是浓缩了的创业计划书的精华。计划摘要涵盖了计划的要点，一目了然，以便读者能在最短的时间内评审计划并做出判断。创业计划书中的计划摘要十分重要。它必须能让读者有兴趣并渴望得到更多的信息，并给读者留下长久的印象。

计划摘要将是创业者所写的最后一部分内容，但却是出资者首先要看的内容，它将从计划中摘录出与筹集资金联系最紧密的细节。计划摘要一般包括以下内容：公司介绍、主要产品和业务范围、市场概貌、营销策略、销售计划、生产管理计划、管理者及其组织、财务计划、资金需求状况等。摘要要尽量简明、生动，特别要详细说明自身企业与其他企业的不同之处以及企业获取成功的市场因素。

（3）企业描述

企业描述的目的不是描述整个计划，也不是提供另外一个概要，而是将企业的历史、起源及组织形式做出介绍，并重点说明企业未来的主要目标（包括长期和短期）、企业所供产品和服务的知识产权及可行性；这些产品和服务所针对的市场以及当前的销售额、企业当前的资金投入和准备进军的市场领域及管理团队与资源。

（4）市场分析

在市场分析中，企业应该正确评价所选市场的基本特点、竞争状况以及未来的发展趋势等内容。其分析的主要问题有：潜在客户和准客户的类型与特点、市场的规模、预期增长速度、市场对产品和服务的接受模式和程度、估计目标市场份额和销售额等。

（5）竞争分析

要了解竞争者，讨论本企业相对于每个竞争者所具有的竞争优势；要向投资者展示顾客偏爱本企业的原因是什么。明确指出与企业竞争的同类产品和服务，分析竞争态势和确认竞争者信息，包括竞争者的身份、来源和所占市场份额，他们的优点和弱点，最近的市场变化趋势等；同时，认真比较本企业与竞争对手的产品和服务在价格、质量、功能等方面有何不同，解释企业为什么能够赢得竞争。

（6）产品和服务

在进行投资项目评估时，投资人最关心的问题之一就是，风险企业的产品、技术或服务能否以及在多大程度上解决现实生活中的问题；或者风险企业的产品（服务）能否帮助顾客节约开支，增加收入。该部分需要列举企业当前所提供的产品和服务类型，以及将来的产品和服务计划；陈述产品和服务的独到之处（包括成本、质量、功能、可靠性和价格等）；指出产品所处生命周期或开发进展。如果本企业的产品和服务有独特竞争优势，应该指出保护性措施和策略。

（7）人员及组织结构

企业管理的好坏，直接决定了企业经营风险的大小。而高素质的管理人员和良好的组织结构则是管理好企业的重要保证。因此，风险投资家会特别注重对管理队伍的评估。

商业计划书，应首先描述一下整个管理队伍及其相应职责，然后再分别介绍每位管理人员的特殊才能、特点和造诣，细致描述每个管理者未来对公司所做的贡献。即企业"都有什么事，需要什么人；都有什么人，在做什么事"。另外，商业计划书中还应明确管理目标以及组织机构图。

（8）财务计划

财务计划一般要包括以下内容：创业计划书的条件假设；预计的资产负债表；预计的损益表；现金收支分析；资金的来源和使用。其中，重点是现金流量表、资产负债表以及损益表的制备。流动资金是企业的生命线，因此企业在初创或扩张时，对流动资金需要预先有周详的计划和进行过程中的严格控制；损益表反映的是企业的盈利状况，它是企业在一段时间运作后的经营结果；资产负债表则反映在某一时刻的企业状况，投资者可以用从资产负债表中的数据得到的比率指标来衡量企业的经营状况以及可能的投资回报率。

（9）风险与风险管理

写作者要在商业计划书中说明项目可能存在的风险，并且要对风险大小和防范措施加以说明。如果对风险的估计不那么准确，则应该估计出误差范围到底有多大。如果可能的话，最好对关键性参数做最好和最坏的设定。风险防范主要有以下几个方面。

①技术风险和防范：技术创新性和成熟度、技术更新、R&D 的后续能力。

②市场风险和防范：目标市场的实际需求、价格变动与需求变化、竞争对手的能力和市场竞争态势、产品更新换代或替代品出现。

③政策风险和防范：国家经济政策（税收政策、货币政策、产业政策等）变化对投资效益的影响。

④投资风险和防范：价格、成本、销售量等关键因素变动的幅度导致投资效益（PBP、NPV、IRR、BEP 等）的变化程度。

（10）撤出机制

撤出机制是风险投资公司对风险企业或项目进行金融和非金融投资循环的关键。它也是实现资本保值增值的重要保障，因此写作者要在计划书中有所说明。

（11）附录

这部分应附上以下几个方面的文件材料：一是技术文件，如成果鉴定、专利相关文件、查新报告、测试报告、应用证明等；二是市场调查相关文件，如市场调查问卷、调研报告、其他数据资源等；三是财务报表，如收入表、费用表（年度）、损益、现金流量、资产负债（季度）等；四是其他文件，如授权书、投资意向书、团队成员简介及分工情况等。

5.4 书面文件的阅读

前面两节主要介绍了书面文件的写作技巧，书面沟通除了编写和发送信息外，还包括接收信息。因此，在这一节我们将站在接收者的角度谈一下阅读书面文件的技巧。

5.4.1 阅读基本技巧

1. 材料分类

我们可以将需要阅读的材料按照重要性程度分为以下 3 类。

第一类属于重要的资料。人们不去阅读这些资料，很多工作就无法进行。

第二类属于有用的资料。例如，一些相关背景资料信息，这些信息对于深入了解重要的资料是有用的，但并不很着急，可以在有时间的时候再阅读。

第三类基本属于无用或无关的信息。这些信息可能是误传给阅读者的，或者虽然有用但已经为阅读者所掌握，这类资料可以弃之不读。

这种分类方法不仅适合于不同的资料的分类，而且适合于同一资料的各个不同部分。

2. 采用不同的阅读方法

有些人喜欢在所有阶段都采取相同的速度和方法阅读所有的材料，殊不知这样做既浪费时间，效果也不好。正确的做法是根据材料的不同和阅读的不同阶段采取不同的阅读方法。

根据阅读速度的不同，我们可以把常见的阅读方法区分为浏览、快速阅读和精读 3 种。

（1）浏览

所谓浏览是指在正式阅读之前，通过快速阅读章节目录、标题、重点段落、重点词汇等方式概要地了解全文的内容，以评价这份资料的价值，确定应当何时阅读该材料和阅读时需要花费的精力。

浏览是这样一个过程：虽然你的眼睛扫过整个版面，但却什么也没有读，只是在寻找与自己的目标相关的关键词汇和线索，而略去其他内容。通过浏览，阅读者可以确定资料的主题、内容结构和阅读价值。

浏览在阅读中有两个重要的功能：一是对资料进行评估，即通过寻找关键词和段落的形式对资料的内容、质量进行评估；二是了解文章结构。

（2）快速阅读

快速阅读是指在阅读过程中，只阅读核心词汇和段落，忽略细节、解释和重复内容的一种阅读方法。

快速阅读通常有两种用途：一种是在时间紧迫的情况下帮助阅读者迅速了解资料的中心思想；另一种是在精读之前了解资料的大概内容和结构。

快速阅读的核心是正确判断哪些内容可以一扫而过，哪些内容需要仔细阅读。经过一定训练之后，做到这一点并不很难。例如，在叙事、说明和推理一类的资料中，多数段落都只涉及一个中心意思，而这一意思往往通过一个主题句表达出来。主题句的位置是有规律可循的，通常会出现在首句、第二句或者是结尾句。

有时，对于复杂的内容，作者首先通过一些比较容易理解的事例进行说明，然后得出中心意思，接着再进行深入的分析、介绍。这时，中心句就可能出现在段落的中间位置。

在快速阅读过程中，阅读者还可以利用各种视觉和语言标志。所谓视觉标志是指各种特殊的文字形式，如下划线、黑体字、斜体字、重点标记（符号下面的黑点）、大一号的字体等，这些标志的意思是提醒读者要重点阅读。

所谓语言标志是指反映语句间关系的一些词汇。语言标志主要可以分为以下3类。

第一类是减速标志词汇，如"但是""然而""另一方面""反过来"，这些词语提示下面的内容将与上面有所不同，因此要减速重点阅读。

第二类是继续标志词汇，如"进一步说""此外""还有""同样地"等，这些词汇提示下面的内容与上面大同小异，可以加速阅读甚至完全略过。

第三类是引导标志词汇，如"所以""因此""最后""那么""总之"，这类词汇提示下文将给出归纳总结或结论，需要重点阅读。

（3）精读

顾名思义，精读就是仔细地阅读，要逐字逐句阅读每一句话。精读的内容一般是阅读者不了解而又非常重要的。

在精读之前，阅读者首先必须经过浏览或阅读，对资料的重要性经过评估并了解基本结构。

5.4.2　SQ3R 阅读法

我们在阅读一些较长篇幅的书面材料的时候，也许碰到过这种情况：完成了阅读后却发现自己几乎没有记住刚刚读过的东西，而这个问题总是在困扰着许多人。针对这一现象，美国教育家鲁宾逊提出了一种"SQ3R"的阅读技巧，其中S代表"概览"（Survey）；Q代表"提问"（Question）；3个R分别代表"阅读"（Read）、"复述"（Recite）和"复习"（Review）。这种学习方法叫作五步阅读法。也就是说，一步步地按照此方法进行阅读，有助于我们快速理解书面材料的中心思想、记住更多信息。SQ3R阅读法是一种比较系统的精读阅读方法，下面我们来进行详细介绍。

1. 概览（Survey）

概览的主要目的是获得阅读材料的基本信息，包括中心思想、内容结构等。概览通常从阅读目录或资料简介开始，其中目录、摘要、前言、插图的文字说明、本章的小结都是阅读者概览的重要部分。这一步骤能使阅读者对将要阅读的材料有一个全面的了解。

2. 提问（Question）

提问是正式阅读前的一个重要步骤。为了进行有目的的阅读，阅读者在概览之后要确定阅读中必须解决或回答的若干重要问题，这是提高阅读效率的一个重要方法。例如，以下问题是大多数情况下阅读者都要在心中提出的问题。

- 这是一份有关什么内容、主题、观点的资料？
- 资料的导言部分与资料正文之间是否存在不一致的地方？
- 资料的结论和证据、论述之间是否存在很强的关联关系，是否有牵强附会的感觉？
- 作者是否真正支持资料中的观点？资料中的观点与其他资料有什么不同？
- 资料的数据基础十分可靠？
- 资料是否有直接影响某些人特别是阅读者的目的？

3. 阅读（Read）

在阅读阶段，阅读者要在概览后所得出的基本结论，以及之后提出的若干问题的基础上进行仔细、全面的阅读，确认和评估每一部分的主要观点，分析不同部分之间的逻辑关系。

在阅读过程中，要做到眼到、口到、心到、手到，也就是边读、边思考、边圈点、边画杠杠。需要注意的是，在这一阶段尽量不要做笔记，因为这样会打断你的思路。对于阅读中遇到的难题，尽量不要停下来，而是先将它暂时放下，继续去读后面的内容，因为后面的内容可能会帮助你理解之前不理解的内容。

在阅读时，要试着找出你所提问题的答案。阅读时要一点一点地"啃"，一小节一小节地读，每读完一个小标题后就停下来。如果阅读的内容很复杂，可以考虑再读一遍。

4. 复述（Recite）

在复述阶段，阅读者要凭借自己的记忆将资料中的主要观点和支持性细节记录下来，并试着回答自己前面所提的问题。一个有效的阅读者必须是善于将资料内容转化为自己思想的人。如果一开始我们无法做到这一点，那就应该反复阅读直至最终能够复述出资料的主要内容。阅读的过程就是"提问—阅读—复述"循环往复的过程，直至你读完整篇材料。当然，要具备这种能力可能需要经过长时间的训练。

5. 回顾（Review）

回顾的目的是在复述的基础上检查自己在复述阶段有没有遗漏重要的关键点，是否已经找到了阅读前提出的所有问题答案。回顾的过程就是将前面的概览、提问、阅读和回忆4个阶段全面重复一遍。回顾通常是在阅读后的一两天内进行，隔一定时间还要重复进行，以巩固阅读和记忆效果。

本章案例：如何回复顾客的投诉

你的苗圃不仅在店里销售植物，也提供网购服务。今天你收到一封顾客的投诉信，声称对网购的鲜花（价值500元）很不满意。信中写道："全部枯萎了，有一株在我从盒子里拿出来时竟然断了。请立即重新发货！"面对顾客的投诉，你有以下5种回复可以选择。

1. 第一种回复

亲爱的顾客：

我核查了运输鲜花受损的原因，排除了运输中的失误，发现您订购的鲜花是一位新工人包装的，该工人不懂得鲜花起运之前要彻底浇透水。我们已经开除了该名员工，所以您可以放心，这种事情以后不会发生了。

虽然我公司为此多花费了几百元，但我们仍会重新给您寄送一份鲜花作为补偿。新花送达后，请告知我们运抵时的情况。我相信您不会再投诉了。

2. 第二种回复

亲爱的顾客：

抱歉我们的产品让您失望了。全国范围内发送花卉这种货物是存在很大风险的，有的植物无法承受路途的辗转。下周我们会另外给您发一份新的鲜花，请留意查收。

3. 第三种回复

亲爱的顾客：

您不满意收到的鲜花，我们感到很遗憾。但这的确不是我们的错，包装盒上明确写着：打开后及时浇水。如果您照办了鲜花一定不会有事的。另外，所有买花的人都应该知道鲜花需要呵护。您抓着叶子往外拿的时候根当然会被拔出来的。由于您缺乏照顾花卉的经验，特为您寄上一本《怎样养殖花卉》，请仔细阅读，以免再发生类似的不快。

4. 第四种回复

亲爱的顾客：

您 5 日的来信已经引起了我们的注意。信中称第 47239 号订货收到时情况很糟糕。在此需要说明的是，我方政策规定：对货物的任何调整都必须按照订货单背面的条件和说明处理，请仔细阅读。

我们有规定：客户若欲就订单问题投诉，应提交书面投诉信和货物发票给物流公司，并在收货 30 天内向本公司详细报告损坏情况。

您 5 日的来信中没有涉及损坏的具体情景，另外送货单上没有任何特别注明。如果您有索赔的打算，请参照我们公司相关条例，务必将必要文件于本月 20 日前寄送到以下地址：……

5. 第五种回复

亲爱的顾客：

您将于下周收到索赔的常青植物。

这次花卉起运前彻底浇透了水，而且采用特殊包装箱。但是如果天气过热或物流车辆晚点，小的根球也会干涸，可能上次的花卉就是这样受损的。

您订购的仙人掌等属于四季常青植物，相信它们在您的呵护下会越来越漂亮的，祝您生活愉快！

问题

在上述 5 个回复中，每个回复是否清晰、完整、准确？是否有助于公司树立良好的形象？

复习思考题

1. 试分析说明书面沟通的书写原则。

2. 工作方案和调查报告的写作有哪些规范和要求？

3. 结合自身体会，谈谈如何高效地阅读一篇书面材料。

第6章

沟通礼仪

【学习目的】

1. 全面、深刻地认识礼仪在沟通中的重要性。
2. 全面掌握基本的礼仪规范和常识。

【引导案例】

失之交臂的客户

某公司新建的办公大楼需要添置一系列的办公家具，价值数百万元。公司的总经理已做了决定，向A公司购买这批办公家具。

这天，A公司的销售部负责人打来电话，要上门拜访这位总经理。总经理打算等对方来了就在订单上盖章，定下这笔生意。

不料对方比预定的时间提前了2个小时。原来，A公司听说这家公司的员工宿舍也要在近期落成，希望员工宿舍需要的家具也能向其购买。为了谈成这件事，销售部负责人因此提前来了，还带来了一大堆的资料，摆满了台面。总经理没料到对方会提前到访，刚好手边又有事，便请秘书让对方等一会儿。没想到这位销售负责人等了不到半小时就开始不耐烦了，一边收拾起资料一边说："我还是改天再来拜访吧。"

这时候，总经理发现对方在收拾资料准备离开时，将自己刚才递上的名片不小心掉在了地上，对方却并没有发觉，走时还无意中从名片上踩了过去。但这个不小心的失误，却令总经理改变了初衷，A公司不仅没有机会与对方商谈员工宿舍的家具购买事宜，连几乎已经到手的数百万元办公家具的生意也告吹了。

通过上面的案例我们也可以看到礼仪在现代商务交往中的重要作用。A公司销售部负责人的失误看似很小，其实是巨大且不可原谅的。名片在商业交际中是一个人的化身，是名片主人"自我的延伸"。弄丢了对方的名片已经是对他人的不尊重，更何况还踩上一脚，顿时让这位总经理产生反感。再加上对方没有按预约的时间到访，不曾提前通知，又没有等待的耐心和诚意，失去这笔生意也就不奇怪了。

从某种意义上说，现代的市场竞争是一种形象竞争，树立良好的企业形象，是企业发展过程中不可忽视的一环。其中高素质的员工、高质量的服务，及每一位员工的礼仪修养，无疑会在企业与合作伙伴之间架起一座桥梁。

6.1 商务礼仪的基本概念与特征

有人说，在人际交往中，礼仪与智慧和学识同等重要，无"礼"寸步难行，有"礼"走遍天下！在企业、家庭和各类公共场所，礼仪无处不在。从传播的角度来看，礼仪可以说是在人际交往中进行相互沟通的技巧，可以大致分为政务礼仪、商务礼仪、服务礼仪、社交礼仪、涉外礼仪、外交礼仪等六大方面。本章侧重介绍商务礼仪的内容。

6.1.1 礼仪的概念

礼仪，是"礼"和"仪"的统称。"礼"是指礼节、礼貌，"仪"则涵盖了仪容、仪表、仪态以及仪式等方面的内容。

礼节，是指人们在相互交往的过程中，相互表示尊敬、问候、欢迎、哀悼、祝福等的习惯形式。这些习惯形式在历史过程中随着时代的发展而不断变化，在同一时代又有着极大的地域性差异。例如，在中国古代，见了尊者要行跪拜礼（跪下磕头）。原始的跪拜礼根据对方尊贵的程度不同，又分为拜首、稽首、顿首，区分的尺度是头俯的不同程度。如此烦琐的程序与当时社会生活缓慢的节奏相关。当今生活节奏越来越快，人们已经习惯了以点头、微笑、握手的形式相互致意。各国的礼节各有不同，如两个日本商人或两个韩国商人见了面会鞠躬致意，而当他们会见美国商人时，有可能鞠躬致意，也有可能按照美国人的习惯握手致意。

礼貌，是言语和动作谦虚、恭敬、文明的表现。礼貌分为礼貌语言和礼貌行为两个部分。"请""谢谢""对不起"等都是礼貌的语言，而"让尊者先行""为女士开门"等都属于礼貌的行为。"有礼貌""有教养""文明"这些概念都是时代进步的产物。

仪容、仪表、仪态，都是指人的外表，但"仪容"重在人的容貌，"仪表"重在人的服饰、风度，"仪态"重在人的姿态。仪容、仪表、仪态综合起来，构成了一个人展示给其他人的外在表象。"爱美之心人皆有之"，将良好的形象展示给他人，令他人心情愉悦，是尊重他人的具体表现。

仪式，是在一定的场合举行的，具有专门程序的、规范化的活动。在日常生活中，结婚仪式、节日庆典、丧葬祭祀等仪式都与人们息息相关。在商务场合中，公司的开业庆典、剪彩仪式、新员工欢迎仪式等都比较常见。仪式也是企业宣扬企业文化、展示企业风采、增强组织凝聚力的重要手段，对企业的发展起着不可忽视的作用。

总之，礼仪是一门综合性较强的行为科学，它涉及穿着、交往、沟通、情商等方面的内容。礼仪也是我们在生活中不可缺少的一种能力。从个人修养的角度来看，礼仪可以说是一个人内在修养和素质的外在表现。从交际的角度来说，礼仪可以说是人际交往中适用的一种艺术、一种交际方式或交际方法，是人际交往中约定俗成的示人以尊重、友好的习惯做法。从传播的角度来看，礼仪可以说是在人际交往中进行相互沟通的必要技巧。

6.1.2　商务礼仪的概念

商务礼仪，是指在商务场合中人们相互表示尊敬、问候、祝愿的礼节和礼貌，是商务人员的仪容、仪表、仪态以及与商务工作有关的各种仪式活动的总称。它是礼仪在商务场合中的具体运用。在商务场合中，礼节、礼貌都是人际关系的"润滑剂"，能够非常有效地减少人与人之间的摩擦，最大限度地缓解人际冲突，使商务场合的人际交往成为一件非常愉快的事情。礼仪在满足人们的社会交往需求的同时，也满足了人们被尊重的需求。世界投资大王沃伦·巴菲特说："树立良好的声誉，需要 20 年的时间，而毁掉它，5 分钟就足够了。如果能考虑到这一点，你就会讲究礼仪了。"在商务场合中，商务人员个人的形象并不仅仅代表自己，还代表着个人所在的企业，这一点与社交场合是有很大区别的。因此，在商务场合中，商务人员的仪容、仪表、仪态，一切的言行举止都格外重要。每个员工的良好形象，在商务交往对象眼里都是企业良好形象的一部分；而任何一位员工的不良行为，都会破坏整个企业的良好形象。

中华民族素有"礼仪之邦"的美誉，我国历史上第一位礼仪专家孔子就认为，礼仪是一个人"修身养性持家立业治平天下"的基础。礼仪是普通人修身养性、持家立业的基础，是一个领导者治理好国家、管理好公司或企业的基础。

如果公司里的每一个人都能做到着装得体、举止文明、彬彬有礼、谈吐高雅，公司就会赢得社会大众的信赖、理解、支持。反之，如果员工言语粗鲁、衣冠不整、举止失度，待人接物冷若冰霜，就会有损企业的形象，从而失去顾客、失去市场，在竞争中处于不利的地位。人们往往从某一件小事情出发，衡量一个企业的可信度、服务质量和管理水平。

6.1.3 商务礼仪的基本特征

1. 规范性

没有规矩不成方圆。商务礼仪的规范性强调的是商务场合待人接物的标准做法，这种规范性是一种舆论约束，与法律约束不同，不具有强制性，主要依靠人们自觉遵守。例如，在商务场合或其他比较正式的场合，我们做自我介绍时一般有 4 个要点需注意。第一要点是最好先递名片再介绍；第二要点是自我介绍的时间要简短，越短越好；第三要点是内容要全面，介绍内容包括单位、部门、职务、姓名 4 个要素；第四要点是第一次介绍的时候使用全称，第二次才可以改为简称。这就是一种规范性的要求。再如，我们在吃自助餐的时候一般遵循"多次少取"的礼仪规范；如果因为贪心，总担心好吃的东西被人抢光了，就取了满满一盘放在自己的桌上，这样就会给人留下爱贪便宜的印象。

2. 对象性

对象性即区分对象，因人而异，跟什么人说什么话，要让对方懂得你对他的尊重。例如，引导者和客人的顺序，当客人认识路时，领导和客人要走在前面，不认识路时你要在左前方引导。再如，宴请客人时优先考虑的问题是什么？便宴优先考虑的应该是菜肴的安排。要问对方不吃什么，有什么忌讳的。不同民族有不同的习惯，我们必须尊重民族习惯。不同的对象要安排不同的内容，"洋"的要安排"土"的，"土"的要安排"洋"的，商务上称为"吃特色、吃文化、吃环境"。

3. 技巧性

技巧性指的是在商务交往中应该懂得该做什么、不该做什么。商务礼仪有很强的技巧性，许多规则要针对不同的场合、不同的对象灵活应用。例如，一家公司的总经理助理招待来访的客人，当问客人喝什么饮料时不能问："您需要用什么？爱喝什么饮料？"这属于开放式的问题。它的缺点是给客人无限的选择，而选择太多就等于没有了选择。为了避免对方的回答范围太广，我们就应该减少开放式问题，而多用封闭式问题，给出所有的选择，让他进行选择。例如，你可以问："您是喝茶还是喝咖啡？"这就是一种技巧。

6.1.4 商务礼仪形成的五大要素

1. 仪容

仪容即容貌，由发型、面容以及人体所有未被服饰遮掩的肌肤所构成，是个人仪表的基本要素。在人际交往中，每个人的仪容都会引起交往对象的特别关注，并将影响到对方对自己的整体评价。在个人的仪表问题中，仪容是重点之中的重点。从微观上讲，仪容和服饰都是个人形象的表现，代表着个人的精神面貌和给人的第一印象；从宏观上讲，仪容和服饰也是公司或所在企业形象的标志，是公司文明服务水平和管理水平的体现。

2. 服饰

服饰是装饰人体的物品的总称，包括服装、鞋、帽、袜子、手套、围巾、领带、提包、阳伞、发饰等。服饰的基本功能一个是用来遮羞，另一个是用来御寒。而今人们对于生活品质的追求不断提高，服饰的基本功能在淡化，它和仪容一样成为了个人形象和公司形象的重要标志。仪容和服饰共同构成了我们的形象，它们在人际交往过程中扮演着重要的角色。商业心理学的研究告诉我们，人与人之间的沟通所产生的影响力和信任度，是来自语言、语调和形象3个方面。但它们的重要性所占比例是：语言只占7%；语调占38%；视觉（即形象）占55%。由此可见形象的重要性。

3. 体态

体态是指人的姿态、动作和表情等非语言的表达方式。日常生活中人们的一抬手一投足，一颦一笑，都可概括为体态。体态是一种不说话的"语言"，能在很大程度上反映一个人的素质、受教育的程度及能够被别人信任的程度。

在社会交往中，一个人的行为既体现了他的道德修养、文化水平，又能表现出他与别人交往是否有诚意，更关系到一个人形象的塑造，甚至会影响组织、国家的形象。冰冷生硬、懒散懈怠、矫揉造作的行为，无疑有损良好的形象。相反，从容潇洒的动作，给人以清新明快的感觉；端庄含蓄的行为，给人以深沉稳健的印象；坦率的微笑，则使人赏心悦目。

4. 谈吐

谈吐指人的言语应对，是人类交流的一种能力表现。谈吐是人类的交际工具和思维工具，是人们沟通信息、交流思想、联络感情、建立友谊的桥梁。谈吐礼仪是通过传递尊重、友善、平等的信息，给人以美的感受。语言礼仪与一般语言的不同在于它不能使用侵犯他人的攻击性语言，而是通过文明、礼貌的语言建立起情感沟通的纽带。谈吐主要包含了五个要素：音量、语调、语速、吐字及抑扬顿挫。鲁迅先生说过："语言有三美，意美在感心，音美在感观，形美在感目。"可见好的语言谈吐可以令人有美的享受。

5. 待人接物

待人接物是指与别人往来接触的方式。待人接物是律己、敬人的表现形式和行为技巧，是个人素养和社会观的外在表现，也是企业形象的具体表现。对于职业人士来说，学习与待人接物相关的礼仪可以有效塑造自己的素质和专业形象，使交往对象产生规范、严谨、专业、有礼、有节的良好印象，从而形成企业独特的竞争优势。一般来说，我们在待人接物方面涉及的礼仪主要有商务信函礼仪、商务电话礼仪、办公室接待礼仪、商务交谈礼仪、商务宴请礼仪、商务礼品礼仪、国际商务礼仪等。

6.2　商务仪容规范

作为一名商务人员，在仪容方面应该注重以下问题。

6.2.1　商务仪容的 3 点基本要求

1. 仪容的自然美

人类学家认为，美的标准属于社会学范畴，是人类文明进化的结果，没有统一的标准。但从商务礼仪的角度来说，美的一个基本要求就是自然、和谐。在商务交往过程中，人们的妆容、打扮都要符合自然的审美标准，如职场女性要以淡雅的妆容给人留下深刻的印象。

2. 仪容的修饰美

仪容的修饰美是指通过专业的修饰技巧对仪容进行适当的修饰、美化，如化妆、配饰等。修饰要和身份、场合相符，这样才有利于塑造出美好的个人形象，在人际交往中也显得自信，给他人留下良好的印象，这也是对他人的尊重。

3. 仪容的内在美

仪容的内在美是指通过努力学习，不断提高个人的文化素养、艺术修养和思想道德水准，培养自己高雅的气质与美好的心灵，让自己有品位、有内涵。

6.2.2 商务职员的仪容标准

1. 职场女性

头发发型文雅、庄重，额前头发不可过长，不可染成杂色头发或披头散发，如留长发最好将头发盘起，尤其是生产部门女员工上班时间必须将长发扎起，确保安全；勤于清洗，梳理整齐，修饰得当，不佩戴夸张饰物；面容清洁干净，化妆者化淡妆，工作时间不当众化妆；双手保持清洁，不留长指甲（短于指头部2毫米左右），不涂夸张颜色的指甲油；保持头发、口腔和体味清爽，不用过浓的香水；适当化淡妆，遵循自然、生动的原则，避免过分的人工修饰；不宜在公众场合化妆。

2. 职场男性

头发要勤于清洗，保持清洁，梳理整齐。发型要求：前不遮眉，侧不掩耳，后不及肩；不可染发或梳理怪异的发型；精神饱满，不留胡须，保持面部整洁；双手：保持双手及指甲清洁；保持头发、口腔和体味清爽。

6.3 商务着装礼仪

商务人员的着装是个人教养、审美品位的体现，也是企业规范、企业形象的直观写照。一般来说，商务人员的着装要考虑身份、场合等因素，另外还要注意符合自身的特点。

6.3.1 商务人员着装的基本要求

1. 符合身份

在商务场合中穿着正式、规范的服装，以此来体现你的郑重其事。一般来说，身份主要考虑年龄、地位、性别、职业等因素。例如，地位高的人较适合穿庄重典雅的服装，女性在正式场合要穿套裙等。

2. 避短不扬长

根据自身的特征，掩饰自己的缺点，但也没有必要过于张扬自己的优点，这样能够体现着装者谦虚的品质，容易获得他人的尊重。

3. 遵守惯例

遵守标准、规范化的要求。例如，打领带时必须穿西装，而不能穿夹克等休闲服装，这样才符合规范。

6.3.2　商务人员着装的 TPO 原则

在正式的商务社交中，男士一般都是西装套装，女士一般是套裙，但是西装和套裙的色彩、款式、质地要遵循一定的规范。

1. 着装的时间原则（Time）

商务人员在着装时必须考虑时间的合宜性，做到"随时更衣"。例如，在通常情况下，人们早晨在家里和户外的活动居多，着装随意。在工作时间就要根据自己工作的性质和特点选择合适的服装。在商务场合，无论季节怎么变化，总体上以轻灵便、薄厚适宜、得体为主。

2. 着装的地点原则（Place）

特定的环境应配以与之相适应、相协调的服饰，以获得视觉与心理上的和谐感。例如，在办公室里穿着随意性极强的休闲装，或是在运动场上穿着一双皮鞋；在写字楼里，女士穿着拖地晚礼服送文件，或穿着休闲装与客户谈合同。这些穿着显然都与所处的环境、场合不"搭"，会给人一种别扭的感觉。

3. 区分场合（Occasion）

在商务场合中你的着装是一个符号，代表着个人与企业，更是一种教养的体现。因此，我们在商务交往中的着装都要讲究惯例。商务人员应该明白，在不同的商务场合，着装也应有所不同。具体来说，我们一般接触到的有以下 3 种场合。

①公务场合。公务场合的穿着讲究庄重保守、端庄大方，一般男士要穿西服，女士要穿套裙。公务场合一般不适宜穿时装与便装。

②社交场合。在社交场合中的交往是有其个性的。首先，社交场合分 5 种：

舞会、宴会、音乐会、聚会、拜会，在这些社交场合中服装讲究的就是时尚个性。以宴会为例，大部分宴会都会选择金碧辉煌的大饭店，在这样的环境气氛中，着装也应突出高贵的气质，与环境相映生辉。如果女士出席正式的宴会就多以裙装为主，裙装因受形体的限制，变化有限，那么借助色彩手段提高服装档次，同时配以合适的披肩、丝巾、手袋、长袖手套作点缀，才能"化平淡为神奇"，卓尔不群。

③休闲场合。如果陪同上司或客户外出游玩或出现在其他休闲场合，要以休闲装为主。休闲装以棉麻织物居多，强调一种返璞归真、回归自然的风格，可以是全棉的运动衫、毛衣、夹克衫、T恤衫等，能与任何休闲的裤子搭配。休闲裤子的面料可以是棉、毛或法兰绒。休闲服的搭配应讲究统一和谐，切忌上身传统、下身休闲，这样就不伦不类了。例如，上身套一件休闲服时，一般配穿休闲皮鞋或旅游鞋，正统皮鞋是不合适的。

6.3.3 主流西装款式与男士穿着西装的注意事项

1. 国际三大主流西装款式

目前，国际流行的西装分为三大流派——英式、美式和欧式。

（1）英式西装的特点

肩部与胸部线条平坦、流畅，轮廓清晰明快，最能体现出绅士风度。面料一般采用纯毛织物，色彩以深蓝和黑色为主，配以白衬衣和黑领结。整体效果是威严、庄重、高贵。许多上层人物在正式场合都喜欢选择英式西装，故英式西装素有"正式西装"之称。

（2）美式西装的特点

美式西装特别重视服饰的机能性，面料较薄，且有一定的伸缩性，不强调光泽，在造型上略收腰身，后背开单衩或双衩，肩部不用过高的垫肩，胸部也不过分收紧，保持自然形态。这种西装不那么刻板，穿着时比较随意，反映了美国人自由清新的着装观念。美式西装最适宜做日常办公服。

（3）欧式西装的特点

裁剪得体，造型优雅、规矩，肩部垫得很高，有时甚至给人一种双肩微微耸起的感觉；用上等的面料，且多以黑、蓝精纺毛织物为主，质地要求细密厚实。就整体造型来看，欧式西装与英式西装相似，但比英式更考究、更优雅，腰身紧收，袖管窄，背后开衩，裤管呈锥形收紧，会显得人特别自信和挺拔，并略带浪漫情怀。

男士们可以根据自己的爱好、身材和具体场合来选用以上三大流派的西服。一般来说，在宴会、酒会、庆典、会见贵宾等高级社交场合，应穿英式西装；在舞会、访友、会议等半正规场合可穿欧式西装；平时上班、购物可穿美式西装，显得大方、自然。

2. 商务人员（男士）穿西装的注意事项

（1）着套装，单排扣敞开，或只扣第一个纽扣，无掉扣；西装上衣外面的口袋不能放东西。

（2）如需御寒，可外加呢大衣或风衣，进入室内后再脱去。内装通常是白色或浅色衬衣、领带，衬衣与西装之间一般不夹毛衣等衣服。

（3）与西装配套时，一般穿皮鞋（西装革履），袜子最好是深色，一般不穿白色袜及球袜等，袜子材质以纯棉为主。

（4）严格遵循三色原则：在出席正式场合的时候，身上总体不超过3种颜色（包括公文包、袜子等）。

（5）"三一"定律，男士身上皮质的服饰要保持同一种颜色，即鞋子、腰带、公文包是一种颜色，并且以黑色为主。

3. 领带的结法及注意事项

领带被称为"西装的灵魂"，凡是正式的场合，男士都应系领带。打领带时，对领带的结法、领带的长度、领带的配饰等都有不同的要求。

（1）领带的结法

领带的结法有好几种，选择的原则是：衬衣的领角越大，领带结扎得越大；领角越尖，领带中庸，相应领带结也扎得适中。扎好的领带，长度以不超过皮带为佳。如果穿3件套，要将领带放入背心里。

领带打得好不好，领带结尤为重要。打领带结有3个技巧：一是打得端正、挺括，外观上呈倒三角形；二是在收紧领结时，有意在其下压出一个窝或一条沟来，使其看起来美观、自然；三是领带结的具体大小应大体上与所穿衬衫领子的大小成正比。注意，穿立领衬衫时不宜打领带，适合打蝴蝶结。

（2）领带的长度

成年人日常所用的领带，通常长135~150厘米。领带打好后，外侧应略长于内侧。其标准的长度，应当是下端正好触及腰带扣的上端。这样，当外穿的西装上衣系上扣子后，领带的下端便不会从衣襟下面显露。当然，领带也别打得太短，避免它动不动就从衣襟上面"跳"出来。

（3）领带的配饰

常见的领带配饰就是领带夹、领带针和领带棒。它们分别用于不同的位置，但不能同时登场，一次只能选用其中一种。选择领带配饰时，应多考虑金属质地的制品，并以素色为佳，形状与图案要雅致、简洁，通常置于从上往下数衬衫的第4粒和第5粒纽扣之间为宜。西装上衣系上扣子后，领带配饰是不应被看见的。

（4）领带与西服的颜色相搭配

西装、领带、衬衫三者的色调应该是和谐的，而领带是三者中最醒目的。领带的主色调一定要与衬衫有所区别。但领带选择与外衣同色系时，颜色要比外衣更鲜明；当采用对比色搭配方法时，领带颜色的纯度要降低。穿礼服时领带颜色尽可能庄重，不适合大花图案。如果不是特别场合，最好不要使用鲜红色领带。

6.3.4　女士穿着职业装的注意事项

许多职业女性着装的原则是职业形象第一，女性气质其次，在职业及女性两种角色中取得平衡。女士穿职业装应注意以下几点。

1. 穿着得体、到位

在正式场合穿套裙时，上衣的衣扣必须全部系上，不要将其部分或全部解开，更不要当着别人的面随便将上衣脱下。上衣的领子要完全翻好，有袋的盖子要拉出来盖住衣袋。

优雅利落的工作套装，给人的第一印象就是有条不紊，同时又能体现出着装者的典雅、端庄与稳重。至于颜色，工作服建议以白、黑为主，褐、海蓝、灰色等基本色为辅。如果觉得色彩过于单调，可以扎一条领巾，或在套装内穿一件亮眼质轻的内搭。但是一套套裙的全部色彩不要超过两种，不然就会显得杂乱无章。

国际上通常认为袜子是内衣的一部分，因此绝不可露出袜边。为避免这种尴尬，女士们要么穿长到大腿的长筒袜，要么索性不穿袜，但就是不能穿那种半长不短的丝袜。

2. 尺寸

套裙在整体造型上的变化，主要表现在它的长短与宽窄两个方面。

商界女士的套裙曾被要求上衣不宜过长，下裙不宜过短。通常套裙之中的上衣最短可以齐腰，而裙子最长则可以达到小腿的中部。裙子下摆恰好抵达着装者小腿肚子上的最丰满处，乃是最为标准、最为理想的裙长。

以宽窄肥瘦而论，套裙之中的上衣分为紧身式与松身式两种。一般认为，紧身式上衣显得较为传统，松身式上衣则更加时髦一些。

3. 配饰

配饰以少为佳，简约为上。女士身上的饰物不能超过 3 件，并且质地、款式、色彩要尽量保持一致。套裙上不宜添加过多的点缀，一般而言，以贴布、绣花、花边、金线、彩条、扣链、亮片、珍珠、皮革等加点缀或装饰的套裙，不适合商务场合。此外，佩戴首饰时还要遵循以下基本原则。

（1）首饰与服装相协调：首饰必须与服装协调才美。例如，花俏的服装与色彩淡雅的相配；花边服装的首饰要简洁；穿运动装不要戴项链或耳环。

（2）首饰与环境相协调：首饰的佩戴还要考虑到季节与场合。例如，年轻女性夏季可戴色彩鲜艳的工艺仿制品，体现夏日的氛围；平时上班时间不宜戴太贵重的饰品。

（3）首饰与体貌相协调：选择与自己的年龄、体形、发式、脸型、职业等相配的饰品，利用它们掩饰自身的不足，以衬托个体独特的气质。例如，年轻的女士应选择时装首饰，更显妩媚可爱；年龄大的女士应戴一些较贵重的首饰，以衬托自己的庄重、高雅。

6.4 见面礼仪

见面礼仪分为称呼礼仪、介绍礼仪、握手礼仪、使用名片的礼仪和目光礼仪。

6.4.1 称呼礼仪

1. 称呼的作用

在人际交往中，选择正确、适当的称呼，能反映自身的教养、对对方尊敬的程度，甚至还体现出双方关系发展所达到的程度和社会风尚，因此不能随便乱用。例如，我们见到一个年长者的时候称呼对方"您"就比"你"要显得更加尊重一些。另外，称呼也反映了双方之间的关系，如我们在单位称呼上级或者跟自己不熟的同事时一般都称呼对方的职位，像"刘经理""王书记"等，这表明一种同事关系；如果关系较近则可以直呼其名，这样就显得更加亲切。

📖 课间案例 1

这里没有师傅，只有大夫

某高校一位大学生，用手捂着自己的左下腹跑到医务室，对坐诊的大夫说："师傅，我肚子疼。"坐诊的医生说："这里只有大夫，没有师傅。找师傅请到学生食堂。"学生的脸顿时红到了耳根。

从这个案例我们可以看出，称呼的对错直接影响到沟通的效果。

2. 称呼的种类

（1）一般称

如果不知对方的姓名和身份，可以称"同志"（Comrade）、"先生"（Mr.）、"小姐"（Miss）等。多少年来，"同志"这种称谓在我国使用广泛，容易掌握，又比较保险。在多数场合，大多数人都互称同志。不论交往者的年龄、性别、职业、地位有何差异，都能以同志相称。这些年来，"先生""小姐"等称呼也逐渐流行起来，并能为被称者悦纳。对非知识界的人士，有时也可称"师傅"。

（2）姓名称

初次见面，只知对方的姓而不知其名，通常以姓加一般称来称谓，如"李同志""张先生""陈小姐"等。这样称呼虽然有点生疏感，但很有礼貌。

在知道对方姓名的情况下，可用姓名加一般称来称呼，如"李建华同志""张林先生"。但也不要随便使用，应视场合及对方的身份而定。

直呼人名，在古今中外都是比较亲切和随便的一种称呼，但只限于关系密切的人之间，或者是长者对后辈、老师对学生、同学或同事之间的称呼。没有这类关系而贸然直呼他人的名字，会显得不够礼貌，有失分寸，尤其在正式场合更需注意。即便关系亲密的人之间，在正式场合也要注意称呼得体。

（3）职务称

称呼职务，在日常交往中一般不宜过多使用，而上下级之间以"老王""小李"等相称，会使人感到平易近人、关系融洽。但在与工作有关的场合，在比较正式的社交场合，以"经理""处长"等职务相称，或以"张科长""李主任"等姓加职务相称，也是必要的，能够体现工作的严肃性和权威性。

（4）职业称

在商务往来和社交中，职业称也是一种常用的称谓，大多用来称呼从事教学、财会、律师、服务等工作的人士，如"刘老师""陈会计""张律师"等；还可以用职称来称呼对方，如"教授""工程师"等。

6.4.2　介绍礼仪

介绍是人们在日常生活和商务沟通中，特别是初次接触时，彼此了解、互相认识的一种必要的形式。我们需要了解介绍的种类、要求和应遵循的规则与礼节。

1. 介绍的时机

首先要挑选合适的介绍时间，如对方有空闲的时候、心情好的时候、独处的时候、有这种意愿的时候、主动提出邀请的时候；而在对方正在交谈、开会、用餐以及不想和别人进行交谈或心情不好的时候，不要自己主动上前介绍，否则会吃闭门羹。

2. 介绍的内容

介绍的内容一定要长短适中，不能过长，否则对方会没有耐心听，只需言简意赅地介绍对方的所在单位、部门、职务、姓名即可。

3. 介绍时的态度

介绍的时候眼睛要注视对方，与对方进行目光交流，让对方体会到你的真诚，不能一边介绍一边与第三方、第四方打招呼或者眼神游离；这也是对被介绍者的要求。介绍的时候语速不能太快，要适中，考虑到对方需要反应的时间。介绍的时候要不卑不亢，不要因为自己的地位比别人低而显得很谦卑或缺乏自信，但也不要和被介绍者套近乎。

4. 遵守商务礼仪的规范，弄清楚双方是否都愿意结识对方

如果两方本身就存在矛盾或者有礼仪冲突，这时介绍双方认识会出现尴尬的局面。

5. 注意介绍的顺序

如果一方的人多，而另一方只有一个人或者人数少的时候，要先介绍人少的一方，人多的一方只介绍主要人物，

介绍他人的规则与顺序

其余的只要介绍其所属即可。如果另一方的地位比较高，则先介绍位卑者，位尊的人有优先知情权。在一般的社交场合，大致的规则是把晚辈先介绍给长辈，男士先介绍给女士，把地位较低者先介绍给地位较高者，把未婚之人先介绍给已婚之人，把个人先介绍给众人，把聚会中后到的人介绍给先到的人。

6.4.3 握手礼仪

握手是石器时代穴居人留下的一种习俗。那时，人们在狩猎的过程中，手中常拿着武器，当与陌生人相遇时，若双方都无恶意，就要放下手中的武器，然后向对方敞开双掌亮出手心，或让对方摸摸手心。随着时代的变迁，这种习俗逐渐演变成一种两手相握的礼节形式。现在，大多数国家的人们都已经将握手礼视作一种习以为常的见面礼。同时，握手礼也是国际、商务、事务、社交等场合通用的见面礼的仪式。

1. 握手的顺序

通常情况下，行握手礼时应注意：上下级之间，上级伸手后，下级才能伸手相握；长辈和晚辈之间，只有长辈伸出手后，晚辈才能伸手相握；男女之间，只有女士伸手之后，男士才能伸手相握。总之，在商务交往中，把是否握手和先伸手的主动权让给女士、长者、上级、身份高者等，是

握手的时机

为了表示对他们的尊重。尊重对方的人格、情感和意愿，这是握手礼仪所包含的实质内容。

当然，在主动与人握手之前，首先应该考虑自己是否受对方的欢迎，如果你认为对方欢迎你，即使对方是你的上级，你先伸手与他握手也未尝不可。因此，你是否先伸手，主要取决于你们之间的关系如何。

如果交往双方为主人与宾客，作为一种礼节，在迎接客人时，主人应向客人先伸出手以表示欢迎；而在道别时应由客人先伸出手，以表示"留步"。

2. 握手的种类

（1）刺剑式握手

有些人在和别人握手时，将掌心向下，像刺剑似的猛地伸出一只僵硬的胳膊，再加上掌心向下，迫使接受者处于被动状态。这种握手是粗鲁、放肆、令人讨厌的握手形式之一，因此很难与接受者建立平等的友好关系。

（2）戴手套式握手

有些人常常戴着手套主动和别人握手，认为这样也能表示对对方的热情和欢迎。事实则与此相反，因为戴手套本身意味着讨厌别人接触你的手。在大多数国家，戴手套与别人握手不仅不礼貌，还是对对方的侮辱，因此应避免戴手套与别人握手。

（3）死鱼式握手

有时我们会接到一只软弱无力的手，对方几乎将其手掌全部交给你，任你摆握，这只手像一条死鱼，因此被称为"死鱼式握手"。

握手本是一种表示热情友好的礼节，但是当有人伸出这样一只手与你相握时，你会感觉对方毫无诚意，并会感到对方性情软弱。这种形式的握手所带来的结果十分不好。

（4）手拍手式握手

主动握手者用右手握住对方的右手，再用其左手握住对方的手背，这样，对方的手就被夹在主动握手者的双掌之间，这种握手方式在西方国家被称为"政治家的握手"。

这种握手的方式试图让接受者感觉到热情真挚、诚实可靠。在朋友和同事之间，这种形式的握手确实可以达到预期的效果。但是，如果在初次见面时就使用这种握手方式，可能会导致相反的效果。

（5）木棍式握手

握手时，有的人远远地、僵硬地伸出胳膊，这种形式被称为"木棍式握手"。这种方式的握手是想与对方保持一定的距离。保持距离的目的：其一，握手人的个人空间范围大于接受者，用这种形式握手可以防止对方侵入其空间范围圈；其二，握手人害怕侵犯对方的空间范围。例如，下级与上级握手时，由于他们的地位的差别，地位低的人不敢侵犯地位高的人的个人空间范围，就会用这种方式与对方握手。

（6）抓指尖式握手

握手时，有的人只是握住对方手的几个指尖，这是一种不标准的握手形式。即使主动伸手的人表面上热情亲切，也会给对方一种十分冷淡的感觉。

（7）伸臂式握手

握手时，有的人会将接受者的手拉过来与自己的手相握，这被称为"伸臂式"握手。这种方式的握手意味着两种情况：其一，主动握手者属于"胆怯型"，只有在他自己的区域内才会感到安全；其二，主动握手者的密切区域小。这种握手方式会让人感到很不舒服。

（8）双握式握手

握手时，有的人常常用双手同他人相握，这种形式的握手是比较好的。使用这种方式握手时，通常是主动握手者的右手与对方的右手相握，其左手移向对方的右臂，这样，其伸出来的左手和左臂就可以向接受者传递更多的感情。用双手握的人是想向人传达一种真挚深厚的感情。

在和对方握手的时候，以上有的握手方式是不合适的，有的握手方式则适用于不同的场合。和别人第一次见面握手的得体之法是，握手时间不能很长，但是要有一定的力度；不要左顾右盼，目光要停留在对方的身上。

3. 握手的方式

（1）热情友善

握手时应面带微笑，注意寒暄，眼睛注视着对方。握手时不宜过分用劲，也不能柔弱无力或没有反应，应轻重适度，体现友好、诚意、礼貌和尊重。在时间的长短上，礼节性握手一般以 3~5 秒为宜。

（2）专心致志

不要把目光移向他人或东张西望。人多时，注意不要交叉握手，应和有必要握手的人一一相握，顺序可按照由高到低、由近及远以及顺时针的方向进行。

（3）其他注意事项

握手时，应该脱下手套。女士如果戒指戴在手套的外面，可以不脱手套。握手时，应该伸出右手，绝不能伸出左手，并且要在握手之前保持手掌干净。握手的时候不能戴帽子、墨镜，以示尊重。

6.4.4 使用名片的礼仪

在口头介绍以后，商务人员可以递上自己的名片，以便对方可以更详细地知道你的信息，同时也方便以后联系。

1. 名片上的内容

名片的制作要简单大方，名片的颜色可以使用白色、淡黄色等浅色系，大小一般长 9 厘米、宽 5.5 厘米；商务名片的内容可以只包含自己的归属（即所在单位、所属部门等）、简单的自我介绍（姓名、职务、职称）、联系方式（公司的电话号码、邮政编码、传真）；不能赘述，否则会给人卖弄和轻浮的感觉。如果有必要可以印制多种名片，和不同的人员交往的时候递不同的名片。

2. 交换名片

如果希望和别人进行长期的沟通，索要名片是很有必要的。这时，你可以主动递上自己的名片，对方按照礼仪规范也会将自己的名片作为交换。同时，你也可以以委婉的方式索要，如"以后怎么向您请教啊？"一般的商业人士出于礼貌，会将自己的名片给你。如果他人向你索要名片，你即使不想给对方，也要注意委婉拒绝，如"对不起，我的名片发完了"，这样不会让索要名片的一方觉得没面子。

此外，在将自己的名片递给对方的时候一定要用两只手，眼神专注，不能四处看，同时接收名片的一方也要用两只手接，或是用右手接，但是绝对不能用左手。在某些国家，左手被认为是"不洁之手"，左手是方便时使用的。拿到名片后，应适当地看上半分钟，然后放入自己的口袋或公文包中，不能随处乱放，否则会给人不被重视之感。

如果人很多，发放名片的时候要按照顺时针的顺序逐一发放，不能错漏哪个人。如果错漏，会给人一种不被重视的感觉，从而影响彼此之间的沟通。

6.4.5　目光礼仪

目光的礼节因为民族、文化的不同而不同。例如，美国人使用目光相互打量的次数多于大多数亚洲人。如果一个美国人同一个日本人交谈，美国人可能会误认为日本人紧张、缺乏自信或失礼，而日本人会感到美国人的目光有些放肆。这正是因为日本人使用目光的次数少于美国人。同时，美国人习惯在正式谈话时看着对方的眼睛，如果看别处就是一种失礼的行为。

在人与人的交往中，眼睛的作用比有声语言显得更为重要，更有表现力、感染力。因此，在面对面的交往过程中，要注意针对不同的对象采取不同的目光礼节。目光礼节主要包括以下 4 种凝视。

1. 公事凝视

公事凝视主要是洽谈业务、进行贸易谈判时使用的一种凝视行为。这种凝视就是用眼睛看着对话者脸上的三角部分，这个三角以双眼为底线，上顶角到前额。洽谈业务时，如果你看着对方的这个部位，就会显得严肃认真，别人也会感到你有诚意。在交谈的过程中，如果始终目光落在这个三角部分，你就会把握谈话的主动权和控制权。

2. 社交凝视

社交凝视是人们在社交场合所使用的凝视行为。这种凝视也是用眼睛看着对方脸上的三角部位，但这个三角是以两眼为上线，嘴为下顶角，也就是在双眼和嘴之间。当你看着对方脸上这个部位的时候，会营造出一种社交气氛。这种凝视主要用于茶话会、舞会以及各种类型的友谊聚会。

3. 亲密凝视

亲密凝视主要是在男女之间，特别是亲人和恋人之间使用的一种凝视行为。这种凝视是看着对话者的双眼到胸部之间的部位。当男人对女人或后者对前者产生特别的好感时，一般是看着对方的这个部位。当然，用眼睛注视对方的胸部范围时只有恋人之间才算合适，对陌生人来说这种凝视就有些过分了。

4. 侧扫视

侧扫视是用来表示感兴趣、喜欢、轻视或敌意态度的凝视行为。这种凝视行为伴随着微笑和略翘起的眉毛，是一种表示兴趣的信号；如果伴随着眉毛下垂、嘴角下撇的话，就是表示猜疑、轻视、敌意或是批评性的信号。

在一般商务场合，我们多采用公事凝视或社交凝视来营造庄重或和谐的氛围。

6.5 商务宴请礼仪

餐桌是社交活动的重要舞台，是极具潜力的商务工具。越来越多的商务人士将餐桌视为绝佳的会谈地点，通过宴请协调关系、联络感情、消除隔阂、增进友谊、求得支持、加强合作等。然而，对于商务宴请这一领域，很多商务人士仍缺乏专业的知识，进而导致这种商务手段在实际应用中很不成功，甚至出现闹笑话或尴尬的局面，结果就适得其反。因此，无论举办或参加何种宴会，都应该掌握一定的宴会礼仪和规范，这样才能让宴请成为我们进行商务沟通的得力工具。

6.5.1 商务宴请的特点

1. 注重社交

宴请虽然是以吃饭为载体，但其本质上还是一种社交行为。一般情况下，举办宴会和参加宴会的双方都不只是为了吃吃喝喝，而是带着一定的社交目的。实际上，在宴会这种轻松愉快的场合进行业务洽谈或感情联络，效果会更加明显。

2. 讲究礼仪规范

商务宴请的礼仪和程序有着较为严格的规定，不遵守或者不了解相应的礼仪规范就会冒犯对方。因此，在宴会场合无论是宴请的主人还是客人，都必须了解并遵循宴请的礼仪规范，这样才能展示出个人良好的修养，表达对交往对象的尊重、友好和诚意。

6.5.2　商务宴请的形式

1. 宴会

宴会通常指的是以用餐为形式的社交聚会，分为正式宴会和非正式宴会。其中，正式宴会是一种隆重而正规的宴请，它往往是为宴请专人而精心安排、在档次比较高的饭店或是其他特定地点举行的大型聚餐活动。非正式宴会也称便宴，也适用于正式的人际交往，但其多见于日常交往中，形式较为简单，偏重人际交流而不注重规模和档次。

2. 招待会

招待会是一种简单而灵活的宴请形式，以扩大交际为目的，餐饮仅作为辅助手段。招待会上只准备一些食品和饮料，不备正餐，而且也不安排固定的席位，宾主的活动不拘泥于形式。常见的招待会形式有冷餐会、酒会、咖啡宴及茶话会等。

3. 工作餐

工作餐是一种边谈边进餐的非正式宴请形式。它重在一种氛围，以餐会友，创造出有利于进一步接触的良好氛围，是借助用餐的形式继续进行洽谈的商务活动。

6.5.3　商务宴请的基本规则

在商务宴请中，需遵守 5M 规则，即 Money（费用）、Meeting（宴请的人）、Menu（菜单）、Media（环境）和 Manner（举止）。

1. 费用

商务宴会对宴请方企业来说也是一项成本，因此要尽可能控制好宴请的开支，避免铺张浪费。在准备宴请前，首先要弄清宴请的额度和标准，即公司对各层次的客户的接待标准。通常情况下，一次宴请的规格是由餐桌上的主菜决定的，即所谓"门面菜"。所以，在接待标准既定的情况下，为了反映宴请的规格，要突出主菜的档次，而不是满桌都是生猛海鲜。

📖 **课间案例2**

王永庆批条子

被誉为"经营之神"的王永庆很会把握做事的分寸，他通过处理单位的宴请单子来管理单位的宴请费用。

一次，销售人员拿着1万元的宴请费用单找王永庆批复。这让王永庆陷入矛盾中：如果批复，则纵容了公司人员的"吃喝风"；如果不批，则会打击销售人员的工作积极性。最终，他选择批复单子，但在单子上写明"大吃大喝"。

销售人员再报销的时候耍小聪明，把金额1万元的宴请发票开为3张，每张金额3 000多元。王永庆同样批了单子，但在上面写明"天天吃"。

从此，销售人员就有所顾忌了。为了避免"大吃大喝"和"天天吃"，能不请则不请，能合并在一起请就合并在一起请，同时在点菜方面进行了适当调整，为公司节约了成本。

2. 宴请的人

针对宴请的人，我们应把握以下要点。

一是注意对方的级别，宴请的人的级别不同，安排的菜品也应有所区别。所以在宴请前，一定要清楚地知道对方的级别。

二是提前了解对方的禁忌，包括职业禁忌、个人禁忌、民俗宗教禁忌等。只有提前了解对方在食物方面的禁忌，才能在点菜时加以注意。例如，宴请外宾时，不能出现动物的内脏、头、爪等食物。

三是提前了解对方的相关背景。通过了解对方的相关背景，可以在餐桌上找到更多恰到好处的共同话题，从而拉近双方的关系。需要指出的是，双方谈话时应避免3类话题：第一，对方的禁忌话题；第二，政治敏感话题；第三，关于其他单位或合作第三方的是非话题。另外，为了找到更多的共同话题，也可以根据来宾的相关背景请本单位业务相关、地缘相关、阅历相关的人员出席。

3. 菜单

在宴请点菜时，要注意把握以下几点。首先是顾及双方的感受。点菜时，接待方无法做到完全配合客人的喜好，所以要询问客人是否有忌口，尽可能地顾及客人的感受；一些非正式的宴请，还可以礼貌地请客人自己点菜。作为客

中餐点菜的技巧

人，没有必要告诉对方自己想吃什么，但也要给出一个可以参照的标准，否则很容易让人感到无所适从。另外，不要拒绝接待方的点菜要求，可以点价格中等偏上的菜肴，既显示出品位，又不会让人觉得要求过高。

其次是菜量适当。如果女士居多，点 N+1 个菜即可，最好以素菜为主，有一至两份甜品；如果男士居多，需要多加两个菜，最好以肉菜为主，做到男女兼顾。

再次是将菜肴进行合理搭配。这里说的搭配主要包括营养搭配、冷热搭配、荤素搭配。点菜时要了解菜品的营养，进行营养配餐，既要兼顾男女的口味，又不可过于油腻或过于清淡。

最后是菜肴要有特色，包括地方特色和餐馆特色。例如，西安的羊肉泡馍、湖南的毛家红烧肉、上海的红烧狮子头、北京的涮羊肉。宴请外地客人时，上这些当地特色菜，恐怕要比千篇一律的生猛海鲜、大鱼大肉更受欢迎。

4. 环境

宴请时还要考虑用餐的环境，尤其是在进行重要接待时，必须保持环境优雅、安静，以便于洽谈和沟通。为保证环境质量，接待人员可以提前预约餐厅。如果经常有宴请，可以联系一两个卫生条件、环境、服务等都较好的餐厅作为常务接待。

5. 举止

在用餐过程中，举止要得体、礼貌。我们经常在餐桌上看到一些不优雅的举止，较为典型的有：吃饭、喝汤时发出声音；与人交谈时拿着筷子指指点点；用个人的勺子到公共汤盘或菜盘中取食，或是拿自己的筷子为他人布菜或在

商务宴请举止"六不准"

菜盘中随意搅动；嘴里含着食物说话；说话没有分寸，没有顾及身份限制；张大嘴巴当众剔牙（男士剔牙时需左手拿餐巾纸，右手持牙签，转向级别低的人那一侧剔牙，把用过的牙签与餐巾纸一起包起来放到骨碟旁边）；不经任何交

流就大肆分发名片。以上这些行为都很容易引起他人的反感。

讲究文明的餐桌举止不仅是让自己或者让别人吃饱、吃好，而且是自律、懂礼的个人素养的一种体现。宴请时需注意的举止有以下几个方面。

（1）应等长者或领导坐定后方可入座。席上如有女士，应等到女士入座后，男士方可入座。用餐后，应等男、女主人离席后，其他宾客方可离席。坐姿要端正，与餐桌的距离保持得宜。离席时，应帮助旁边的长者或女士拖拉座椅。

（2）当主人示意用餐开始后，将餐巾打开或对拆平摊在自己的腿上，切勿把餐巾系在腰带上或挂在西装领口上。用餐过程中如需离开，要将餐巾放在椅子上，用餐完毕才可将餐巾放在桌面上。餐巾的基本用途是保洁，主要防止弄脏衣服，兼用作擦嘴角及手上的油渍。切忌用餐巾擦拭餐具、擦拭皮鞋、擦拭眼镜，擦鼻涕、抹汗。

（3）入座后坐姿要端正，不可旁若无人，也不可眼睛直盯着盘中的菜肴、显出迫不及待的样子，或用手玩弄餐具等。用餐一般是在主人示意开始时，客人才可开始，不能在别人还未动手时，自己已经吃上了。

（4）取菜时，不要盛得过多。盘中食物吃完后，如果不够，可以再取。如由服务员分菜，需增添时，待服务员送上时再取。如果是本人不能吃或不爱吃的菜肴，当服务员上菜或主人夹菜时，不要拒绝，可取少量放在盘内，并表示"谢谢，够了"。对不合口味的菜，勿显露出难堪的表情。

（5）注意吃相要温文尔雅，从容安静。要小口进食，不要大口地塞，食物未咽下时不能再塞入口；闭嘴咀嚼，不要发出"叭嗒叭嗒"的咀嚼声；如果汤、菜太热时，不要用嘴去吹，应等稍凉后再吃；喝汤时，不要发出"咕噜咕噜"的声音；口内有食物时，应避免说话；当自己手上持刀叉，或他人在咀嚼食物时，均应避免跟人说话或敬酒；取菜舀汤时，应使用公筷公匙；如欲取用摆在同桌其他客人面前的调味品，应请邻座的客人帮忙传递，不可伸手横越，长驱取物。需要特别注意的是，在餐厅等公共场所，要考虑他人的感受，禁止抽烟。

（6）将鱼刺、骨头轻轻吐在自己面前的小盘里，不能吐在桌子上。小的鱼刺可用手接住，放在自己的小盘内；切忌用手指剔牙，应用牙签剔，并以手或餐巾遮掩。

（7）用餐完毕，餐具务必摆放整齐，不可凌乱放置；餐巾应折叠好，放在桌上；不要两眼盯着菜只顾吃，而要照顾到别的客人，谦让一下；送食物入口时，两肘应向内靠，不要向两旁张开，以免碰及邻座。

（8）与邻座交谈时，切忌一边嚼食物一边与人含含糊糊地说话；在餐桌上，手势、动作的幅度不宜过大，更不能用餐具指点别人；使用餐具时，动作要轻，不要相互碰撞。

（9）不要做伸腰、打哈欠等动作，不要毫无控制地打饱嗝；若要咳嗽、打喷嚏，将头转向一边，用手帕捂住口鼻；不能对着餐桌打电话，要离开餐桌再打。

（10）如果吃到不清洁或有异味的食物，不可吞入，应将入口的食物用手掌或餐巾遮掩着取出，放入盘中，且不可到处大声宣扬。倘若发现菜肴中有昆虫和碎石，不要大惊小怪，宜等服务员走近时，轻声告知服务员更换。

6.5.4 商务宴请酒的规范

1. 配酒规范

配酒的规范有以下两个。一是好酒配好菜。俗话说："无酒不成席。"宴会要根据餐桌上的菜品确定酒水，确保酒水与菜品的价格、品质相匹配。二是选择当地的特色酒。点酒时，可以选择当地自产的特色酒，然后在谈话时介绍该酒的历史和风味，既可以宣传当地的酒文化，也能拉近与客人的关系。

2. 斟酒规范

总的来说，斟酒规范包括以下 8 点。

第一，在餐桌上一般是由服务员斟酒。

第二，主人可以为客人斟酒，男士可以为女士斟酒，但女士一般不要主动给自己斟酒。

第三，副主陪坐在进门的位置，负责跑腿、催菜、买单，也负责斟酒。

第四，斟酒时，斟酒者需右手握住酒瓶下方的 1/3 处，用左手托住瓶子。

第五，斟红酒时，酒不可朝向对方，酒瓶口不能挨上酒杯；酒杯不用拿起，在酒倒得差不多时，将瓶子旋转一下收回。

第六，倒白酒时，应倒八分满，然后收酒，即为满杯；倒红酒时，大杯倒 1/3 杯、小杯倒 2/3 杯为宜。

第七，把握斟酒的顺序，一般是先给主宾斟，然后给领导斟。

第八，不要反手斟酒，否则会被认为是对他人的不敬。

3. 喝酒规范

喝酒规范包括 3 个方面。

第一，作为客人，喝红酒时要先品酒，如摇一摇，稍微闻一下味道，喝一小口，在嘴里旋转一圈后咽下，然后赞美味道。

第二，拿红酒杯时，不可以握满掌或者抓杯肚，只需拿住杯子下端的支架。

第三，女士喝酒时需小心衣服和口红，如果在杯子上留下口红印，应用餐巾纸悄悄将其擦净，或者让服务员更换杯子，最好的方法是选择不沾杯的口红。

4. 敬酒规范

敬酒多安排在用餐开始之际，或是在吃过主菜之后。敬酒的主要规则如下。

第一，由接待方的领导（主人）敬第一杯酒。例如，在大型宴会中，领导都会到台上致祝酒词，然后所有的人举杯共饮。如果桌子很多，领导敬完酒后，每一桌的主陪要再敬同桌的每个人，或者由领导敬每一桌；如果桌子少，应按照级别由高到低的顺序依次敬酒，最后大家互敬，切忌抢在领导之前敬酒。

第二，最后一杯酒也由领导敬，一般要喝完，表示宴会即将结束。

第三，向人敬酒时要有祝酒词，即给被敬酒者一个喝酒的理由。在他人敬酒时要停止用餐，起身认真倾听对方的祝酒词。

第四，碰杯时，敬酒者的杯子端得要比对方的杯子略低，以表示尊敬，碰完杯后立刻回来。干杯时，右手持杯，左手托杯底，举至双眼的高度，目视他人，面带微笑，将酒一饮而尽，或酌量饮用。

第五，喝完酒后，应向敬酒者示意一下"我喝了"，然后再放下酒杯。饮酒后不要马上落座，要目视敬酒者点头示意后再坐下。

第六，不可向对方灌酒，同时要学会挡酒。在我国，喝酒注重的是氛围、情感，设饭局是为拉近关系，因此要讲究挡酒的方法。

第七，在照顾主客和领导的同时，不能冷落其他人。

第八，敬酒前考虑好敬酒的顺序，分清主次，避免出现尴尬的情况。一般来说，敬酒应以职位高低、年龄大小、宾主身份为先后顺序，一定要充分考虑好敬酒的顺序，分清主次。即使和不熟悉的人在一起喝酒，也要先打听一下其身份或是留意别人对他的称呼，避免出现尴尬场面。即使你有求于席上的某位客人，但如果在场有更高身份或年长的人，也要先给尊长者敬酒，不然会使大家很难为情。

第九，如果因为生活习惯或健康等原因不适合饮酒，也可以委托亲友、部下、晚辈代喝，或者以饮料、茶水代替。作为敬酒人，应充分体谅对方，在对方请人代酒或用饮料代替时，不要非让对方喝酒不可，也不应该好奇地"打破砂锅问到底"。要知道，别人没主动说明原因就表示对方认为这是其隐私。

6.5.5 中餐中的座位安排

我国的饮食文化历史悠久。古人云"民以食为天"，而在"食"中又以"座"为先，无论是便宴还是家宴，最讲究的一个老礼就是安排席位，主宾尊幼各有说法。就宴会而言，一般都要事先安排好桌次和座次，以方便参加宴会的人就位，也体现出对客人的尊重。

中餐的座位安排遵循以下几个原则。

一是"右高左低"原则。两人一同并排就座，通常以右为上座，以左为下座。这是因为中餐上菜时多以顺时针方向为上菜方向，居右坐的因此要比居左坐的优先受到照顾。

二是"中座为尊"原则。三人一同就座用餐，坐在中间的人在位次上高于两侧的人。

三是"面门为上"原则。用餐的时候，按照礼仪惯例，面对正门者是上座，背对正门者是下座。

四是特殊原则。高档餐厅里，室内外往往有优美的景致或高雅的演出，供用餐者欣赏。这时候，观赏角度最好的座位是上座。在某些中低档餐馆用餐时，通常以靠墙的位置为上座，靠过道的位置为下座。

6.5.6 受邀人赴宴应注意的礼仪

1. 接到宴请，尽早答复

无论是否能出席，都应迅速答复，以便主人做安排。在接受邀请之后，不要随意改动。万一遇到不得已的特殊原因不能出席，尤其是主宾，应尽早向主人解释、道歉，甚至亲自登门表示歉意。应邀出席一项活动之前，要核实宴请的主人、活动举办的时间地点、是否邀请了配偶，以及主人对服装的要求。活动多时尤其应注意，以免走错地方，或主人未请配偶而双双出席。

2. 尊重宴会，修饰打扮

出席宴会前，应梳洗打扮一番，使自己看起来精神饱满、容光焕发。女士要适当化妆，男士要梳理头发并剃须。衣着要整洁、大方、美观，使仪容、仪表打扮符合邀请场合的要求。国外的宴请非常讲究服饰，往往根据宴会的正式程度，在请柬上注明着装要求。在我国，虽然没有具体要求，但应邀者也应该穿一套入时的整洁服装，精神饱满地赴宴，以示对举办方的尊重。

3. 备礼

可按宴请的性质和当地的习俗以及主客双方的关系，准备赠送的花篮或花束。参加家庭宴会，客人可给女主人准备一束鲜花；赠花时，要注意对方的禁忌。有时可准备一定的礼品，在宴会开始前送给主人。礼品的价值不一定很高，但要有意义。

4. 按时出席宴请

出席宴请活动，抵达时间的迟早、逗留时间的长短，在一定程度上反映了对主人是否尊重。过早、过迟、逗留时间过短，不仅是对主人的失礼，也有损自己的形象。按时出席宴请是最基本的礼貌。

一般来说，出席宴会要根据各地的习惯，正点或提前或晚于约定时间的两三分钟抵达。身份高者可略晚到达，一般客人宜稍早到达，可以和主人以及其他客人应酬。万一因特殊原因不能及时到达，应及时通知主人并致歉。一般情况下，宴会开席延误5~10分钟是允许的，但最多不能超过30分钟，否则将会冲淡宾客的兴致，影响宴会的气氛。

5. 向主人表示谢意和问候、赠礼

抵达宴请地点后，先到衣帽间脱下大衣和帽子，然后前往主人迎宾处，主动向主人问好，并向在场的其他人微笑点头致意。如是节庆活动，应表示祝贺。同时，将事先备好的礼物双手赠送给主人。

6. 礼貌入座显风范

入座应听从主人的安排，不可随意乱坐。进入宴会厅之前，先了解自己座位。入座时注意桌上的座位卡上是否写着自己的名字，不要坐错座位。如果邻座是年长者或妇女，应主动协助其先坐下。当你快要坐下时，切记要用手把椅子向后拉一些再坐下，不能用脚把椅子推开，那样会显得很粗鲁。注意要坐得端正，不要跷二郎腿，双手不可放在邻座的椅背或把手搁在桌上。开宴之前，可与邻座交谈；不要摆弄碗筷、左顾右盼。

7. 文明进餐讲礼仪

致祝酒词完毕，经主人招呼后，即可开始进餐。就餐时应有愉快的表情。心事重重的神态、漫不经心的样子，是对主人和其他宾客的不礼貌。即使菜不对口味，也应吃上一些，而不能皱眉拒绝，更不能在背后与其他宾客议论，这是对主人的不尊重。

用餐时要讲究文明，席间不要吸烟，尤其是有女士在场的时候。席间，不要随便宽衣；当众解开纽扣、脱下衣服以及化妆，都是不礼貌的。在用餐过程中，一般不可随便离席。如果咳嗽、吐痰或有刺卡住，或需要将口中的食物吐出来时，可暂时离席，否则是不礼貌的。

8. 适当交际礼相随

宴会本质上是一个社交场合，因此无论是主人、陪客或宾客，都应与同桌的人适当交际，特别是左右邻座。不要只与几个熟人或只与一两个人说话。邻座如不相识，可先自我介绍。

进餐时要注意说话的分寸，谈一些大家感兴趣的事情，不可夸夸其谈，最好不谈工作、政治和健康问题。在与女性谈话时，一般不询问其年龄、婚否等问题，也不要议论妇女的胖瘦、身形等；与较陌生的男性谈话时，不要直接询问对方的经历、工资收入、家庭财产、衣饰价格等私人生活方面的问题。

9. 告辞致谢礼不忘

主人宣布宴会结束后，客人才能离席。客人应向主人道谢、告别，感谢主人的热情款待，如"谢谢您的款待""您真是太好客了""菜肴丰盛极了"，并要与其他认识的客人道别。如果客人有事要提前离席，则应向主人及同桌的客人致歉。有时在出席私人宴请活动之后，可致便函或名片以表示感谢。

6.5.7　西餐餐桌礼仪

1. 餐具的使用方法

使用餐具时，应注意以下要点。

第一，右手拿刀，左手拿叉，胳膊肘稳住，然后用叉子叉住切一块食物放入嘴里。英式吃法讲究的是切一块吃一块。大部分人习惯美式吃法，即切完食物后把叉子换到右手再吃。

第二，说话时不宜动刀、叉。

第三，不同的刀、叉摆放方法，表达的意思也不同。例如，刀、叉呈八字形摆放，表示即将返回，继续用餐；刀、叉并起来摆放，表示这道菜已用完，可以收走。

2. 食用面包的方法

吃面包时，要揪下来一块抹上黄油，然后吃掉，再去揪一块面包抹黄油吃。千万不要拿一大片面包抹上黄油，再一口一口地吃掉。

3. 正确使用菜单

如果在座位前放置了一张菜单，要清楚该菜单是为方便客人合理安排进食而准备的。

4. 喝咖啡的注意事项

第一，喝咖啡时用夹子夹起方糖放入咖啡匙中，融到咖啡杯里，或夹起方糖轻轻放入咖啡杯里。切勿直接把方糖扔进咖啡杯中，以防咖啡溅起。

第二，喝咖啡应该先加糖后加奶，而且咖啡匙只能用于搅拌，不能舀。

第三，喝咖啡时应提前拿咖啡匙沿着杯子的底部轻轻搅动咖啡，然后拿出咖啡匙放到咖啡碟上。

第四，走动时，需要端起碟子与咖啡杯，一手拿杯子一手拿咖啡碟；坐着时，只需端起咖啡杯饮用即可。

第五，如果既要喝咖啡又要吃点心，就应该将两者分开，切忌一手拿咖啡、一手拿点心。

本章案例：尴尬的同学聚会

王峰在大学读书时学习非常刻苦，成绩也非常优秀，几乎年年都拿特等奖学金，为此同学们给他起了一个绰号"超人"。大学毕业后，王峰顺利地获取了去美国攻读硕士学位的机会，毕业后又顺利地进入一家美国公司工作。一晃八年过去了，王峰现在已成为公司的部门经理。2016年国庆节，王峰带着妻子儿女回国探亲。一天，他们在大剧院观看音乐剧，刚刚落座，就发现有3个人向他们走来。其中一个人边走边大声地喊："喂！这不是'超人'吗？你怎么回来了？"

这时，王峰才认出说话的人正是他的高中同学贾征。贾征大学没考上，跑到南方去做生意，赚了一些钱，如今回到上海注册公司，当起了老板。今天他正好陪着两位从新加坡来的生意伙伴一起来看音乐剧。这对生意伙伴是他交往多年的年长的新加坡夫妇。此时，王峰和贾征都既高兴又激动。贾征大声寒暄之后，才想起了王峰身边还站着一位女士，就问王峰身边的女士是谁。王峰这才想起向贾征介绍自己的妻子。待王峰介绍完毕，贾征高兴地走上去，给了王峰妻子一个拥抱礼。这时，贾征也想起该向老同学介绍他的生意伙伴了……

问题

上述场合的行为有哪些不符合礼仪的地方？正确的做法是什么？

复习思考题

1.结合现实的例子，说明如何在商务交往中运用商务礼仪来促进双方的交流与合作？

2.请简要阐述一下商务场合着装的要求。

3.如果你是下列情况的当事人，你该怎么办？

（1）如果你代表公司与另外一家公司洽谈，请结合所学的商务礼仪，细述着装、入座、介绍方面的礼仪以及关于离开、送客方面的礼仪。

（2）在面试的过程中，你应怎么表示你已经做好了工作的准备，同时怎么让面试官对你有个好的第一印象？

（3）如果要参加一个规格比较高的正式宴请，你会选择穿什么样的服装？在宴会上你会注意哪些礼仪规范？

（4）当你向一个美国合作商赠送礼品时，你将提醒自己注意哪些问题？

第7章
商务谈判中的沟通

1. 了解商务谈判的作用和类型。
2. 了解商务谈判的过程和特点。
3. 掌握商务谈判过程中的沟通策略和技巧。

【引导案例】

语言决定了交易的成败

一个农夫在集市上卖玉米。因为他的玉米棒子特别大，所以吸引了一大群买主。其中一个买主在挑选的过程中发现很多玉米棒子上都有虫子，于是他故意大惊小怪地说："伙计，你的玉米棒子倒是不小，只是虫子太多了，你想卖玉米虫呀？可谁爱吃虫肉呢？你还是把玉米挑回家吧，我们到别的地方去买好了。"

买主一边说着，一边做着夸张而滑稽的动作，把众人都逗乐了。农夫见状，一把从他手中夺过玉米，面带微笑却又一本正经地说："朋友，我说你是从来没有吃过玉米咋的？我看你连玉米质量的好坏都分不清。玉米上有虫，这说明我在种植中没有施用农药，是天然农产品，连虫子都爱吃我的玉米棒子，可见你这人不识货！"接着，他又转过脸对其他的人说："各位都是有见识的人，你们评评理，连虫子都不愿意吃的玉米棒子就好么？个头比这小的棒子就好么？价钱比这高的玉米棒子就好么？你们再仔细瞧瞧，我这些虫子都很懂道理，只是在棒子上打了一个洞而已，棒子可还是好棒子呀！我可从来没有见过像他这么说话的买主呢！"

他说完了这一番话，又把嘴凑在那位故意刁难的买主耳边，故作神秘状，说："这么大、这么好吃的棒子，我还真舍不得这么便宜就卖了呢！"

农夫的一席话，把他的玉米棒子个大、好吃，虽然有虫但是售价低这些特点表达出来了。众人被他的话说得心服口服，纷纷掏钱购买，不一会儿，农夫的玉米销售一空。

从上述案例中我们可以看到，对同一个玉米，农夫和买主却有两种完全不同的评论，好坏的判断有时候只在语言的差异。在本案例中，农夫就充分运用了语言的艺术，利用不同的表述方式，反映了问题的不同方面，从而使问题由不利转向有利。由此我们也可以看到沟通技巧在商务谈判中的应用价值。

世界谈判大师赫伯·寇恩说："人生就是一个大谈判桌，不管喜不喜欢，你已经置身其中了。""就像在生活中一样，你在商务上或工作上不见得能得到你所要的，你得靠谈判得到你所要的。"

在现代商业活动中，谈判已是交易的前奏曲，谈判是销售的主旋律。可以毫不夸张地说，人生在世，你无法逃避谈判；从事商业经营活动，除了谈判你别无选择。然而，尽管谈判天天都在发生、时时都在进行，但要使谈判的结果尽如人意，却不是一件容易的事。怎样才能做到在谈判中挥洒自如、游刃有余，既实现己方目标，又能与对方携手共庆呢？从本章开始，我们一起走进谈判的圣殿，领略其博大精深的内涵，解读其运筹帷幄的奥妙。

7.1　商务谈判的概念、特点与类型

谈判是人类交往行为中一种非常普遍的社会活动。古今中外，大到国家之间的政治、经济、军事、外交、文化往来，小到企业之间、个人之间的冲突与合作，都离不开谈判。谈判的种类很多，其中商务谈判就是侧重商业领域的谈判活动。本节主要介绍商务谈判的内涵、特点和主要类型。

7.1.1　商务谈判的概念

按照《辞海》的解释：谈的本意为"彼此对话、讨论"；判的本意为"评断"。可见，"谈"意味着过程，"判"意味着结果。

现代意义上的谈判有广义和狭义之分。广义的谈判包括非正式场合的协商、交涉、磋商和商量等；狭义的谈判是在正式场合进行的谈判。一般意义上的谈判是指参与各方为了改变和建立新的社会关系，并使各方达到某种利益目

标所采取的某种协调行为的过程。本书中的商务谈判是指具有利益或利害关系的双方（多方）为谋求意见一致、满足各自需要而进行洽谈、协商的行为和过程。从浅表层来看，商务谈判是企业与企业、企业与个人以及个人与个人之间的交往，但企业参与的商务谈判仍要由个人来完成，因此商务谈判说到底还是个人与个人之间的沟通过程。

7.1.2　商务谈判的特点

1.商务谈判以经济利益为目的，以价格为谈判核心

不同类型的谈判，参与者的目的是不同的。商务谈判顾名思义就是以获取经济利益为基本目的，在满足经济利益的前提下才涉及其他非经济利益。虽然在商务谈判的过程中，谈判者可以调动和运用各种因素，包括各种非经济利益的因素，但其最终目标仍是经济利益。所以，人们通常以获取经济利益的高低来评价一项商务谈判的成功与否。不讲求经济利益的商务谈判就失去了价值和意义。

商务谈判涉及的因素很多，谈判者的需求和利益表现在诸多方面，但价格几乎是所有商务谈判的核心内容，这是因为价格最集中地体现了谈判各方的经济利益。谈判双方在其他利益上的得与失，在很多情况下或多或少都可以折算为一定的价格（如质量因素、数量因素、付款时间等），并通过价格升降而得到体现。需要指出的是，在商务谈判中，一方面要以价格为中心，争取在价格上使本方利益最大化；另一方面，又不能局限于价格，可以拓宽思路，从其他利益因素上争取谈判利益。

2.商务谈判要以实现双赢为目的

商务谈判的最终目的是要实现双赢或者多赢，也就是通过谈判达成的协议使参与的各方各有所得，而且基本都是满意的。这种满意可能体现在经济利益上，也可能体现在相互关系上，或者体现在心理上。因为每一个人的需求不一样，所以得到的满足也不一样。

"双赢"的本质是把本方与谈判对手纳入一个整体，从系统的角度寻找合作的可能。谈判对手就像伙伴一样，大家共同去找到满足双方需要的方案，使冲突更少、费用更合理、风险更小。这样可以有效避免"非此即彼"的两极思维，大大提高谈判效率。

3. 商务谈判是一门科学，也是一门艺术

商务谈判是一门综合性的科学。它是经济学、社会学、技术科学和法学的交叉产物。以一宗出口交易为例，谈判者不仅要熟悉交易产品的技术技能、生产工艺，还要了解出口国有关贸易的法律法规，甚至包括出口国的民族风俗、消费特点、购买心理等，否则就不能进行有效的协商，就不能完成交易活动。

商务谈判是一门艺术。谈判过程中处处展现对局势、环境、心理状态的把握，并将多种技能综合运用。例如，关于表达的技巧，有时一个随机应变的表达、幽默的谈吐，甚至一个表情或动作的运用，往往能取得意想不到的效果。还有让步的艺术，让步是谈判中常用的技巧，但要做到有理、有利、有礼、有度就需要一定的艺术水平。此外，还有拒绝的艺术，在谈判中对对方提出的有损于己方利益的要求必须拒绝。但在拒绝时，拒绝者也要讲究艺术，采用巧妙而委婉的拒绝方式，使对方乐于接受。

4. 商务谈判是针对人的心理而进行的

谈判是由人的需要所引起的，"需要"是人对客观事物的某种欲望。实践证明，谈判心理不仅影响谈判当事人的行为活动，也直接关系到谈判的成败。当谈判的一方满足了对方的心理需求时，谈判往往能够成功。反之，即使物质条件很好，但如果心理需求没有得到满足，谈判结果也很难令人满意。

📖 **课间案例 1**

夫妻买钟

有一对夫妇，收入并不高，却非常追求生活的格调。有一天，他们在翻阅杂志的时候，看到了一只作为广告背景的古玩钟，立刻被它迷上了。

"亲爱的，这难道不是你所见过的钟里面最漂亮的吗？把它摆在咱们的客厅里一定很美！"妻子说。

"确实非常漂亮！"丈夫完全赞同妻子的观点，"只是不知它卖什么价钱，广告上没有标价。"

这对夫妇太爱那只钟了，他们决定去寻找它。鉴于家庭的经济状况，他们决定以 500 元作为钟的最高价格，只要不超过 500 元，他们就买下来。功夫不负有心人，经过 3 个月的寻找，他们终于在一个古董展销店发现了目标。

"就是它！"妻子兴奋极了。

"没错，跟杂志上的一模一样，真是美极了！"丈夫显然没有忘记自己钱包的状况，说："一定要记住，我们不能超过500元！"

他们走进展厅，发现古老的挂钟的标价是750元。

"算了，咱们回去吧，咱们说过不能超过500元的。"妻子说道。"话是这么说，"丈夫并没有死心，"我们可以试着让他们降点价，我们已经找了这么久了，好不容易找到了，怎么能轻易放弃呢？"

他们商量了一阵，决定由丈夫出面与售货员商谈。他们都知道500元成交的希望非常渺茫，丈夫甚至认为，既然已经寻找了这么长时间，那只挂钟又确实漂亮，如果能用600元买下来也可以。

丈夫整了整自己的领带，挺起胸脯走到售货员面前，说："我看到你们有一只小挂钟要卖，我也看到了它的标价。现在我告诉你我想干什么，我要给你的钟出一个价，只出一个价。我肯定你会感到震惊！"他停顿了一下，观察效果，然后鼓起勇气宣布："我的出价是250元。"出乎他的意料，售货员并没有被吓倒在地爬不起来，他连眼睛都没眨一下："给您，卖啦！"

居然在1秒内做成了生意，售货员感到很满意："老板整天教导我们要满足顾客的需要，并以此作为发展长期顾客的前提。你们很有诚意，我以这么低的价格卖给你们，虽然没赚到什么钱，但只要你们满意，觉得我们店是不会欺骗顾客的，那以后你们就是我们的长期顾客了，没准还会介绍别的顾客来呢。这次老板肯定会表扬我啦！"

听到售货员的回答，丈夫的第一反应是什么？兴高采烈吗？他绝不会对自己感到满意的。"我真傻，我应该只出150元。"他的第二个反应是："是不是我的耳朵出毛病了？要不就是这只钟有毛病！"

尽管如此，他还是把钟挂在客厅里。挂钟美丽极了，与客厅的环境也非常协调，但他总感觉这里面有什么不对头。每天晚上，他和妻子都会起来看看钟是否还在走。他们一天到晚忧心忡忡，以为这只挂钟很快就会散架，因为那该死的售货员居然以250元的价格把这只钟卖给了他们。

请大家想一想，为什么这对夫妻以比心理预期还低的价格买下了那只钟，还会有那样痛苦的感觉？问题出在哪儿呢？在这个案例中售货员有什么问题？

7.1.3　商务谈判的类型

1. 按照谈判双方接触的方式划分

（1）口头谈判

口头谈判又称直接谈判，在谈判中，交易或合作双方面对面地就有关条件口头进行协商，或者在异地用电话洽谈。它通常适用于初次谈判、多轮谈判、复杂谈判、重要项目谈判、贵重商品谈判、大宗交易谈判、快速成交谈判等。

口头谈判的好处：一是便于在直接接触中审视和判断对方的诚意及可信度；二是便于双方充分发表意见，信息反馈及时；三是便于察言观色，了解对方的反应，掌握对方的心理；四是便于交流思想感情、建立友好合作关系。

当然，口头谈判也有一些不利的方面，如缺乏充分的考虑时间和回旋余地，有时因意见分歧而容易形成僵局，一般而言费用开支较大（包括差旅费、招待费等）。

所以，在口头谈判中要努力营造一种和谐的交流气氛，要善于倾听、分析和判断；要组织好谈判的团体合作；要掌握好商务谈判中让步与坚持的"火候"；要厚道，要让对方有一定的成就感。

（2）书面谈判

书面谈判是一种间接谈判，谈判时交易或合作双方不直接面谈，而是通过信函、传真、电子邮件等书面形式进行谈判。它主要适用于已经建立起业务关系的贸易伙伴之间的谈判、远距离谈判，以及新伙伴为了考察对方而进行的询盘或试探性谈判。书面谈判一般要经过询盘、发盘、还盘、接受、签订合同等环节。

书面谈判的好处是便于明确、坚定地表明谈判的意见、态度和立场，可以赢取充分的准备时间、考虑时间和回旋余地，可以避免当面谈判时因谈判阵容、气势的差别可能造成的心理压力，便于拒绝对方，节省时间和费用。

缺点是不便于双方相互沟通和了解，容易造成误解和分歧，传递的信息量有限，反馈不及时，反复次数多，谈判周期长，容易受到通信故障的影响等。

2. 根据谈判的程式划分

（1）横向谈判

每轮谈判都将谈判项目所包含的各种问题洽谈一遍，如此一轮一轮地展开谈判。在一轮谈判中不要求对每个问题或条款都谈妥，可通过多轮谈判逐步达成一致意见。

（2）纵向谈判

在谈判中每谈妥一个问题才接着谈下面的问题，即谈妥一个问题成为再谈下一个问题的前提。它一般适用于以下几种情况：一是事先通过接触发现有关关键问题，如果不解决好，其他问题便无从谈起；二是事先得知在主要条款上双方意见分歧较大，影响其他条款的谈判；三是谈判条款之间关联性较大，前者为后者的前提（如产品质量不谈清楚，就不谈价格、数量等）。

3. 按照谈判双方的利益关系划分

（1）零和谈判

谈判双方在同一利益条款上进行利益分割，你多我少，你进我退，一方的获得以另一方的失去为条件，这其实是一种零和思维。

在通常情况下，零和谈判中的卖方是尽可能将货物卖出高价，买方的目标则是尽可能将货物价格压低。这样一方多一元就意味着对方少一元，因此卖方和买方都要力争己方的最优价格，双方的底线决定着交易的可能性。这种谈判就像拔河一样，不管双方的态度是友好还是尖刻，谈判的目标都是尽可能将最终的价格拉到对方的"底线价格"，从而获取更多的利益。

为了在零和谈判中取得成功，需要把握以下几点。

一是把握好首次报价，首次报价是一个强有力的心理定位，它决定着讨价还价的范围，谈判的最终结果往往和首次报价有着密切的关系；二是不要透露本方的重要信息，包括你为什么要进行这次交易，本方的真正利益和商业局限性何在，本方在具体条款上的偏好如何，尤其是本方的保留价格是多少等；三是要尽可能多地了解对方的情况和意向，包括对方为什么要进行这笔交易，对方的偏好以及有无其他替代方案等；四是报价不能太过分，过于离谱的报价会显得缺乏诚意，对方很可能会一走了之，这样你就失去了一次合作的机会。

（2）整合谈判

将谈判中的各项条款作为一个整体考虑，综合起来进行谈判，双方有进有退，各取所需，体现合作，达到双赢的效果。整合谈判包括小整合（单项整合）与大整合（多项整合、多轮整合）。此外，还可以将零和谈判转化为整合谈判。

整合谈判理念的引申：谈判不是将一块蛋糕拿来后，双方商量怎么分，而是要设法把蛋糕做大，让每一方都能多分。即在不同的策略组合下，使谈判各方的受益之和增大，而不是你增我减，此消彼长。

📖 课间案例2

两人分橙子的故事——双赢谈判观念的启发

有一天，甲和乙在为一个橙子而争抢。甲说：我来切。乙说：你会切成一大一小，从而对你有利。甲说：你切也会有这种问题，我也不能信任你。两人一直争执不下。

最后，为了公平起见，甲获得了"切权"，乙获得"选权"，即由甲来切橙子，由乙先选择切好的橙子。

分完后，乙只要了橙皮而将橙肉丢掉，甲只要了橙肉而将橙皮丢掉，都浪费了资源。

之所以会产生资源浪费的现象，是因为谈判双方在谈判中未表明真正的需求期望。

结果，表面上皆大欢喜，事实上不尽理想，只解决了表面上的公平性，并未达到真正的双赢。

改善：

甲表明自己真正需要的是橙肉，用来制作橙汁。乙表明自己真正需要的是橙皮制作香料。结果，甲得到全部的橙肉，乙得到全部的橙皮。以这种分法，会使整个橙子不被浪费，使两人真正实现了双赢。

新状况：但如果甲乙两个人都想喝橙汁，而没有人要橙皮该如何处理呢？

这时可使用"谈判议题整合法"，即不要只谈这个橙子，可以把其他问题一起拿出来谈。

甲可以对乙说：如果你把这个橙子全部给我，你上次欠我的糖果就不用还了。其实，甲的牙齿蛀得很严重，已经不能吃糖了。乙想了想，很快就答应了，因为以刚刚得到五块钱，本来打算买糖还给甲，现在就可以省下来玩电动游戏了。"比起打电动，谁在乎这酸溜溜的橙汁呢？"乙对自己说。于是乙决定将整个橙子让给甲，省下五块钱去打电动游戏。

"谈判议题整合法"就是不要只在一件事上讨价还价，而要将许多议题同时拿出来谈。这样就可以找到双方不同的利益所在，之后决定在对自己没有效益的问题上让步，最后得到双方都满意的结果。

在现实世界里，大部分的谈判都是这种零和谈判及整合谈判的变化组合，需要你采用不同的决策，尽量创造双赢的局面。

在商务谈判过程中，优秀的谈判者并不是一味固守立场，追求本方利益，寸利必得，寸步不让；而是应与对方充分交流，从双方的最大利益出发，创造各种解决方案，用相对较小的让步来换取最大利益。双方在满足最大利益的基础上，如果还存在达成协议的困难，那么不妨站在对方的立场上，替对方着想，帮助扫清达成协议的一切障碍。这样，谈判的成功就不是一件难事了。

4. 按照谈判双方所采取的态度划分

（1）强硬型谈判

强硬型谈判也称硬式谈判、立场型谈判。谈判中的一方对对方持强硬、对立的态度，固守己方立场，迫使对方让步，甚至以压力、威胁相逼，坚持以己方片面获利或对方做出某种承诺作为达成协议的条件。

强硬型谈判中，谈判者往往认为自己具有足够的实力，因此在谈判中更多强调本方的立场和利益，只有按照本方的立场达成的协议才是成功的谈判。同时，谈判者把谈判看成是意志力的竞赛和搏斗，认为立场越强硬对方就越容易妥协，因此谈判者往往把注意力集中于如何维护本方立场和否定对方立场，忽略了对方的感受和利益，这种谈判容易产生互不信任、互相指责，谈判也容易陷入僵局。可见，强硬型谈判有明显的局限性，一般应用于以下两种情况：一是一次性交往，这种谈判必然是"一锤子买卖"，也就是为取得一次胜利而拿未来的合作做赌注；二是实力相差悬殊，在这种情况下，己方处于绝对优势。

（2）温和型谈判

温和型谈判又称软式谈判、让步型谈判。这种谈判方式与强硬型谈判相反，是让利型的。按此方式进行谈判时，谈判中的一方轻易改变己方的谈判条件，妥协让步，委曲求全，屈服于压力，认可不平等的谈判，接受不公平的条件，以片面达成协议为目的，为此而不惜牺牲己方利益。

温和型谈判本质上是一种关系型谈判，相较于谈判双方的立场和利益，温和型谈判的参与者更看重的是彼此的关系，希望通过宽容的心态、互谅互让、友好协商来达成谈判的目的，同时也进一步增进双方的关系。可以说这种谈判方式是一种理性化的境界，在现实的谈判中由于双方立场、利益、文化等的差异和冲突，往往难以以这种理性化的方式进行谈判，但长期合作，全局利益高于短期局部利益的商业伙伴之间，这种温和型的谈判还是有一定借鉴意义的。

（3）原则型谈判

原则型谈判又称价值型谈判，它是对硬式谈判和软式谈判的扬弃，强调通过谈判所取得的价值，包括经济价值和非经济价值。就利益而言，包括实质利益和关系利益。

原则型谈判是一种立足于谈判者的基本利益和处理谈判问题的基本原则，注重刚柔相济，讲求原则性和艺术性有机统一的谈判方式。原则型谈判有以下4 个特点及要求。

人与问题：在谈判态度上，主张将人和问题分开对待，对人软，对问题硬。对人软，即以诚待人，以善待人，友好合作为重，把对手看作是问题的解决者，把谈判双方看成是伙伴关系；对问题硬，即以客观、严肃的态度协商和解决谈判问题，既不咄咄逼人，也不随意让步。

利益与立场：强调谈判的着眼点为谈判者的利益，而不是立场。谈判立场是指在谈判中认识、处理问题时所处的地位和所持的态度。原则型谈判主张兼顾和维护谈判双方的基本利益，追求共同利益。为了实现谈判的利益目标，可以在谈判的立场上做出让步（就商务谈判而言）。

注重在谈判决策之前周全考察解决谈判问题的各种方案和条件，然后进行优化选择，慎重决策，增强谈判的主动性和把握性。选择的重要前提是：对双方均有利。坚持协商和解决谈判问题的客观标准，并注意说服对方加以确认。避免意志竞争，服从原则而不屈服于压力。

总之，原则型谈判对事不对人，把谈判对手看作问题的解决者，视谈判目的为在友好往来和客观公正的基础上，产生对双方有利、令双方满意的谈判结果。由此可见，原则型谈判是一种比较理想的谈判方式。

表 7-1 列举了 3 种谈判模式的区别。

表 7-1   **3 种谈判模式的区别**

温和型	强硬型	原则型
谈判的对方是朋友	对方是敌人	双方是问题的解决者
谈判的目标是达成协议	目标是取得胜利	要获得有效率、友好的结果

续表

温和型	强硬型	原则型
通过做出让步来搞好与对方的关系	把对方做出让步作为保持关系的条件	把人与问题分开
对人对事采取软的态度	对人对事采取硬的态度	对人软，对事硬
轻易改变自己的立场	坚持自己的立场	着眼于利益，而不是立场
坚持达成协议	坚持维护自己的利益	坚持客观标准
屈服于压力	施加压力	服从原则而不是压力

我们在现实谈判中往往采取 3 种方式相结合的办法。人们在谈判方式的选择上受以下因素影响：今后是否有继续保持业务关系的可能；双方谈判实力的对比；交易的重要性；财力和时间方面的限制；双方谈判的艺术与技巧；谈判人员的风格与个性。

7.2　商务谈判的组织与准备

一位谈判专家曾说过："最佳的谈判原则是，在你还没有准备充分之前，永远不要进行谈判。"

7.2.1　了解谈判对象

英国著名哲学家弗朗西斯·培根在《谈判论》中告诉人们："与人谋事，则须知其习性，以引导之；明其目的，以劝诱之；谙其弱点，以威吓之；察其优势，以钳制之。"

1. 了解的内容

（1）对方所代表的组织的情况

其包括对方公司的法人资格、注册资本、经营能力、产品情况、装备设施、市场形象、商业信誉等。

此外，还要了解对方公司的成立时间、公司的成长发展情况、竞争对手情况、与其他公司的合作情况、以往履行谈判协议的情况等。

（2）了解对方谈判人员的情况

这包括了解对方谈判人员的姓名、年龄、职务、学历、资历、性格、兴趣、品行、业务专长、工作能力、谈判经验等；对方谈判人员的专业构成、群体谈判能力；对方首席谈判代表的谈判风格、谈判模式、谈判经历及以往的谈判成败情况等。

在国际商务谈判中必须遵循的准则：在不了解外商的情况下，不与之进行商务谈判。日本的一些企业非常注意搜集谈判对象的情报资料，甚至不惜时间和财力。他们常常在谈判之前几个月就开始调查了解对方的各种情况，甚至包括谈判者所在国家的文化风俗、历史背景、个人的习惯、脾气、嗜好、社交圈、演讲能力等，将所得到的信息存入计算机中以备用。

（3）了解谈判项目及其相关情况

一是要了解谈判项目本身的情况，二是了解与项目相关的情况。后者包括两个方面：一是直接相关因素，如对方产品的销售情况、同类产品市场行情、影响价格变动的因素、货物运输条件等；二是间接相关因素，如企业与政府的关系、政策法律、文化传统、社会习俗等。涉外商务谈判还会涉及对方国家的政治制度与政局稳定情况、地理条件及谈判人员的宗教信仰等。

2. 了解的途径

通过具有法定资格的咨询机构，协助调查对方企业的资信与经营情况。涉外商务谈判更有此必要。

通过查询报刊等文献资料及互联网，搜集对方企业及合作项目的相关信息资料。如对方为上市公司，可查阅公开发行的相关报刊。如为涉外商务谈判，可查阅对方国家公开发行的报刊。国外公司的有关情况常常从一些公开出版物中反映出来，如注册资本、业务范围、经营情况等。从对方企业的广告中也可在一定程度上判断出对方经营状况及经济实力。

（1）向曾经与对方合作过的单位或个人访问考察。但要注意，由此而得到的信息可能是真实有用的，也可能是假情报。

（2）事先以电话、信函形式同对方联系，通过沟通、交流了解对方。

（3）设法与对方进行非正式接触。如办理与对方打交道的公务，参与对方的有关活动，谈判之前为对方安排食宿等。

（4）实地参观考察对方企业。主要是了解对方的实力和生产经营情况。

总之，要把握和创造一切可能的机会，多观察、多提问、多思考，从而形成自己对对方情况的准确判断。

📖 课间案例3

被弄脏的领带

有一次，一批衣冠楚楚的日本客商前去参观法国一家著名的相机器材厂。实验室主任殷勤地招呼着宾客，他引着客人参观实验室，热情地回答客人们提出的问题，但同时又保持着高度的警觉。他知道，现在有许多人借访问参观之机，窃取先进技术。因此，他暗暗注意着客人们的每一个举动。当参观该厂的一种新型的显影溶液时，实验室主任注意到，有位客商看得特别仔细。他的领带比一般的领带长一些，只见他俯身贴近盛溶液的器皿，仿佛是在辨认溶液的颜色，领带末端侵入了溶液之中。可是，这个平常自然的动作，并未逃过那位精明的实验室主任的眼睛。他知道一旦日本人把领带上的溶液痕迹化验分析一下，便可轻而易举地得到这显影剂的配方，也就是得到该厂最重要的核心机密。他悄悄叫过一个女服务员，如此这般地吩咐了一番。在客人准备辞别时，服务员小姐拿着一条崭新的领带走上前来，用她特有的甜润嗓音，对那位日本客商说："先生请稍等，您的领带弄脏了，给您换上一条崭新、漂亮的，好吗？""噢，好，太好了，谢谢你，小姐！"显然，拒绝主人的这番好意是不礼貌的。况且，在这位服务员的身旁，还笑眯眯地站着她的主任。于是，那个日本人一边道谢，一边解下他那沾有显影剂的领带。然而，从他的脸上，明显可以看出一种有苦难言的尴尬神情。一个盗取厂内核心技术的图谋就这样被挫败了。商业间谍活动五花八门，而且往往利用合法的身份，冠冕堂皇地做着非法的勾当。因此，商务谈判中既要热情待客，又不能失去警惕。聪明的实验室主任做得恰到好处，既制止了对方窃密的企图，又不伤面子，值得效法学习。

7.2.2 了解本组织的实力

1.物质要素

物质要素所体现的实力主要是经济实力，包括资产规模、经营规模、生产能力、技术创新能力、市场开拓能力等。

2. 非物质要素

非物质要素体现的实力，主要是指无形资产、领导与管理水平、人员构成、员工素质等。

3. 本方人员的谈判能力

这包括个体谈判能力和群体谈判能力。谈判能力是一种综合能力的表现，包括分析能力、判断能力、表达能力、策划能力、决策能力、应变能力、自控与承受能力、运用谈判技巧的能力等。

我们通过对本方实力的了解，做出客观的评价，以便在谈判中扬长避短，发挥比较优势。需要指出的是，不宜过高或过低评估自己。高估本方实力，容易轻视对方，会导致脱离实际地提高自己的期望目标；而低估本方实力，会使本方人员在谈判中缺乏信心，士气不足，轻易让步。

7.2.3 确立谈判目标

谈判目标是已方通过谈判所要实现的、以一定的量化指标体现的经济利益。对谈判目标的要求：一是明确；二是牢记。目标的种类有资金数额、产品数量、质量、价格等。

在实际谈判中，谈判的双方都会遇到这样的问题：我方应该首先报价吗？如果首先报价，开价多少？如果是对方首先报价，我方应还价多少？如果双方就价格争执不下，那么，在什么情况下我方可接受对方的条件？在什么情况下，我方必须放弃谈判？

通常情况下，谈判之前要设立以下 3 个层次的目标。

1. 必须达成的目标

这是指下限目标和最低限度（基本利益）目标。这个目标在谈判中必须实现，没有讨价还价的余地。

2. 立意（希望）达成的目标

这是谈判者在综合考虑各种因素的情况下，经过科学论证最后确定的谈判目标。它是谈判者最基本、最主要的利益所在。在谈判桌上，双方争执的目的就是保住各自立意达成的目标，所有的谈判成功大都是指这种目标的实现。有些谈判专家认为，在谈判之初就可以提出自己立意达成的目标，然后坚持到底，这就是著名的博尔韦尔策略。博尔韦尔曾是美国通用电器公司的副总裁，他在工作谈判中坚持最初条件，很少让步。他首先提出一个自认为是公平合理的建议，然后就坚持下去，结果常常是对方先妥协。

3. 乐于达成的目标

这是指具有较高期望值的谈判目标，这种目标虽然对己方最有利，但却是一种理想的、不易实现的目标，往往具有单向性和非对等性，会受到对方较大的制约，因而在必要时可以放弃。当然，也可将此作为讨价还价的策略。

美国谈判专家卡洛斯向 2 000 多名谈判人员进行的实际调查表明，一个良好的谈判者必须坚持"喊价要狠"的原则：若卖主喊价较高，则往往能以较高的价格成交；若买主出价较低，则往往以较低的价格成交。这里的卖价买价就是谈判最优期望目标的主要内容。

在哈佛大学教授霍华德的实验中也证明，告诉谈判人员最优期望目标和最低期望目标比只告诉他们最低期望目标效果要好得多。

7.2.4　制订谈判计划

谈判计划是谈判准备工作的书面体现，是实现谈判目标的必要环节，也是检查、衡量谈判活动成效的重要尺度。

谈判计划要围绕谈判目标来制订，计划内容应当完整而具体，包括谈判的内容、方式、组织、步骤和措施等。谈判计划包括以下几项。

（1）谈判内容，包括谈判项目（标的）、目的、重点、交易条件等。

（2）谈判方式，包括谈判的类型、方法、策略等。

（3）谈判议程，包括谈判的日程、进度、秩序及相关事项。对估计有争议的问题一般不要放在开头或最后谈，最好在谈判的中间略偏后阶段提出来讨论。

（4）谈判时间。应选择合适的时间及谈判期限。避免在不合适的时间进行谈判：①注意人的生理时钟，尤其是人的精力与体力的周期性高潮与低潮；②避免在紧张工作后进行谈判；③训练自己对各种谈判时间的适应性。

（5）谈判地点。谈判地点的安排虽然对谈判不具有决定作用，但其影响也不能忽视，注意地点的选择、房间的安排、环境的布置等。

尽量把谈判场所选在本方所在地。美国谈判学家泰勒尔曾做过一个有趣的实验，结果表明许多人在自己家的客厅里与人谈话比在别人客厅里更能够说服对方。这是因为，人们通常具有一种"领域感"，习惯于自己在所熟悉的环境里生活和工作，而无须分心于适应生疏的环境。环境熟悉则注意力集中，自信心强，能力容易得到较好的发挥。

要讲究谈判场所的布置和设施。谈判环境的布置，应以整洁、雅致、安静、通风良好、室温和光线适中为宜。桌上可放置一些文具和必要的资料，周围以少许盆景花草为点缀。

有时候，在和谈判对手你来我往之间，常会感到自己置身于不利处境中，一时又说不出为什么，其实是对手故意设计的，用来干扰和削弱我方的谈判力。例如，座位阳光刺眼，看不清对手的表情；会议室纷乱嘈杂，常有干扰和噪声；疲劳战术，连续谈判，并在我方疲劳和困倦的时候提出一些细小但比较关键的改动让人难以觉察。这些不良的环境，使人容易疲劳，也会给谈判者带来一定的压力。

7.2.5　选择谈判人员

1.注重谈判人员的素质

谈判人员应具备的知识：一是涉及谈判内容的业务知识，包括有关商品的性能、用途、技术要求、质量标准、价格水平及市场供需情况等。如果是涉外商务谈判还应掌握国际贸易、国际金融、汇率、国际市场等方面的知识与信息；二是商务谈判知识；三是与谈判相关的其他知识，如逻辑学、心理学、行为科学、人际关系学、礼仪、外语等相关学科的知识，还有经济法规、贸易惯例、文化习俗、世界贸易组织的原则与规则等方面的知识。谈判小组通常由以下专业人员构成：营销人员、技术人员、财会人员、熟悉法律的人员。

从能力来看，谈判人员应具备包括敏锐的观察力、准确的判断力、灵活的应变能力、良好的自控能力、较强的表达能力、娴熟的说服能力等。

从品质和素质来看，谈判人员应具备的品质主要是指真诚、公正、豁达、与人为善、尊重他人、重视信誉等；应具备的心理素质包括开朗、稳重、沉着、自信、果断、敏锐、耐心及较高的情商系数。

2.确定谈判小组合适的首席代表

谈判首席代表应由较为全面熟悉企业的业务、经营、技术、管理、销售且能进行组织协调的人充当。如果谈判对企业关系重大，则最好由领导人员担任谈判首席代表，便于统筹考虑，慎重决策。

挑选谈判首席代表的基本要求是，除了应具备上述一般谈判人员的素质外，还需有丰富的谈判经验、较宽的知识面、很强的谈判能力、运筹决断能力和组织指挥能力，有一定的战略眼光和全局观念，善于统一谈判小组成员的思想和意见，能够把握和控制谈判的局面。

谈判首席代表的主要职责是：制订谈判计划；物色谈判人员；做出谈判决策；调控谈判进程；鼓励本方士气；发挥小组整体功能；向领导请示、汇报谈判工作等。

不论出席人员多少，都应由谈判负责人或主谈者来进行对外沟通，以防止意见分歧或有意无意的过失，给对方造成可乘之机。当需要负责人介绍我方谈判意图、情况时，其他人员为发言人提供资料、数据等。

3. 选择合适的专业人员

谈判班子应根据谈判的需要配备有关专家，选择既专业对口又有实践经验和谈判本领的人。根据谈判的内容，专业人员大致可分为以下几个方面。

（1）商务方面。如确定商品品种、规格、商品价格、敲定交货的时间与方式、明确风险的分担等事宜。

（2）技术方面。如评价商品技术标准、质量标准、包装、加工工艺、使用、维护等事项。

（3）法律方面。律师或法律专业人员通常由特聘律师、企业法律顾问或熟悉有关法律规定的人员担任，以保证合同形式和内容的严密性、合法性以及合同条款不损害己方合法权益。

（4）财务金融方面。商务谈判中所涉及的财务问题相当复杂，应由熟悉财务成本、支付方式及金融知识，具有较强的财务核算能力的财务会计人员协助主谈人员制定好有关财务条款。

（5）语言方面。国际商务谈判涉及跨语言的沟通，因此翻译人员是必不可少的，甚至可以说翻译人员是谈判中实际的核心人员。一个好的翻译，能洞察对方的心理和发言的实质，活跃谈判气氛，为主谈人提供重要信息和建议，同时也可以为本方人员在谈判中出现失误，寻找改正的机会和借口。

（6）其他人员。其他人员是指谈判必需的工作人员，如记录人员或打字员，具体职责是准确、完整、及时地记录谈判内容，一般由上述各类人员中的某人兼任，也可委派专人担任。他们虽然不作为谈判的正式代表，却是谈判组织的重要工作人员。

心理测试

你是哪一种谈判者?

1. 你让秘书晚上加班两个小时完成工作,可她说她晚上有事。

黑桃:这是她自己的问题,她自己想办法解决。你是她的上司,她没有理由讨价还价。

红桃:那就算了,你自己加班把工作做完,反正你算明白了,谁都是不能指望的。

方片:你询问她有什么要紧事,她说她的孩子独自在家,于是你建议说你愿意给她介绍一个临时保姆,费用由你来出。

梅花:你退一步,让她加班一个小时,而不是两个。

2. 你在和上司谈判加薪问题。

方片:你先陈述自己的业绩,然后把自己真实期望的薪水数目说出来。

黑桃:你强硬地说出一个数目,如果他不答应你就准备辞职。

梅花:你提出一个很高的数目,然后准备被他砍下一半——那才是你真实期望的数字。

红桃:你等他说出数目,因为你实在不愿张口。

3. 多年来你一直在老公的父母家度过除夕夜。

红桃:你觉得很委屈,可有什么办法?生活的习俗就是如此。

梅花:好吧,但大年初二或初三他一定要陪你回你的父母家。

方片:你利用春节假期安排了一次国外旅行,这样一来,他就无法要求你回他父母家过除夕了。

黑桃:你整个除夕晚上都闷闷不乐。

4. 忙了整整一个星期,你终于可以在周末好好休息了,可这时老公建议你们和他的朋友一起去跳舞。

红桃:他难得想跳舞,你不愿意让他失望。

黑桃:反正你不会去,他愿意去的话就自己去。

梅花:你建议把跳舞改成聚餐。

方片:你说你很疲倦也很抱歉,然后建议下个星期再一起约朋友去跳舞。

5. 你10岁的侄子总让你给他买这买那，这次他想要个小摩托车。

梅花：你说你最多给他买辆儿童自行车。

黑桃：你断然拒绝，没什么可商量的。

红桃：你让步了，这样他就不会再缠着你了。

方片：好吧，但他应该先去学驾驶。

6. 你的男友拒绝和你分担刷碗的家务。

方片：你耐心地解释说你希望他分担一些家务。

梅花：如果他一周能刷一次碗，你就很满意了。

红桃：他不愿意就算了，还是由你自己来刷。

黑桃：你不能容忍一个不做家务的男人，要不他答应，要不就走人。

7. 你在餐厅用餐，邻座的客人在吸烟，烟都飘到了你这边。

黑桃：你大声提出抗议："现在的人怎么都这么不自觉！"

方片：你微笑着对他解释说烟味呛到你了。

梅花：你请求侍者给你换张桌子。

红桃：你默默忍受着，可一晚上都不开心。

8. 凌晨三点，你的邻居家里还在开派对。

红桃：你用棉球把耳朵塞住。

黑桃：你打电话给110报警。

方片：你马上去他家敲门，说你需要睡眠。

梅花：你也去加入他们的派对。

9. 和男友从电影院走出来，他想吃泰餐，而你想吃日本菜。

梅花：今晚吃日本菜，下次吃泰餐。

黑桃：就吃日本菜，否则就各自回家！

红桃：好吧，那就吃泰餐吧，如果他真的这么想吃。

方片：既然你们都想去异国情调的餐厅，那不如去吃印度餐。

10. 你约一个朋友一起看服装秀，演出已经开始了，她还没有到。

梅花：你自己进去看。

黑桃：你把她的票卖掉了，这能给她一个教训。

方片：你不停给她的手机打电话询问她到哪里了。

红桃：你一直等着她。

11. 你的同事在会议上吸烟。

红桃：你什么也没说，因为担心他会记恨你。

黑桃：你对他说他至少应该学会尊重别人。

梅花：你对他说应该尽量少吸一些烟，这对他的健康有好处。

方片：你建议休息一会，让想吸烟的人吸一支。

12. 你新买的洗衣机坏了……

梅花：你气愤地打电话给厂家，要求退货或折扣。

红桃：你自责是不是自己没有按照程序操作。

方片：你给"消费者协会"写信，投诉厂家。

黑桃：你去售后服务部大吵大闹。

[测试结论]

方片最多：

你是具有合作态度的谈判者。

你认为在所有的人际关系中，冲突是不可避免的。你知道如何控制自己的情绪，面对对方的提议表示尊重，尽量避免争吵、个人攻击和威胁。你的倾听和善解人意是实现你自己目的的最有力手段。

你的目的：找到乐观的、让大家都满意的解决方案。

结果：你能找到最佳途径，既解决了问题，又多交了一个朋友。

梅花最多：

你是一个妥协派的谈判者。

你认为只要事情能够得到解决，双方都应该做出让步，就像在市场上讨价还价的时候，只能谋取一个中间数值。根据谈判对方的性格特点，你轮番使用胡萝卜和大棒。有的时候强硬，有的时候和解，你的偶像是索罗门国王。

你的目的：在双方利益的中间找到一个妥协点。有时更靠近你，有时更靠近对方。

结果：这个方法可以帮助你解决一个问题，但无法从根本上解决。其结果很可能是你和对方都不满意，你们都没有达到自己的目的，只是找到了一个可怜的解决办法而已。

黑桃最多：

你是个控制型谈判者。

你喜欢飞舞的盘子和摔得啪啪响的门，或者说，你喜欢赢！对你来说，一切谈判都是力量的较量，只有坚持到底才能获胜。你一定要求对方让步，拒绝听新的建议，为了维护自己的利益，你可以用牙咬，用指甲抓，不惜使用威胁和暴力。

你的目的：在力量的较量中取胜。

结果：当然，你有的时候会赢，可更多的时候，你的态度会使你的谈判对手更加强硬，并在未来长时间与你对抗。

红桃最多：

你是个顺从型的谈判者。

你实在太好说话了，在所有的谈判中你都会让步，因为你害怕冲突，愿意让对方满意，维持你们的关系。为此你不惜牺牲自己的利益，忽视自己的意愿，在心中默默咀嚼失望和苦涩。

你的目的：不要让对方发怒，只要满足了他的条件，你就能获得安宁。

结果：不仅你自己感到郁闷，对方也会进一步提出条件，而不是像你设想的那样感激你的善良。

7.2.6 估计谈判中可能出现的问题

任何谈判都不可能指望双方一交手就马到成功，达成协议。因此要在谈判开始前，对谈判中可能出现的问题做好充分的准备，做到胸中有数，有备无患。

所考虑的问题主要是以下几个方面：谈判双方的优劣势；估计达成交易的可能性；对方的条件；我方让步的幅度等。双方最关心的问题是什么？能否调和？我方希望对方做出什么决定？如果对方没有做出决定，我方应采取什么措施？

7.2.7 模拟谈判

对于不熟悉谈判或者重要的谈判，应在正式谈判之前进行模拟训练。举行模拟谈判可从本单位物色若干名具有一定经验的、与谈判内容相关的人员，组成一个扮演"对手"角色的谈判小组，代表对方利益与本方人员进行预演性谈判。这是一种破坏性试验，以期使各种可能的问题事先暴露出来，旨在检验本方的准备工作、谈判计划及效果，使之在正式谈判之前准备更为周全和完善。

模拟谈判的要求：一是进入"实战"状态，不能当成演戏；二是对问题的假设务求充分、现实、针对性强；三是需制定规范的程序并严格按其进行；四是对充当"对手"的谈判人员应挑选得当；五是根据模拟谈判的结果修正谈判计划时需慎重严谨。

7.3　商务谈判的基本程序与沟通策略

商务谈判的基本程序是指从开局到最后签订协议（合同）全过程所经历的各个阶段。当然，并非每一个具体的谈判都要经历以下所有程序。谈判的具体程序应根据谈判的实际情况和需要来设定。以下是从商务谈判的普遍情况来讲的基本程序。

7.3.1　开局

1. 开局的目的

开局对谈判起着举足轻重的作用。常言道："良好的开端是成功的一半。"开局的好坏，在一定程度上影响着谈判的进程，在特定情况下会决定谈判的成败。一般来说，人们在任何活动的开始阶段，精力充沛，注意力集中，反应比较灵敏，而且往往比较严肃，商务谈判同样如此。因而，为了防止谈判中出现紧张气氛或僵局，一般不宜在一开始就进入实质性谈判。

谈判开局

开局的目的首先是塑造良好的第一印象，进而营造一种友好、轻松、和谐的谈判氛围，在此过程中可以尽可能多地寻找彼此的共同点，包括谈判的目标、各自的共同利益，甚至包括共同的经历等。这样有利于双方沟通了解、融洽关系、增进感情。最后，还要确定谈判所涉及的主题范围、谈判日程和其他与谈判有关的事务。

📖 课间案例 4

盛气凌人的谈判对手

有一个涉及一亿美元的境外旅馆工程项目，由于国外投资者对旅馆业不熟悉，便把此事全权委托给一位欧洲知名的工程师杰姆斯。起初，我方接待人员反映，杰姆斯很傲慢，处处十分挑剔。在参观上海最好的几个饭店时，如到静安希尔顿、花园饭店、新锦江大酒店等宾馆，在看了大厅之后，杰姆斯就拒绝进一步参观，并且说"不过如此而已"，以显示其博学和多才。在这种情

169

况下，双方是很难进行一场平等合作的谈判的，因为杰姆斯居高临下、盛气凌人，就像坐在高高的皇帝宝座上，在杰姆斯的眼中，我们就像坐在小板凳上，这怎么进行谈判？显然，在此时进行谈判的话，双方是很不平等的。于是，我方谈判组中就有人提议给杰姆斯出点难题，杀杀他的威风。但是采取直接伤害他自尊心的做法，不利于谈判顺利进行，很有可能失去一个工程项目。就在这个节骨眼上，恰巧我方宴请国外某重要客商，这位客商见到杰姆斯在场，就主动把自己的主宾位置让给他，这是一个礼仪场合不多见的举动，足见杰姆斯声誉之高。席间，杰姆斯不时高谈阔论，踌躇满志。我方首席代表开始是认真地倾听他的谈话，以显示对他的尊重，然后在他讲话中间，对那些颇有见地的观点适当地附和和赞同几句，话虽不多，但已足以显示我方专家的水准，这样杰姆斯也不由自主地表示出对我方代表的尊重。继之，趁他讲话的间隙，我方首席代表顺势婉转地介绍一下我们的独到之处，令他不得不对我们刮目相看。在恰如其分地表现了一下自己之后，为营造一个轻松友好的气氛，我方安排他参观了黄浦大桥、核电站等建设工程。通过采取积极的行为，使得双方的地位发生了微妙的变化，对方那种居高临下的姿态自动慢慢地降了下来，而我们的地位自然而然地上升了，这样，大家开始坐在平等的位置上进行谈判。我们终于创造出了一种相互尊重、对等谈判的气氛。

2. 开局的内容

开局阶段是谈判双方进入具体交易内容的洽谈之前，彼此见面、互相介绍、互相熟悉以及就谈判内容和事项进行初步接触的过程。开局导入是从步入会场到寒暄结束这段时间。导入的时间虽短，但其作用却很大，在开局阶段要特别注意现场气氛的调节，因此双方应以礼相待。为便于双方接触，一般以站立交谈为好。虽然每个人的行为方式、个性特征各不相同，但从总体要求上应注意以下几个方面。

（1）入场：径直走向会场，以开诚布公、友好的态度出现，进门时走路姿态要端正，表情要坦率友好，两肩放松，右手不拿任何东西，注意衣着整洁。

（2）握手：握手的动作和握手时的目光给对方的信息应是：充满自信，值得信赖；用很短的时间来打破开场时的沉默和拘束；在开场阶段应保持站立姿势，如果双方各有几人参加，则应自然地分成小组来谈论。

（3）介绍：见面介绍时，应先做自我介绍，一般由谈判小组首席代表——介绍本方人员及其职务。如果一方代表同时介绍双方谈判人员，应该先介绍本方人员，再介绍对方人员，以表示尊重对方。介绍完人员后一般还要介绍一下谈判的目的、计划、速度等，然后可随意寒暄，自由交谈。

（4）问候、寒暄：语言亲切、和蔼、轻松自如。为塑造良好的气氛，可适当谈一些大家感兴趣的中性话题，一般为非业务性的话题。例如，个人的经历或爱好、体育消息、旅途见闻等。

开局一般只占用较短的时间，除非是特殊情况或作为一种策略。我们要有意识地并且自然地把话题过渡到谈判的正题上来。

3. 开局技巧

（1）根据谈判双方关系的不同情况运用不同的开局技巧

①谈判双方过去有过业务往来，且关系很好：开局时气氛应是热烈、友好、轻松愉快的，语言应是热情洋溢的；交谈内容可以畅叙双方的友好合作关系；举止可以自由、放松而亲切。

②谈判双方过去有过业务往来，但关系一般：语言上热情程度应有所控制；交谈内容上可以是双方过去的业务往事或共同兴趣的话题；举止上可以随和自然并显示一定的主动性。

③谈判双方过去没有业务往来，首次合作：力争创造一种诚挚友好、体现合作意愿的气氛，以淡化双方的陌生感，消除戒备心理，为后面的实质性谈判奠定基础。语言上应讲究礼貌并显示友好，但又得体不失身份；交谈内容上以旅途见闻、体育消息、天气情况、风土人情、个人爱好等交际性话题打开生疏局面，也可就个人的任职情况和工作经历等进行一般性询问和交流，使双方沟通、了解和熟悉；举止上应不卑不亢，沉稳中不失热情，自信但不傲慢。

（2）根据双方谈判实力的不同运用不同的开局技巧

①双方谈判实力相差不多：为防止一开始就激起对方的对立情绪，开局时应努力创造轻松、愉快、和睦的气氛。谈判人员的举止言谈应落落大方又不失严谨，彬彬有礼而不失自尊，热情相待又保持稳重。

②本方谈判实力强于对方：为使对方认识到这一点，在谈判中不抱过高的期望或不提出过分的要求，又不致将对方吓跑。开局时在语言和姿态上，既要表现出礼貌友好，又要充分显示本方的自信和气势（注：这种气势不是为了压倒对方，而是为了体现本方的优势和力量，以在谈判中争取较大的利益）。

③对方谈判实力强于本方：为了不使对方在气势上占尽上风而影响实质性谈

判，或使本方在谈判中处于不利的被动地位，开局时在言谈举止上，既要显示友好和合作的态度，又要充满自信，镇定自若，柔中有刚，使对方不能轻视自己。

4. 开局策略

（1）坦诚式开局策略

坦诚式开局策略是指以开诚布公的方式向谈判对手陈述自己的观点或想法，从而为谈判打开局面。坦诚式开局策略比较适合于有长期合作关系的双方，以往的合作双方都比较满意，双方彼此比较了解，不用太多的客套，减少了很多外交辞令，节省时间，直接坦率地提出自己的观点、要求，反而更能使对方对己方产生信任感。采用这种策略时，要综合考虑多种因素，如自己的身份、与对方的关系、当时的谈判形势等。

坦诚式开局策略有时也可用于谈判力弱的一方。当我方的谈判力明显不如对方，并为双方所共知时，坦率地表明己方的弱点，让对方加以考虑，更表明己方对谈判的真诚，同时也表明对谈判的信心和能力。

曾经某区一位党委书记在同外商谈判时，发现对方对自己的身份持有强烈的戒备心理。这种状态妨碍了谈判的进行。于是，这位党委书记当机立断，站起来对对方说道："我是党委书记，但也懂经济、搞经济，并且拥有决策权。我们摊子小，并且实力不大，但人实在，愿意真诚与贵方合作。咱们谈得成也好，谈不成也好，至少你这个外来的'洋'先生可以交一个我这样的'土'朋友。"寥寥几句肺腑之言，打消了对方的疑惑，使谈判顺利地向纵深发展。

（2）一致式开局策略

所谓一致式开局策略，是指在谈判开始时，为使对方对自己产生好感，以"协商""肯定"的方式，创造或建立起对谈判的"一致"的感觉，从而使谈判双方在友好愉快的气氛中不断将谈判引向深入的一种开局策略。

一致式开局策略的运用还有一种重要途径，就是在谈判开始时以问询方式或补充方式诱使谈判对手走入你的既定安排，从而在双方间达成一种一致和共识。所谓问询方式，是指将答案设计成问题来询问对方。所谓补充方式，是指借以对对方意见的补充，使自己的意见变成对方的意见。

（3）进攻式开局策略

进攻式开局策略是指通过语言或行为来表达己方强硬的姿态，从而获得对方必要的尊重，并借以制造心理优势，使得谈判顺利地进行下去。采用进攻式开局策略一定要谨慎，因为在谈判开局阶段就设法显示自己的实力，使谈判开局就处于剑拔弩张的气氛中，对谈判进一步发展极为不利。

进攻式开局策略可以扭转不利于己方的低调气氛，使之走向自然气氛或高调气氛。但是，进攻式开局策略也可能使谈判一开始就陷入僵局。

曾经日本一家著名的汽车公司在美国刚刚"登陆"时，急需找一家美国代理商来为其销售产品，以弥补他们不了解美国市场的缺陷。当日本汽车公司准备与美国的一家公司就此问题进行谈判时，日本公司的谈判代表路上塞车迟到了。美国公司的代表抓住这件事紧紧不放，想要以此为手段获取更多的优惠条件。日本公司的代表发现无路可退，于是站起来说："我们十分抱歉耽误了你的时间，但是这绝非我们的本意，我们对美国的交通状况了解不足，所以导致了这个不愉快的结果，我希望我们不要再为这个无所谓的问题耽误宝贵的时间了，如果因为这件事怀疑到我们合作的诚意，那么，我们只好结束这次谈判。我认为，我们所提出的优惠代理条件是不愁在美国找到合作伙伴的。"日本代表的一席话说得美国代理商哑口无言，美国人也不想失去这次赚钱的机会，于是谈判顺利地进行下去。

5. 策划开局策略应考虑的因素

一般来说，确定恰当的开局策略需要考虑以下几个因素。

（1）考虑谈判双方之间的关系

如果双方在过去有过业务往来，且关系很好，那么这种友好的关系应作为双方谈判的基础。在这种情况下，开局阶段的气氛应是热烈、真诚、友好和轻松愉快的。

如果双方有过业务往来，但关系一般，那么开局的目标是要争取创造一个比较友好、和谐的气氛。

如果双方过去有过一定的业务往来，但我方对对方的印象不好，那么开局阶段谈判气氛应是严肃、凝重的。

如果过去双方人员并没有业务往来，那么第一次的交往，应力争创造一个真诚、友好的气氛，以淡化和消除双方的陌生感以及由此带来的防备，为后面的实质性谈判奠定良好的基础。

（2）考虑双方的实力

双方谈判实力相当，在开局阶段，仍然要力求创造一个友好、轻松、和谐的气氛。

如果我方谈判实力明显强于对方，在开局阶段，在语言和姿态上，既要表现得礼貌友好，又要充分显示出本方的自信和气势。

如果我方谈判实力弱于对方，开局阶段，在语言和姿态上，一方面要表示出友好，积极合作的姿态；另一方面也要充满自信，举止沉稳，谈吐大方，使对方不至于轻视我们。

（3）考虑谈判策略的需要

为了先入为主给对方施加某种影响，获得某种开局效果，谈判者有意营造某种谈判气氛，以赢得谈判的主动权。

7.3.2 询盘

询盘又称询价，就是谈判的一方通过口头或书面形式，针对交易项目向另一方询问有关交易条件。询盘多由买方向卖方发出，内容涉及交易商品的质量、规格、数量、包装、仓储、运输和价格等，其中以询问价格为多，故也称作询价。

询盘是为进一步的实质性谈判奠定基础，做到心中有数，以便采取正确的谈判策略。询盘还能表达与对方进行交易的愿望，启示对方随后做出相应的发盘，以推动谈判。

询盘是在正式提出交易条件之前的试探性、沟通性接触，因而不具有法律约束力。是否进行询盘，应根据谈判的需要来确定。有些商务谈判可以不安排询盘的环节。

7.3.3 发盘

询盘之后，被询盘的一方一般应进行发盘。鉴于发盘的内容常常以价格为主要交易条件，故又称作报价。

发盘是指商务谈判中的一方通过口头或书面形式向另一方提出各方面交易条件，并表示愿按所提条件达成交易，签订合同。发盘者可以是卖方，也可以是买方，但在国际贸易中多为卖方向买方先发盘。若是买方发盘，国际贸易实务中称作递盘（Bid）。

1. 报价的依据

（1）商品成本

商品成本是构成价格的主体部分，是制定价格的主要依据和最低经济界限。商品成本的构成要素一般包括原材料、燃料、动力、固定资产折旧、设备维修、工资及其他待遇、车间费、企业管理费、销售费和储运费等。

（2）商品质量

在国际贸易的价格确定中，按质论价是一项基本的、重要的规则。按质论价要求好货好价，次货次价，名牌优价。

（3）成交数量

在国际贸易中，成交量的大小与价格的高低通常成反比关系。

（4）付款条件、货币种类与汇率变动

进出口贸易采取预付货款和凭信用证付款，价格应有所区别。使用何种货币也很重要，一般而言，在涉外商务谈判中，应采用对自身有利的货币成交，若采用不利的货币时，需将汇率变动的风险考虑到货价中去，适当压低购买价格或提高出售价格。

（5）市场供求与季节性需求的变化

在国际市场上，供求变化对商品价格的影响尤其明显。从供求与价格的动态关系来看，供给与价格的变化呈反向运动，需求与价格的变化呈正向运动。国际市场中季节性需求的变化对价格也有一定的影响。时令商品如赶在节令前到货，能保证节令中先行应市，则能开出好价；过了节令到货和上市，只能削价出售，甚至以低于成本的"跳楼价"贱卖。例如，我国出口的核桃，在合同规定的到货期内到货，按合同价结算，若提前一天到货，则加价 1%，提前两天到货加价 2%；而延期到货，晚到一天扣价 1%，晚到两天扣价 2%。由此可见，掌握好季节性差价，才能按对自己有利的价格成交。

（6）交货地点、运输距离与交货条件

在涉外商务谈判中，应充分考虑交货地点、运输距离和有关交货条件，以便报价时按照国际贸易的规则与惯例，公平合理地确定不同交货地点的相关条件、运输费用和风险等因素在进出口商品的价格中所占的比重。

涉外商务谈判人员应当学会使用国际贸易价格术语。国际贸易价格术语，也称为价格条件，是用来表示买卖双方各自应负担的责任、费用和风险，以及划分货物所有权转移界限。常用的国际贸易价格术语有装运港船上交货价（Free On Board，FOB）、成本加运费价（Cost and Freight，CFR）、成本、保险费加运费价（Cost Insurance and Freight，CIF）等。

（7）交货期限

谈判中如果一方迫切需要某原材料、设备、技术等，则该方可能比较忽略价格的高低，而更加重视交货的期限。如果只注重价格的高低，不考虑交货期，也可能会得不偿失。

2. 报价的要求

（1）报价态度应坚定而温和

报价时语气要坚定果断，不犹豫，不迟疑，不拖泥带水，给对方留下认真、审慎和经过周密思考的印象，从而使其对本方的报价予以重视。此外，报价时态度要温和，如果报价较高又言语激烈，就会造成咄咄逼人的气势，引起对方的反感，从而影响谈判的进行。在报价较高的情况下，温和的态度能避免感情上的对立和谈判僵局。

（2）报价内容要清楚明确

报价的表达要明确，不能语意模糊，主次不清，界限含混。价格条件需层次清楚，重点突出，避免以区间表示（如报价为 600~700 元）。此外，还可借助直观的方法，如将系列报价写在纸上，以使对方一目了然。

（3）报价时不加以解释

有些谈判人员在首次报价时担心对方不肯接受，又紧接着对报价的理由进行说明，这是没有必要的。

报价是合乎情理的，不必在发盘时做出解释。其原因如下。

第一，解释报价理由会给对方造成本方对报价信心不足（心虚）的印象，从而会使对方在讨价还价时大举杀价。

第二，本方报价之后，对方肯定会针对报价提出问题，不进行解释可为本方在下一步的协商阶段向对方讨价还价留下余地。

第三，报价时的主动说明，可能会暴露本方的意图，使对方觉察到本方最关心的问题，从而对方会调整还盘策略，加强还价的针对性，争取谈判的主动权。

3. 报价的顺序

依照谈判惯例，发起谈判者应当先行报价，投标者与中标者之间应当投标者先报价，卖方与买方之间应当卖方先报价。

先报价的好处是能先行影响对方、制约对方，把谈判限定在有利于自己的价格范围之内。例如，你报价 1 万元，那么对方很难奢望还价到 1 000 元。当然，卖方报价也应当有一个度，否则对方不屑于进行谈判。

先行报价的不利之处就是它泄露了一些情报，使对方可以把自己隐而不报的价格与之比较，然后进行调整，合适就立即成交，不合适就利用各种手段杀价。曾经有这样一个真实的例子：美国加州一家机械厂的老板哈罗德准备出售他的 3 台更新下来的机床，有一家公司闻讯前来洽购。哈罗德先生十分高兴，细细一盘算，准备开价 360 万美元即每台 120 万美元。当谈判进入实质阶段时，哈罗德先生正欲报价，却突然打住，暗想："可否先听听对方的想法？"结果对方在对这几台机器的磨损与故障做了一系列分析和评价后说："看来，我公司最多只能以每台 140 万美元买下这 3 台机床。多一分钱也不行。"哈罗德先生大为惊喜，竭力掩饰住内心的欢喜，装着不满意，讨价还价了一番，最后自然是顺利成交。

根据不同情况灵活选择策略。如果你准备充分，知己知彼，就争取先报价；如果你是外行，对方是内行，就采取后报价；如果对方是外行，不管你是否是内行都要先报价，力争牵制对方。

4. 报价的方法和艺术

（1）利用购销心理为报价导向

人们的购销心理对商务谈判中的价格确定具有较大的影响。例如，对与卖方的交易不是显得很热心或卖方急于求成时，就容易降低其价格；迫切需要获得对方所售的商品，多半会接受其提高的价格；认为自己的商品紧俏适销，便会抬高售价；迫切想要出售商品时，往往会降低价格。

就高价、低价的心理反应而言，高价易使人产生高品质的联想，低价可能给人造成低品质的印象。因此，在谈判时，不要以为降低售价就能得到买方的青睐。

（2）寻求最优价

无论卖方还是买方，只有在本方的报价为对方所接受的情况下，才能达成交易。由此可见，最优报价应是双向的。对卖方来说，如报价过低，会有损自己的利益，而报价过高，则会使对方认为你缺乏诚意，甚至一开始就会终止谈判。因此，报价必须充分考虑对方的可接受性和双方的可磋商性。

寻求最优报价，就是从谈判双方的利益需求出发，设法找出本方最好的报价水平与该价被对方接受的可能性之间的最佳结合点。简要地说，即卖方报出最高可行价，买方报出最低可行价。

最优报价一般需要通过对谈判双方的交易所涉及的一系列相关因素及数据进

行全面的分析、比较和权衡来加以确定的。图 7-1 显示的是价格谈判的合理范围。

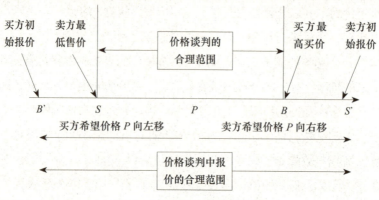

图 7-1　价格谈判的合理范围

（3）高报价策略

卖方如何报价？谈判专家在这一点上取得共识：喊价要高，让步要慢。作为卖方谈判人员，谈判前应确定一个有利而合适的报价范围，规定上限与下限。在谈判时则要喊出最高价，即上限价。

商务谈判的实践告诉我们，买方出价低，往往能以较低价格成交；卖方出价高，则往往能以较高的价格成交。喊价高当然要高得合理，不可漫天要价。

卖方发盘为什么喊价要高？原因主要有以下几点。

首先，卖方的起始报价无疑给自己设定了一个最高限度。按常规，开盘价一经确定，报价方就不能在这个限度以上提出要价了。

其次，起始报价水平会影响对方对本方出售的商品的态度和评价。

再次，起始报价高，能为谈判过程中的进一步磋商和讨价还价留下充分的余地，在对方压价时，便于退让和防御。在谈判中，对方一般会要求本方在一项或几项交易条件上让步，至于需让步的是哪些交易条件，只有到协商阶段才能得知。所以，卖方发盘时应尽可能在所有交易条件上报出高价，以便有足够的余地进行周旋，而不至于在谈判中陷入被动。

最后，起始报价对谈判的成交条件具有重大影响。报价高，便能相应地在较高的价格水平上成交。在商务谈判中，如某些商品实行"厚利少销"的价格政策，高报价策略更显重要。

然而，需要指出的是，如本方有很多竞争对手，就需在商务谈判中适当降低自己的报价。如果与客户已建立起较好的信誉和友好合作关系，谈判时就应报出适中或接近于成交条件的价格。所以，高报价策略应当根据不同交易项目和谈判对手而灵活、恰当地运用。

（4）单位报价策略

单位报价是指将价格平均分配到最小单位的形式进行报价，使对方产生物品价格确实很实惠的感觉。

例如，1千克西洋参市价8 000多元，但谈判人员在报价时则说每克8元。再如，某保险公司为动员液化石油气用户参保，宣传说：参加液化气保险，每天只缴纳1元保费，若遇到事故可得到高达1万元的保险赔偿。如果说每年缴纳保费365元，用户在心理上就比较难以接受，效果也就差得多。

（5）比较报价策略

比较报价策略是指有意举出比己方的价格更高的报价，以增加己方报价的说服力。谈判使用比较报价策略往往能产生意想不到的效果。这种比较可以从两方面进行：一方面是将所谈项目的价格与另一种可比项目的价格进行比较，突出相同使用价值的不同价格；另一方面是拿己方所谈项目的各种附加项目与其他可比项目进行比较，突出相同价格的不同价值。

曾经有一家中方公司代理销售派克笔。谈判人员在和进货商谈判时诚恳地说：一支钢笔100元看起来是贵了点，但也只相当于一包精装红塔山，一支笔可以用四五年，可是一包烟只能抽几天。少抽一包烟可以买一支精致的笔，而且是名牌，在用的时候又显得很有风度，值得！您说呢？经他这样一比较、一恭维，对方欣然接受。

（6）不报整数价

一般来说，报整数价格容易被对方认为有水分或水分较大，因而最容易被人杀价。此外，在整数位附近报价，如果可能，最好略低于整数位报价。例如，报1 020元，不如报980元，使人感到价格要低很多。

📖 课间案例5

诱人的报价

系山英太郎是日本有名的富翁。他想办一个高尔夫球场。几经努力，他终于找到一块市值2亿日元的场地，可是竞争者很多，怎样才能得到这块场地，而且使价格不至于提高呢？他想出了办法。他首先找到地主的经纪人，表明了自己想购买场地的意愿。经纪人知道系山是个有钱的主儿，便想敲他一笔，说："这块场地的优越性是无可比拟的，建造高尔夫球场保证赚钱，要买的人很多，如果系山先生肯出 5 亿日元的话，我将优先给予考虑。""5 亿日元？"系山表现出对行情一无所知的样子，"不贵不贵，好说好说，感谢你照顾。"经纪人将这个情况向地主做了汇报，地主也大喜过望，他们都觉得 5 亿日元高得过头，所以回绝了其他竞争者。可是系山再也没来找过经纪人，经纪人多次找上门去，他不是避而不见就是推三托四，说买地之事尚需斟酌斟酌。这可难坏了经纪人，不得不磨破嘴皮，希望系山将买地之事尽快定下来。系山还是不理不睬，最后才说："场地我当然要买的，不过价钱怎样呢？""你不是答应过出价 5 亿日元的吗？"经纪人赶紧提醒道。"这只是你开的价钱，事实上这地最多只值 2 亿日元。"经纪人急了："你不是说'好说，好说'吗？""是啊，我是说我们继续谈下去结果好说啊！这怎么能说明我就是同意你的价格了呢？"经纪人这才发现中了系山的圈套。可是又有什么办法，其他的买者已经都被回绝了，系山若是不买，就没有其他人能买了。他已是进退维谷，只好苦着脸说："这地价确实只值 2 亿日元，那系山先生看，就按这个数付款吧，如何？"系山仍旧寸步不让："真是笑话，如果按这个价格付款，我还有和你谈的必要吗？这个价恐怕我也给不了你……"双方又讨价还价了一番，最终以 1.5 亿日元的价格成交。

7.3.4 还盘

还盘又称还价，是相对于发盘而言的，是指受盘者接到发盘后，对发盘中的各项交易条件不同意或不完全同意，以口头或书面形式对发盘内容提出修改、意见或新的限制性条件。根据国际贸易的有关规则，还盘是对发盘的拒绝；一经还盘，原发盘即行失效，不再对发盘者具有法律约束力。

在涉外商务谈判中，一方在接到对方的还盘后，可以表示接受，也可以进行再还盘。在商务谈判中要达成交易，通常会经历多个回合还盘与再还盘的过程。

由于价格通常是谈判协商的主要条件，往往成为还盘的重要内容，因而还盘还被人们称为还价。

在对方报完价后，应推敲对方报价的全部内容，在必要的情况下还可向对方提问，从而判断哪些条款是对方必须达成的目标，哪些是对方希望达成的目标。

当对方此时要了解我方意图时，应尽量使答复减少到最低限度，只需告诉对方最基本的东西，切实掌握好哪些该说，哪些不该说。

还盘及随之而来的讨价还价，往往把谈判推向深入、复杂和艰难的过程。为使谈判取得成功，谈判人员就需要既严肃认真、谨慎小心，又要灵活机智、随机应变。

还价的精髓在于后发制人，要想发挥后发制人的威力就必须针对对方的报价做出周密筹划。

首先，应根据对方对己方讨价所做出的反应和自己所掌握的市场行情和商品比价资料，对报价内容做全面的分析，从中找出突破口和报价中相对薄弱的环节，作为己方还价的筹码。

其次，根据所掌握的信息，对整个交易做出通盘考虑，估计对方及己方的期望值和保留价格，制定自己还价的最高目标。

最后，根据己方目标，设计出几种不同的备选方案，以保持己方谈判立场的灵活性。

1. 还价程序

还价是为了要求对方改善价格。还价程序为：全面还价—针对性还价—再全面还价。全面还价：首次还价可全面入手，且不限一次；针对性还价：针对几项重点交易条件进行还价；再全面还价：最后再进行一次总体还价（去尾法）。

2. 首次还价

一方报价后，在一般情况下，另一方应当还价。在首次还价之前，受盘者如对报价不够明白，可以向对方提出问题，要求其解释清楚报价内容，但不宜向对方询问报价理由。如果受盘者提出了解报价原因的要求，报价方可予以回避，因为已报过价，故有理由要求对方还价。

受盘者如何确定起始还价，是能否实现谈判目标的关键。还价起点定得合适与否，对谈判双方都会产生重大影响，因此作为还价方应在充分分析双方情况的基础上，确定一个最低可行价，作为还价起点。

3. 还价阶梯

经过首次报价和首次还价之后，如果谈判双方提出的价格及其他交易条件相差不大，那么通过一两个回合的再

让步技巧

报价和再还价即可达成交易。如果双方的价格条件存在较大差距，往往要通过多个回合的报价和还价，进行较长时间的讨价还价，才有可能达成交易。

每次还价，都向最终成交的某个价格点或中间值趋近一步，从而使不断还价呈现还价阶梯。阶梯的阶次和级差，视双方条件的距离大小和谈判难度而定，还需考虑双方各自的退让余地。从阶次来看，还几次价为好，从卖方固守改善两次后的价格起，仍有 2~3 次的价格改善，买方也照此对阵。较大的合作项目和交易条件比较复杂的项目，还价的阶次往往较多，反之较少。

就级差而言，即从双方的价格让步幅度来看，每一台阶的大小应根据交易金额多少来确定。还价的级差一般是先多后少。卖方多以 5%~10% 为一个让价级差，或把各种价格要素分为几次来调节。买方若谈判项目小，对方报价比较客观，则还的台阶不宜太多，以表示诚意和节约时间；如对方报价水分大，买方可用多级台阶去压价。不设价格台阶难以在有利于己方的条件上成交。有经验的谈判者一般不会相信对方的开口价或"不二价"。因此，买方在还价过程中务必要留有充分的余地，设立合理、有利、可行的退让台阶。

课间案例 6

步步为营的砍价

"您这种机器要价 750 元一台，我们刚才看到同样的机器标价为 680 元。您对此有什么话说吗？"

"如果您诚心想买的话，680 元可以成交。"

"如果我是批量购买，总共买 35 台，难道您也一视同仁吗？"

"不会的，我们每台给予 60 元的折扣。"

"我们现在资金较紧张，是不是可以先购买 20 台，3 个月以后再购买 15 台？"

卖主很是犹豫了一会儿，因为只购买 20 台，折扣是不会这么高的。但他想到最近几个星期不甚理想的销售状况，还是答应了。

"那么，您的意思是以 620 元的价格卖给我们 20 台机器。"买主总结性地说。卖主点了点头。

"干嘛要 620 元呢？凑个整儿，600 元一台，计算起来都省事。干脆利落，我们马上成交。"

卖主想反驳，但"成交"二字对他颇具吸引力，几个星期完不成销售定额的任务可不好受，他还是答应了。买主步步为营的蚕食策略生效了，他把价格从 750 元一直压到 600 元，压低了 20%。

7.3.5　接受

在国际贸易中，谈判的一方接到对方的发盘或还盘后，在有效期内无条件地同意发盘或还盘中提出的全部交易条件，并愿意按照条件订立合同，这种表示及行为，称作接受。在法律上，接受被称为承诺。接受和发盘一样，既属于商业行为，也属于法律行为。接受可通过口头或书面形式表示，是涉外商务谈判中必要和重要的程序之一。一项有效的接受须具备下列 4 项条件。

- 接受必须由特定的受盘人做出。
- 受盘者要以明确的形式表示接受。
- 接受必须是无条件地同意发盘或还盘的全部内容。
- 接受的表示必须在发盘或还盘的有效期内传达给对方才能生效。

1. 正确认识成交

在商务谈判过程中，随着双方讨论问题的不断深入，谈判对手的兴趣程度会呈现上下的波动，成交的机会也会随时出现，那种认为只有商谈到最后才是成交最佳时机的想法是极端错误的。图 7-2 和图 7-3 对成交时机的两种假设进行了比较，我们可以看出真正适合成交的时机可能就在谈判进行的过程中，它可能出现在谈判初期、中期和末期的任何阶段。所以，在谈判过程中一旦对方的兴趣达到了高潮就要把握机会，促成交易。

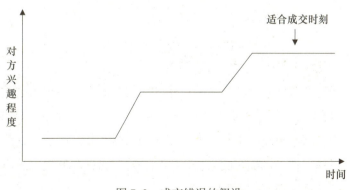

图 7-2　成交错误的假设

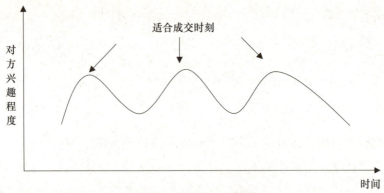

图 7-3　成交正确的假设

2.谙熟成交迹象

在谈判过程中，谈判者必须密切注视对手发出的各种成交信号，对方的语言、面部表情和一举一动都能告诉你他在想什么，你应当学会理解这些信号，然后选定成交时机。有一个经典的案例，一位潜在顾客和两个朋友一起走进商店的，他要买一台电冰箱作为结婚周年礼物送给妻子。

注意成交过程中的问题

售货员介绍了没几分钟，一位朋友便对那位顾客讲："好极了，这台冰箱正适合你的需要。"另一位朋友表示赞同，那位顾客也点了点头。可是这个蹩脚的售货员并不理会如此的成交迹象，而是继续地介绍商品，后来，买主又表示出好几个强有力的成交迹象，而那个所谓售货员还在不停地往下讲，直到那 3 个人离开商店去别处选购时他仍在夸夸其谈。由此可见，当对方兴趣正处于高峰的时候，用于成交的时机就可能存在了。这个时候如果不加以把握机会就会稍纵即逝。除了对方的兴趣程度外，以下几个细节也可能是成交的迹象。

第一，对手由对一般问题的探讨延伸到对细节问题的探讨。

第二，以建议的形式表示他的遗憾。

第三，当对方对你介绍的商品的使用功能随声附和，甚至接过话头讲得比你还要具体。

第四，当谈判小组成员由开始的紧张转向松弛，相互间会意点头。

第五，抓住一切显示成交的机会，特别是对方讲话时所发出的信号，也许他是无意识的，这样便对你有利。

7.3.6　签约

商务谈判的最后一项程序是在接受即达成交易的基础上，根据双方商定的各项条款签订合同或协议。谈判合同通常以书面形式对双方的权利和义务做出明确规定，便于履行和互相制约。对于国际贸易，在《联合国国际货物销售合同公约》中，关于合同形式未加限制，但我国规定要求涉外经济贸易合同必须采用书面的形式，并由各方当事人或其授权的代理人签字。

1. 商务合同的基本内容

（1）合同的约首

这部分内容包括合同名称、签约双方单位名称、当事人姓名和地址、合同条款之前的序言或说明等。

（2）合同的本文

这部分是合同的主要内容，对签约双方的权利和义务做出了具体、明确的规定，一般将协商同意的各项交易条件以程序化的条款列出。需要指出的是，在条款内容中要注明风险条款和违约责任。

（3）合同的约尾

这是合同的最后部分，一般要说明合同份数、未尽事宜的解决办法、仲裁办法及机构、签约地点、签约生效与失效时间等，还包括法定代表人或合法代理人签名，并加盖公章。

签订商务合同应注意的问题如下。

第一，争取本方起草合同书。

第二，利用起草合同埋下伏笔，防止履行合同时的隐患问题，但不侵犯对方的利益。

第三，在谈判过程中，对每项条款达成的一致意见做好记录，以便综合成谈判合同的内容。

2. 签订商务合同的要求

（1）选择合适的书面合同形式

在商务谈判中采用的书面合同形式一般有：正式合同（Contract）、协议书（Agreement）、确认书（Confirmation）、备忘录（Memorandum）等。我国的外贸合作与谈判，主要采用正式合同和确认书两种形式，两者在法律上具有同等效力。

（2）合同必须概念明确，用语恰当，内容完整，前后一致

各项交易条件尤其是主要条款要订得明确肯定，所使用的词语要准确和规范化；签约各方对合同的关键词语理解一致，所涉及的概念不应有歧义；前后条款的叙述不能自相矛盾。例如，对于合同的"完成"是否有明确的解释，是否包括对方对产品的测试或试用；合同中有关计量条款采用什么标准来衡量；价格是否包括各种税款或其他法定的费用；谁负责卸货和仓储；违约和索赔的范围及处理办法等，都要在合同中做出具体明确的规定。

曾经国内某机械厂与外商订立的出口机床合同，关于噪声标准按外商意见定为"悦耳为标准"，交货时正逢国际市场滞销，外商便以"噪声过大"为理由退货。

（3）合同必须具有合法性

首先是签约人资格合法。谈判双方在签约前都应主动出具当事人合法资格的证明文书，如签字代表系代理人或受托人，则应出具授权书或委托书。需要指出的是，涉外商务合同一般应由企业法定代表签字，政府部门代表一般不签。当合同需由企业所在国政府承诺时，可与外贸合同同时拟定"协议书"或"协定书""备忘录"，由双方所属政府部门代表签字，该文件作为合同的不可分割的一部分。

其次是合同的内容合法。谈判双方所签订的商务合同（包括合同的标的物、各项交易条件等）必须符合我国的有关法律与政策规定，如是涉外商务合同，还要符合国际经济法，否则，便是无效合同。签约双方的权利和义务等必须是合法的。

曾经我国某国有企业的谈判人员与美国一家公司签订一份合资经营合同，条款中有这样的内容："乙方可以将产权出售、转让给他人，不需经甲方事先同意。"而我国的《中外合资经营企业法》第四条第四款明文规定："合营者的注册资本，如果转让，必须经合营各方同意。"可见，这份合同的条款是与我国的中外合资经营企业法的规定相违背的，因而是无效的。后来，这一条款又在双方的进一步磋商中，依据法律加以了纠正。

📖 **课间案例 7**

警惕：最后的误区

几个星期以来，乔治一直在可提供用于办公室的便携式打印机的商人中寻找货源。他需要 15 台便携式打印机，价格每台大约 200 美元，佛罗里达州的一位供应商似乎可以提供最合适的机器。约翰认识乔治多年了，乔治给他打电话，询问约翰的公司是否可以和佛罗里达的公司竞争一下。约翰立即去会见乔治，他提供的打印机价钱只稍高一点，重量也稍重一些，但这些似乎都在顾客允许的范围之内，他安排乔治第二天来看样机。约翰喜气洋洋地离开了乔治的办公室，他确信，此次会面使得他们的老关系又得到了加强。当约翰离开乔治的办公室时，他相信自己已做成了一笔生意，但是他错了。约翰犯了一个错误，他会见乔治时，没有当时当地就索取订单，却以信任为基础处理这件事。当时乔治兴味正浓，热情正高，在看过一台示范样机的情况下乐于做出购买的承诺。在开车从办公室回家的时候，他也许对自己的决定还感到高兴呢。但乔治回家后想：为什么我要多付一笔钱？机器需要提来提去时，买重的对我又有什么好处？他开始感到自己在犯傻，在那么仔细和理智地寻找可能的供货商之后，竟要和这样一位老伙伴在友谊的基础上做生意。他明白他并没有向约翰做出书面承诺，所以第二天一早，他找了一个借口没有去看样机，后来他买了佛罗里达商人的机器。而约翰则颇有点灰溜溜的感觉，他不仅在眼前丢掉了一笔数千美元的生意，而且也失掉了随之而来的相当大量的定期订货。

✍ 本章案例：谈判对手的谎言

意大利与中国某公司谈判出售某项技术。由于谈判已进行了一周，但仍进展有限，于是意方代表罗尼先生在前一天做了一次发问后告诉中方代表李先生："我还有两天时间可谈判，希望中方配合在次日拿出新的方案来。"次日上午，中方李先生在分析的基础上拿了另一方案，比中方原要求（意方降价 40%）改善 5%（要求意方降价 35%）。意方罗尼先生讲："李先生，我已降了两次价，计 15%，还要再降 35%，实在困难。"双方相互据理力争，建议休会下午2：00再谈。

下午复会后，意方先要中方报新的条件，李先生将其定价的基础和理由向意方做了解释并再次要求意方考虑其要求。罗尼先生又努力讲了一遍，说中方要求太高。谈判到下午4：00时，罗尼先生说："我为表示诚意向中方拿出最后的价格，请中方考虑，最迟明天12：00以前告诉我是否接受。若不接受我就乘下午2：30的飞机回国。"说着把机票从包里抽出在李先生面前显了一下。中方把意方的条件理清后，（意方再降5%）表示仍有困难，但可以研究。谈判即结束。

中方研究意方价格后认为还差15%，但能不能再压价呢？明天怎么答复？李先生一方面与领导汇报，与助手、项目单位商量对策，一方面派人调查明天下午2：30的是否有去欧洲的航班。

结果该天下午2：30没有去欧洲的飞机，李先生认为意方的最后还价、机票是演戏，判定意方可能还有条件。于是在次日10点给意方去了电话，表示："意方的努力，中方很赞赏，但双方距离仍存在，需要双方进一步努力，作为响应，中方可以在意方改善的基础上，再降5%，即从30%，降到25%。"

意方听到中方有改进的意见后，并没有走，只是认为中方要求仍太高。

问题

意方在谈判中运用的是什么策略，该策略运用的效果如何？它还有别的策略吗？

复习思考题

1. 为什么说商务谈判是一门科学，也是一门艺术？
2. 原则型谈判的特点是什么？
3. 谈判进行之前需要做哪些准备？
4. 如何报价和还价？
5. 谈判过程中成交迹象有哪些？

第8章

电话沟通

【学习目的】

1. 了解电话的基本礼仪，并能灵活应用。
2. 掌握打电话的技巧，提高打电话沟通的效率。
3. 了解接电话的技巧，能应答各种电话，使电话沟通达成双赢的局面。
4. 掌握一定的电话术使沟通工作更加顺利。

【引导案例】

电话营销

以下这个销售人员用了大约30分钟完成了一个CN公司4100打印机的销售。

章宁：您好，请问，李峰先生在吗？

李峰：我就是，您是哪位？

章宁：我是××公司打印机客户服务部章宁，我这里有您的资料记录，你们公司去年购买的××公司打印机，对吗？

李峰：哦，是，对呀！

章宁：保修期已经过去了7个月，不知道现在打印机使用的情况如何？

李峰：好像你们来维修过一次，后来就没有问题了。

章宁：太好了。我给您打电话的目的是，这个型号的机器已经不再生产了，以后的配件也比较昂贵，提醒您在使用时要尽量按照操作规程，您在使用时阅读过使用手册吗？

李峰：没有呀，不会这样复杂吧？还要阅读使用手册？

章宁：其实，还是有必要的，实在不阅读也是可以的，但打印机使用寿命

189

就会降低。

李峰：我们也没有指望用一辈子，不过，最近业务还是比较多，如果坏了怎么办呢？

章宁：没有关系，我们还是会上门维修的，虽然收取一定的费用，但比购买一台全新的还是便宜的。

李峰：对了，现在再买一台全新的打印机什么价格？

章宁：要看您要什么型号的，您现在使用的是 ×× 公司 3330，后续的升级的产品是 4100，不过完全要看一个月大约打印多少正常的 A4 纸张。

李峰：最近的量开始大起来了，有的时候超过 10 000 张了。

章宁：要是这样，我还真要建议您考虑 4100 了，4100 的建议使用量是 15 000 张一个月的 A4 正常纸张，而 3330 的建议月纸张用量是 10 000 张，如果超过了会严重影响打印机的寿命。

李峰：你能否给我留一个电话号码，年底我可能考虑再买一台，也许就是后续产品。

章宁：我的电话号码是 888××× 转 999。我查看一下，对了，您是老客户，年底还有一些特殊的照顾，不知道您何时可以确定要购买，也许我可以将一些优惠给您保留一下。

李峰：什么优惠？

章宁：4100 型号的，渠道销售价格是 12 150 元，如果作为 3330 的使用者，购买的话，可以按照 8 折来处理或者赠送一些您需要的外设，主要看您的具体需要。这样吧，您考虑一下，然后再联系我。

李峰：等一下，这样我要计算一下，我在另外一个地方的办公室添加一台打印机会方便营销部的人。这样吧，基本上就确定了，是你送货还是我们来取？

章宁：都可以，如果您不方便，还是我们过来吧，以前也来过，容易找的。看送到哪里，什么时间好？

……

后面的对话就是具体的落实交货的地点时间等事宜了。

上述案例中的销售员用电话在 30 分钟之内将自己公司的产品成功地推销出去，这是一则成功的电话销售案例，其中有很多的技巧。作为一名商务管理人员，有必要全面了解使用电话的基本礼仪、接打电话的技巧，以便于使自己的工作更加顺利地展开。

电话作为一种成熟的信息工具，在现代社会的各个领域发挥着重要的作用。电话可以给远方的朋友带去温馨的祝福，可以传递浓情爱意，也可以取代营销员四处奔跑联系业务。电话营销已成为一个专门的领域，"电话业务员""电话销售代表"也已然成为了一种职业。鉴于电话营销的普遍性和重要性，本章将侧重于介绍电话营销的技巧和技能。

8.1 商务活动中使用电话的要求

情境分析法也就是在第 1 章中提过的 5W1H 技巧，也即 When、Where、Who、What、Why 和 How。在打电话时，应注意使用情境分析法做好电话沟通计划，这也是通过电话成功实现沟通的关键步骤。

8.1.1 通话时间的选择

选择何时打电话是一种基本的礼貌，也是取得成功的前提。在打电话之前要非常清楚对方的工作性质和时间，否则时间选择不当，即使自身的业务水平再高，也不能达成预期目的。

📖 小资料

打电话的时间

● 以职业来分

会计师：切勿在月初和月尾，最好是月中才接触。

医生：11 点以后和下午两点以前，最好的日子是雨天。

推销员：10 点以前或者下午 4 点以后，最热、最冷或者雨天更好。

行政人员：10 点前后到下午 3 点为止。

股票行业：避免在开市后，最好在收市后。

银行家：10 点前或下午 4 点后。

公务员：工作时间内，切勿在午饭前和下班前。

饮食业：避免在用餐时间，最好是在下午 3 点到 4 点。

律师：10点以前或下午4点以后。

零售商：避免周末和周一，最好在下午2点至3点。

● 按一星期来分

星期一：这是假期刚结束上班的第一天，客户肯定会有很多事情要处理，一般公司都在星期一开商务会议或安排工作，所以大多会忙碌。因而，如果要洽谈业务的话，尽量避开这一天。

星期二到星期四：这3天是电话营销最合适的时间。

星期五：一周的工作结尾，如果这时打电话过去，多半得到的回复是：等下个星期我们再联系吧！这一天可以进行调查和预约的工作。

● 按一天来分

早上8：00~10：00：这段时间大多客户会比较紧张，电话营销人员不妨也安排一下自己的工作。

10：00~11：00：这时你的客户大多不是很忙碌，一些事情也已处理完毕，这段时间是营销的最佳时段。

11：30~下午2：00：午饭时间，不要轻易打电话。

下午2：00~3：00：这段时间人会感觉到烦躁，尤其是夏天。

下午3：00~6：00：努力打电话吧，你会在这时取得成功。

8.1.2　通话地点的选择

良好的谈话氛围可以促使双方尽快进入角色，在有限的时间内达到沟通的目的。如果在一个嘈杂的环境里面，可能彼此交谈的内容都不能听清楚，这会使得另一方产生反感的情绪而结束电话交流。在有电话或者打电话给对方的时候，马上结束和同事朋友的嬉笑和谈话也是为了尊重对方，创造良好的谈话氛围，促成通话目的的实现。和对方通话时，如果是比较重要的商业信息时，最好能在一个私人的空间里进行，避免泄露信息，这是选择通话地点时应该注意到的基本问题。

8.1.3　通话对象的选择

在通话前要知道你准备和谁交谈，通话时要弄清楚是谁在和你交谈，因此在接通电话向对方表明身份之后要先确认对方身份。如果出现拨错电话的情况，这时你就要有礼貌地进行道歉；如果打电话的目的是想找决策者，但接听的是秘书或者其他人，不能因为对方没有决策权就摆出居高临下的态度，在措辞和语气上盛气凌人。切勿在介绍过自己以后不管对方是谁，就开始介绍自己的产品或者服务，这会给人感觉你强迫别人在接听电话，浪费双方的时间。

8.1.4 通话内容的选择

在通话时，我们一般要考虑对方的时间安排，遵循"通话三分钟原则"，这也是基本的礼仪。因此，通话双方应该明白自己的主要目的是什么，用简练的语言清晰地表达自己的思想。切勿漫无目地长篇大论或者是语无伦次，不仅自己的目的没达到，也会浪费对方的时间，使其产生厌烦的情绪。

课堂讨论

销售人员的电话

某家广告公司的销售人员张先生想和另外一家公司负责形象设计的经理讨论关于企业形象设计的业务，以下是销售人员的电话实况。

销售人员："嗨，你好，张经理最近生意还好吧？我也姓张，500年前我们还是一家呢。就要加入WTO了，是不是整天在想如何把企业的效率提上去呢？"

客户："你是谁啊？有什么事情吗？"

销售人员："你不是张经理吗？我找张经理。"

客户："我是，你有什么事？"

销售人员："我是××广告公司的，免贵姓张，请问张经理，我想找你们企业负责企业形象设计的人谈一谈……"

讨论题：

1. 你认为这个电话表明了销售人员的来电目的了吗？

2. 如果你是销售人员，你会怎样说？

8.1.5 分析打电话的原因

在分析打电话的原因的同时，可以确定本次通话的预期目的。如在本章开篇的案例中，销售员章宁打电话的原因是为了通知客户正在使用的型号为

3330 的打印机不再生产，希望对方在使用过程中注意机器的保养，但是真正的目的是推销型号为 4100 的打印机。因为通话对方是老客户，所以销售员并没有在一开始就提出来，而是先表示关心和感谢，这使得对方放下了戒备的心理并给予了信任。因此，好的电话缘由可以避免对方产生反感的情绪。要做到你的电话不会给对方造成困扰，这也是电话沟通中应当注意的。

8.2 电话礼仪

在电话接通后，如何才能进行有效沟通，从而达到双方通话的目的呢？有很多方面的原因会影响通话的成功与否，如打电话的一方是否做好了通电话的准备工作，包括公司的产品是否适合顾客、是否可以应对顾客的各种问题等。并且在电话沟通中，对方不能看到你的非语言沟通表现出的信息，唯一可以判断你沟通的诚意的标准就是你的声音和措辞。

8.2.1 电话礼仪中的声音控制

日本推销大师原一平说过："音调的高低也要妥善安排，借此引起对方的注意和兴趣。"电话交流只有引起对方注意的时候才有继续通话的可能。声音包括音量、语速、呼吸、发音。

1. 音量

你在电话里面的声音的大小应该与你和桌子对面的人交谈时的音量相同，即距离 1~2 米远听得清的音量。不能离话筒很近，这样对方会感觉声音很刺耳造成心烦；同时也不能离太远，这样的话对方可能听不清楚。如果对方的声音很小的时候一定要提醒对方，以免造成重要信息的遗漏。

2. 语速

电话沟通者要在 3 分钟内把电话沟通的目的表达清楚，但是这时候也不能不顾对方的感受，一定注意自己的语速，必要的时候可以加长交流的时间。如果说得太快，对方可能会感到烦躁；如果说得太慢对方可能会感到不耐烦。

3. 呼吸

因为你是靠身体呼吸的，所以你呼吸的时候应该能感觉到自己起伏的胃部。这种呼吸方法可以使你更好地控制音量，使自己的声音更有"力度"。同时注意保持适当的语速。

4. 发音

发音受到以下因素的影响。

（1）姿势

坐在椅子的前半部分，这样可以使你姿势端正，也可以使你的声音更有力、更清晰。如果你在说话中间突然站了起来，对方可以感觉到压迫和发怒。

（2）妨碍物

千万不要在打电话的时候让口香糖、香烟及糖果之类的东西在嘴里面咀嚼或者是停留，这些东西会和你的牙齿、嘴唇发出摩擦，发出的声音会让对方感觉到自己没被尊重。

8.2.2　电话礼仪中的措辞

措辞主要是指在电话交谈中应该注意用语的技巧，慎用俚语、术语，多使用礼貌用语。

1. 俚语

和对方讲话的时候最好不要使用俚语，虽然对方可能听得懂，但是会让人觉得你并不尊重这个沟通，做事不够认真。

2. 术语和行话

我们顾客当中可能很少是行家，他们只是对产品本身好奇，所以只要以最简洁的话把产品的好处和带来的服务介绍清楚即可。

3. 礼貌用语

教养体现于细节，礼貌的电话用语是必不可少的。当我们接起电话时要说："您好，……"然后先将自己的名字或者公司的名称报给对方；当我们打错电话时要道歉："对不起，我拨错号码了"；当我们没有及时接听电话时，应该说："抱歉，让您久等了。"在整个通话过程中注意多使用敬称和尊称。说完再见以后，挂电话时要轻放话筒，这是一种无声的电话礼仪。

8.3　打电话技巧

在现代社会，电话营销取代了传统的营销员的工作。但是，很多营销员在刚刚开展业务时，虽然也通过电话联系很多的客户，可是往往是石沉大海。作为营销人员，在打电话联系业务时应该做到事前准备，在打电话的过程中让对方保持愉快的心情并吸引对方的好奇心，以及做好结束电话后的整理工作。这些步骤都要求必须掌握基本的打电话技巧。

8.3.1 打电话的准备工作

1. 研究目标客户的基本资料

在和客户沟通之前要了解目标客户的基本情况，并根据客户情况寻找产品的诉求点。例如，在争取新客户到本公司设立股票户头时，作为业务人员可以在电话中这样介绍："张先生，选择我们营业部开户之后，您会感觉到我们优质的服务，买卖股票更顺手（感性诉求），而我们的手续费是业界最合理的（理性诉求）。"如果对客户情况熟悉以后，通过以前的电话沟通和交际，可以判断客户的类别，如顾客是分析型、犹豫型、挑剔型抑或是擅长交际型，然后再根据不同类型顾客的特点使用不同的沟通技巧。

2. 确定自己的主要目标和次要目标

在打电话之前一定要确定自己的主要目标，确定在电话结束之后达到什么样的目标，即使自己的主要目标没有达成，但是能达成次要目标也是可以的，否则这次通话是效果不佳的。以销售人员为例，通话前，销售人员可以列一张表，填写完毕再拨通对方电话（见表 8-1）。

表 8-1 　　　　　　　　　　　　　　电话沟通目标表

主要目标	打电话的目的	我为什么打电话？
	明确目标	电话沟通结束后，我希望客户采取什么行动？
	两个问题	客户为什么会与我交谈？客户的目标是什么？
次要目标	在不能和客户达成协议情况下，和客户达成什么样的关系？	

在有明确目标的情况下，销售人员在电话中即使没有达成目标也不会有情绪低落的问题，而且通过这张表也可以测评销售人员的电话效率。

3. 整理一份完整的建议书

在研究客户资料以及确定自己主要目标之后，业务人员还要根据不同工作背景和顾客类型制订详细的建议书，应对不同的人要及时调整思维，能使用不同的方法保证对方不挂电话并且及时做决策。在顾客提出异议时能引导顾客向实现自己目标的方向发展。切勿一味按照自己设计好的思路进行，这样有可能失去顾客。

📖 **课堂讨论**

顾客的投诉电话

许强是×××公司的销售员，在朋友李飞的介绍下要将自己公司的软件推荐给另外一家公司使用。（下面是两人的通话）

……（开场白）

许强：您公司里现在的办公软件怎么样？

客户：那已经是2008年安装的办公软件了，到现在已经跟不上业务的发展了，大家普遍反映不太好用。

许强：那您对现在的软件主要的不满意在哪里呢？

客户：第一是速度太慢……

许强：这些问题对您的影响很大吗？

客户：当然啦，说白了公司不得不两个人做一个人的事……

许强：那我个人认为您应该解决这些问题，如果这些问题不存在，会给您带来什么呢？

客户：那还用说吗？公司可以省好多钱，而且也可以提升工作效率。

许强：那您理想的软件包括什么呢？

客户：……

许强：那您觉得现在不能尽快解决这些问题吗？

客户：噢，我一直想着手做，就是没时间……

讨论题：

（1）你觉得这则通话是成功的吗？

（2）你认为许强在打电话之前做了哪些工作？

4. 其他准备事项

选择适当的时间通电话；深呼吸调整自己的情绪，用积极谦虚和热情的态度对待自己的顾客；准备备忘录和笔，可以用来记录时间、地点和人物以及事情的梗概；如果事情有很多，通话时间较长，可以准备一杯温开水来松弛声带。

8.3.2 通话过程中

1.要用新奇的开场白吸引对方的注意

打电话过程中的注意事项

在电话营销中，顾客不会喜欢浪费时间去听一些和自己无关的事情，除非这种电话让他们得到某种好处。因此，开场白一般都包括3个方面的内容：我是谁/我代表哪家公司、我打电话给客户的目的是什么、我公司的服务对客户有什么好处。

📖 **课堂讨论**

....

开场白实例

实例一

客户经理：您好，陈小姐，我是发财证券的林××。我们是专业的理财投资顾问，请问您现在在哪家券商进出？

实例二

客户经理：喂，陈美丽小姐吗？我是发财证券大牛路营业部的陈大明。我们公司的专长是提供企业闲置资金的投资规划，今天我打电话过来的原因是我们公司的投资规划已经替许多像您企业一样的企业获得额外收益，为了能进一步了解我们是否能替贵公司服务，我想请教一下贵公司目前是由哪一家券商为您服务？

讨论题：

（1）如果你是客户，你觉得你会和哪个客户经理继续谈下去？

（2）作为客户你不想和客户经理谈下去的原因是什么？客户经理错在哪里？

2.达成协议的一般技巧

为了达成协议，在电话营销中一般遵守4C流程，这是实施电话营销技巧的一个标准流程，经验不足的电话销售人员可以在初期的时候按照这个销售流程执行，但是经验比较丰富的销售员则可以任意发挥。4C流程是这样的，迷茫客户（Confuse）、唤醒客户（Clear）、安抚客户（Comfort）、签约客户（Contact）。按照这样的步骤达成协议的概率是很高的。

3. 有效结束电话

不管是否和客户达成协议，都要在适当的时候礼貌地结束电话。

（1）和客户达成协议

如果和客户达成协议，要在结束电话之前将事情的重要信息复述一遍，确保信息的正确性，然后说些礼貌用语结束对话。例如，感谢对方购买自己的产品；感谢对方对本公司的支持或者是用赞美的语言来肯定对方正确的决策。

（2）对待不大可能签约的客户

和没有希望达成协议的客户要尽快结束通话，但是也要使用礼貌的方式。例如，王先生，虽然您没有购买我们的产品，但还是感谢您给予的意见，将来有机会希望能为您服务。不能因为和对方没达成协议，语气就开始变得生硬，或者直接挂断电话。

8.3.3 结束通话后的整理工作

1. 记录好顾客的情况

通话结束后的记录工作也是很重要的，不同的电话沟通效果要分别记录，以便为后面的推销工作提供信息。

（1）如果联系业务成功，要及时记录顾客的需求信息，如需求数量、时间以及送货方式等。必要的时候建立顾客资料库。

（2）如果这次打电话决策者不在抑或是被秘书或者其他接线员挡住没有接触到决策者，这时也应该及时记录，稍后再打或者隔天再打，同时记录打电话的次数。如果连续几次都没有和决策者接触，就要找出具体原因或者是放弃。

（3）记录没有希望成功签约的顾客，将其从通信录里面删掉，以免重复拨打，不仅浪费销售员的时间，而且也浪费客户的时间，增加客户的厌烦感。

（4）哪些顾客是现在并没有做决定的，当时需要记下未来再和准客户联络的时间。这时一定要把时间、地点、主要事宜和人名准确地记录下来，方便自己再次针对此类顾客做详细的计划。

（5）记录在电话沟通中得到转介绍的客户名单，作为自己的潜在客户。

2. 迅速调整情绪去拨通另外一个电话

不管是电话沟通成功或者是失败都应该尽快调整情绪去进行下一笔业务。能控制自己的情绪是对销售人员的基本要求。

📖 **小资料**

···

如何绕过接线员和拍板人通话

在上述技巧中介绍的是销售人员在和决策者通话的情况下如何达成协议的技巧，但在现实生活中电话销售人员往往会被接线员拒之门外，如何绕过接线员和拍板人通话？

（1）说明自己的来意，分析利弊，站在接线员的角度想问题，体谅接线员的行为并表示赞同，然后再请求接线员的帮助。

（2）在找资料时能找到老板的名字，在打电话时直呼老板的名字，这样会使接线员觉得你和老板很熟或者和老板的地位是平等的。

（3）将电话打到经常有业务的部门，如人事部、销售部、广告部或者是采购部。这样和老板通电话的概率比较大。

（4）如果是经人介绍的话，可以说出介绍人的名字，这样会使得接线员产生信任感从而将电话帮你接进去。

8.4 接电话的技巧

打电话和接电话是沟通的互动过程。因此，在打电话时应注意的技巧同样适用于接电话环节中。例如，准备调整心态以积极友好的态度对待对方，准备好纸笔记录谈话中的重要信息。作为电话销售员，如何应对顾客打来的各种电话，留住顾客，这些技巧贯穿在接电话前的准备工作、接电话的过程以及结束电话沟通后的整理工作中。

8.4.1 接电话的准备工作

1. 调整心态

在电话沟通中，声音是给对方的第一印象，声音可以反映你的心情以及你内心活动。因此，如果在对方打来电话时，你正在处理繁忙的工作或是心情不好，应该深呼吸平静心态，让声音清晰明朗，音调适中，并且伴随着礼貌用语，给对方良好的第一印象。

2. 准备纸笔

接听电话时，一般是电话响三声接起来，有的管理严格的企业规定，员工在电话响了六声以后接起来则必须要先道歉。因此，接线员应随时准备好纸笔，以便在通话中有重要信息时可随时记录。

8.4.2　通话过程

1. 技巧性地打听顾客姓名

如果你能在不经意间说出顾客的姓名会让顾客觉得自己很重要，即使顾客有什么不满也会因此而稍微平息一下。如果你不能准确地知道顾客的姓名，你可以委婉地询问："我想您是张先生吧？""您不会是公司的新顾客吧？"等。在打听顾客姓名的同时，找出顾客的记录，有针对性地与顾客谈话。

接电话过程中的注意事项

2. 有效倾听顾客的意图

顾客打来电话时，销售人员并不知道顾客打电话的真正的意图，因此不要急于解释什么或者说话，要集中精神倾听顾客讲什么，尽量了解情况，不能同时讲两个电话或者心不在焉，以至于在顾客讲完之后不知所云，这会给对方一种不被尊重的感觉，破坏和顾客的关系。在倾听的同时思考回答难题的对策，争取在顾客结束讲话之后想出问题的解决方法。即使问题并不在自己的责任范围之内，也要耐心解释，这样会让顾客觉得销售员很有经验，从而有个好印象。

3. 其他应该注意的事项

电话沟通中，如果需要翻阅资料，被问及"需要多长时间"时，回答应该比要等的时间长，这样会给顾客你办事效率高，自己被重视的感觉，在回来听电话时要先道歉："抱歉，让您久等了。"如果你估计要等很长时间，就要跟顾客先道歉然后说明情况，先挂断电话然后再回拨给顾客，不过此时一定要记住自己的承诺。

没听明白或者是重要的事情一定要复述给对方听，确保沟通信息的正确性。

如果电话中要找的人不在时，要先和对方讲清楚，然后礼貌地询问对方是否需要传话。如果先打听什么事情，再说某人不在，会让人觉得是不想接听电话，这时会让人有种被玩弄和欺骗的感觉。

如果在有访客的时候电话响起，这时候要坚持访客优先的原则，征得访客的同意之后再接听电话；也可以让别人帮忙接听，这时要告诉对方等会儿再打电话过来或者自己等会儿回复对方。切勿在听到电话响起就马上接电话或者接听电话以后把访客丢在一边，这些都是不礼貌的做法。

4.有效结束电话

如果暂时没有有效解决顾客的问题要向顾客道歉，并要向顾客承诺会最大限度地解决问题，同时向顾客致谢，如"谢谢您打电话来""谢谢您提出宝贵意见，我们会改正的"。

要让顾客先挂电话，自己不要先说再见，这样会让对方觉得你不耐烦，从而可能产生不满。

📖 **课间案例**

代接电话

李非先生打电话给迷你时空酒店销售部的张琴预订房间。

总机：您好，迷你时空酒店，请问有什么可以帮到您？

李非：请帮我转下张小姐办公室？

总机：请问您是找销售部张经理吗？

李非：是的。

总机：麻烦您稍等，我帮您转接到销售部。

李非：谢谢你！

总机：不客气。

总机：嘟嘟……电话转接中。

销售员：您好，销售部。

李非：喂，张琴在吗？

销售员：您好，请问先生贵姓？

李非：我姓李。

销售员：李先生您好，张小姐出去还没回来，请问您有什么事，我可以转告她。

李非：麻烦您帮我转告张琴，我们公司下星期有批客人要到株洲，她回来后请她及时和我联系。

销售员：好的，方便留下您的电话吗？等她回来，我可以转交给她和您联系。

李非：我的手机号码是 ×××××××××××。

销售员：好的，李先生！您的手机号码是 ××××××××××× 对吗？

李非：是的。谢谢你！

销售员：不客气，这是我们应该做的。李先生，请问您还有什么需要吗？

李非：没有了，再见。

销售员：李先生，感谢您的来电，届时欢迎您的光临！再见。

销售员：等对方挂断电话后再收线。

8.4.3　结束通话后的整理工作

结束电话以后要记录顾客电话中的问题，方便以后查询和工作改进；注意记录事情的重要顺序，以免遗漏或者是将顺序打乱而使得有的顾客等待时间过长；要记录对顾客的承诺，尽快地落实所有细节，这样会使顾客感觉被重视。

8.5　使用手机应注意的问题

在工作中，我们可能会采用 E-mail 或者其他沟通方式来增强彼此之间的联系，使用手机进行沟通也是必不可少的方式。手机沟通的功能除了前面所提到的帮助商务人员拓展新的业务以外，巧用手机沟通也可以帮助管理人员与公司内部成员以及商业伙伴之间维系良好的关系。因此，管理人员有必要掌握使用手机应注意的问题。

8.5.1　手机放置的位置

在一切公共场合，手机在没有使用时，都要放在合乎礼仪的常规位置。不要在并没使用的时候放在手里或是挂在上衣口袋外。放手机的常规位置有：一是随身携带的公文包里，这种位置最正规；二是上衣的内袋里；也可以放在不起眼的地方，如手边、手袋里，但不要放在桌子上，特别是不要对着对面正在聊天的客户。

8.5.2　注意使用手机的场合

（1）不要成为声音污染源。在公共场合接电话时要注意自己音量的控制，避免影响到周围的人，如大声通话、开着喇叭玩游戏或看电影。在要求"保持安静"的公共场所，如音乐厅、美术馆、影剧院等处参观展览或观看演出时，应关闭手机，或将手机设置为静音状态。

（2）排队办理业务时长时间接电话，会影响业务人员的工作进度和其他排队的客户。

（3）在艺术展或其他展览会场不要拍摄、标记和分享未取得他人同意的照片及影片。

（4）会客、会议或聚会等社交场合时沉溺于翻看手机，会给别人留下用心不专、不懂礼貌的坏形象。

（5）行车时，不要使用手机通话或查看信息，以免分散注意力，造成交通事故。

（6）不要在加油站、面粉厂、油库等处使用手机，以免引发事故。

（7）不要在飞机飞行期间使用手机，以免给航班带来危险。

（8）最好不要在手机中谈论商业秘密或国家安全事项等机密事件，因为手机容易出现信息外漏，产生不良后果。

8.5.3　注意通话的方式

在人员较多的场合，如地铁、公交车上等，切忌旁若无人地面对众人大声通话。正确的做法是应该侧身通话，或找个僻静的场所交谈。在大街或其他公共场合通话时，最好不要边走边谈。

8.5.4　选择合适的铃声

由于网络技术的进步与发展，铃声不仅可以从网络上下载，而且可以自行编制，特别是彩铃的出现，很受年轻人的喜爱。彩铃变化多样，乐曲、歌声、仿人声、仿动物叫声应有尽有，与千篇一律的铃声比较起来，确实有独特之处。但是彩铃是给打电话的人听的，如果你需要经常用手机联系业务，最好不要用怪异或格调低下的彩铃，以免影响正常工作。

8.5.5　尊重他人的隐私

手机是个人隐私的重要组成部分，为了尊重他人，体现自己的涵养，不要翻看他人手机中的任何信息，包括通信录、短信、通话记录等。一般情况下，不要借用他人的手机打电话，万不得已需要借用他人手机打电话时，请不要走出机主的视线，并且尽量做到长话短说，用毕要表示感谢。

📖 本章案例：电话推销会员卡

（小王是海天娱乐有限公司新聘用的客户部职员。自从报到上班以来，虽然他尽自己最大努力工作，但由于缺乏工作成绩而形成的工作压力使他常常失眠，而且没有任何减轻的迹象。）

海天娱乐有限公司内设有餐饮、健身（游泳、桑拿、保龄球、室内高尔夫等）、游戏、沙龙、表演等多种功能区，是目前社会上高档的社交场所。公司成立的目的是满足社会上企业界高级人士日益增长的商务交际、企业公关的需求。在海天娱乐公司成立之前，已有多家娱乐公司开张营业，并取得良好的经营回报，各娱乐公司之间的竞争也很激烈。

海天娱乐公司以会员制俱乐部的形式作为自己的经营特色。因此，会员的来源是公司经营要重点考虑的问题之一。小王上班第一天，公司总经理用一个晚上请他吃饭，与他个别谈话。小王深感总经理对他的信任，决心把工作做好。总经理要求他立即着手开发会员。他也感到会员开发的成功与否关系到他今后的前途。

由于公司刚刚成立，许多人员还没有到位。客户部目前就他一个人，在做了必要的准备工作后，他满怀信心地开始进行客户摸底、接触的工作。小王以前曾在一家宾馆做过客户服务工作。为了工作的需要，经小王向总经理再三请求，公司允许让他挂一个客户部副经理的职务。

公司的潜在会员大多是企业的董事长、总经理。而这些潜在客户不太好接触，一般也不可能有充足的时间来面对面的交流，说服他们成为会员。因此，小王主要通过电话与对方进行沟通。

下面是小王给一家股份公司的李总打电话的经过。

接线员：您好！这里是×××股份公司。

王：您好，我找李总。

接线员：我给您接李总秘书办公室。

王：谢谢。

秘书：您好！这里是总经理办公室，请问您找哪一位？

王：我找李总，有些事要谈。

秘书：我是李总的秘书。您找李总有什么事？

王（语气诚恳）：我是海天娱乐公司客户部王副经理。我想与李总约个时间见见面，想请李总加入我们的会员俱乐部。我们海天娱乐公司是一家高档的会员俱乐部，内部设施先进豪华，各种口味的菜肴和各种娱乐游戏应有尽有，加入我们的会员俱乐部，可以享受……

秘书打断了小王的话。

秘书：我知道了，王经理。李总正在开会，等开完会，我会转告他的。谢谢您的电话。

我会把李总的答复转达给你，请留下您的联系电话。

王：好的。

在接下来的几天时间里，小王按照上面的通话方式打了20多个电话，等来等去，几乎没有答复的电话。

小王在想：购买会员卡是身份的象征，提供高档的服务是我们的优势，因而打电话时要突出我们的实力，公司处于强有力的竞争地位，要主动出击、盯住不放，而守株待兔式的电话推销成功率太低。所以，小王在接下来的电话沟通中改变了方式。下面是他与某公司总经理的电话对话。

接线员：您好，这里是×××公司。

王：您好，请转张总办公室，我跟张总约好的。

秘书：您好，我是张总的秘书，请问有什么事？

王：昨天我与张总约好，他让我今天打电话给他，我有重要事情与张总商谈。

秘书：请问先生的单位和姓名？

王：我是海天娱乐公司的王经理。

秘书很快把电话转到张总的办公室。

张总：喂，哪一位？

王：是张总吗？我是海天娱乐公司的王经理，上周五吃饭我们一个桌，您还记得吗？

张总：噢，对。王经理，你有什么事吗？

王（兴奋的语气）：张总，上周我们吃饭时，你对那家酒店的菜肴赞不绝口。

现在我告诉你，我们海天娱乐公司比那家酒店的菜还要好，服务也更到位，还有许多精彩的表演活动，我们实行的是会员制，进入我们海天这个社交圈子的人档次都很高，我想张总这样一位知名度颇高的企业家，需要一个更好的结交朋友的地方，使您的事业海阔天空。我想，张总能否在百忙之中抽出宝贵时间，我带您先参观一下鄙公司，不知您什么时候有空？

张总：噢，是这样，实在抱歉，今天不行，明天下午我一直要开会，改日再说吧。

王：您下午几点钟开完会？

张总：大概快下班了吧！

王：那我就在贵公司等您开完会，我只占用您 10 分钟的时间。

张总：可能我们散会时间会拖延，让你久等不太好吧。

王：没关系，我可以等。

张总：那好吧！

王：那么明天见。

第二天，小王去找张总，张总秘书告诉他张总去外地分公司处理急事去了，要过一个星期才会回来，小王又失望地回到家里。

时间一天天过去，总经理已经多次亲自过问会员开发的情况，小王如实汇报。从总经理的神色中，小王发现自己处于进退两难的境地，小王心里一直在想，怎样才能打电话推销掉会员卡？

问题

1. 小王的两种电话沟通方式为什么成效不大？

2. 会员卡作为一种特殊的商品，在销售过程中，与客户电话沟通或其他形式沟通时要注意哪些方面？

复习思考题

1. 分析 5W1H 在电话沟通中的运用。

2. 在接打电话前分别要做哪些准备？

3. 如果你是电话销售人员，你认为在电话销售中成功的关键因素是什么？

4. 分别找一个电话沟通成功和失败的例子，分析其中成功和失败的原因。

第 9 章

网络沟通

【学习目的】

1. 了解网络沟通的优势与劣势。
2. 掌握使用电子邮件的技巧。
3. 了解举办视频会议的注意事项。

【引导案例】

欧莱雅的网络营销

1. 营销背景

随着中国男士使用护肤品习惯的转变，男士美容市场的需求逐渐上升，整个中国男士护肤品市场也逐渐走向成熟，近两年的发展速度更是迅速，越来越多的中国年轻男士护肤已从基本清洁开始发展为护理，美容的成熟消费意识也逐渐开始形成。

2012 年欧莱雅中国市场分析显示，男性消费者初次使用护肤品和个人护理品的年龄已经降到 22 岁，男士护肤品消费群区间已经获得较大扩张。虽然消费年龄层正在扩大，即使是在经济最发达的北京、上海、杭州、深圳等一线城市，男士护理用品销售额也只占整个化妆品市场的 10% 左右，全国的平均占比则远远低于这一水平。作为中国男士护肤品牌，欧莱雅男士对该市场的上升空间充满信心，期望进一步扩大在中国年轻男士群体的市场份额，巩固在中国男妆市场的地位。

2. 营销目标

（1）推出新品巴黎欧莱雅男士极速激活醒肤露，即欧莱雅男士 BB 霜，品牌商希望迅速占领中国男士 BB 霜市场，树立该领域的品牌地位，并希望打造成为中国年轻男性心目中的人气最高的 BB 霜产品。

（2）欧莱雅男士 BB 霜目标客户定位于 18 岁到 25 岁的人群，他们是一群热爱分享，热衷于社交媒体，并已有一定护肤习惯的男士群体。

3. 执行方式

面对其他男妆品牌主要针对"功能性"诉求的网络传播，麦肯旗下的数字营销公司 MRM 携手欧莱雅男士将关注点放在中国年轻男性的情感需求上，了解到年轻男士的心态在于一个"先"字，他们想要领先一步，先同龄人一步，因此，设立了"我是先型者"的创意理念。

为了打造该产品的网络知名度，欧莱雅男士针对目标人群，同时开设了名为 @ 型男成长营的微博和微信账号，开展一轮单纯依靠社交网络和在线电子零售平台的网络营销活动。

（1）在新浪微博上引发了针对男生使用 BB 霜的接受度的讨论，发现男生以及女生对于男生使用 BB 霜的接受度都大大高于人们的想象，为传播活动率先奠定了舆论基础。

（2）有了代言人阮经天的加入，发表属于他的先型者宣言："我负责有型俊朗，黑管 BB 霜负责击退油光、毛孔、痘印，我是先型者阮经天"，号召广大网民，通过微博申请试用活动，发表属于自己的先型者宣言。微博营销产生了巨大的参与效应，更将微博参与者转化为品牌的主动传播者。

（3）在京东商城建立了欧莱雅男士 BB 霜首发专页，开展"占尽先机，万人先型"的首发抢购活动，设立了欧莱雅男士微博部长，为关于 BB 霜使用者提供的一对一的专属定制服务。另外，欧莱雅特别开通微信专属平台，每天将从新品上市到使用教程、前后对比等信息均即时通过微信推送给关注巴黎欧莱雅男士公众微信的每一位用户。

4. 营销效果

该活动通过网络营销引发了在线热潮，两个月内，在没有任何传统电视广告投放的情况下，该活动覆盖人群达到 3 500 万用户，共 307 107 位用户参与互动。仅来自新浪微博的统计，微博阅读量即达到 560 万，在整个微博试用活动中，一周内即有超过 69 136 名男性用户申请了试用，在线的预估销售库存在一周内即被销售一空。

　　随着互联网的飞速发展，诸如 E-mail 营销、博客与微博营销、网络广告营销、视频营销、媒体营销等众多以互联网为基础的营销手段开始广泛而深入地影响着企业的经营活动。网络媒介具有传播范围广、速度快、无时间地域限制、无时间约束、内容详尽、多媒体传送、形象生动、双向交流、反馈迅速等特点，可以有效降低企业营销信息传播的成本。可以说，网络媒介已经成为了企业必不可少的沟通工具。

　　随着互联网的发展，商务沟通已经进入了网络时代，电子邮件、视频会议、即时沟通等已成为网络沟通的主要方式。这些沟通方式与传统的沟通有哪些区别？我们又应该注意什么？这是本章要着重介绍的内容。

9.1　网络沟通概述

　　严格意义上讲，网络沟通分为 3 个层次：企业内部网络、企业外部网络和互联网。本书侧重介绍的是基于互联网的沟通形式。

9.1.1　什么是网络沟通

　　网络沟通是指通过计算机网络来实现的信息沟通活动。它与传统沟通方式最大的区别就在于沟通媒介的不同。网络沟通主要有以下几种形式：电子邮件、即时通信、网络传真、网络新闻等。

网络沟通的基本礼仪规范

　　近年来随着互联网的快速发展，网络已经成为了人们不可或缺的沟通工具之一。我们已经习惯于借助互联网与我们的客户、伙伴、家人交流信息、增进感情，也习惯于通过互联网存储、获取重要的信息。互联网的发展改变了我们的工作、生活方式，也对人们的沟通行为产生了深刻影响。

9.1.2　网络沟通的优势与问题

1. 网络沟通的优势

（1）网络沟通可以有效降低企业沟通成本

　　传统的沟通方式中面谈效果最佳，但成本也往往最高，沟通双方为了见面交流往往要花费大量的时间、金钱。网络沟通则具有传播范围广、速度快、无时间地域限制、无时间约束、内容详尽、多媒体传送、形象生动、双向交流、反馈迅速等特点，可以有效降低企业信息传播的成本。借助互联网，即使是远隔千里，我们也可以非常低廉的价格，快速、方便地与人交流。

（2）信息传递效率高，有助于企业商务推广

由于互联网沟通具有信息传递效率高的特点，越来越多的企业开始借助网络、通信和数字媒体技术进行商务推广活动，E-mail 营销、博客与微博营销、网络广告营销、视频营销等一些新的营销手段也在互联网上迅速蔓延。这也为企业发展带来了新的机遇与挑战。

（3）网络沟通具有交互性和纵深性

网络沟通它不同于传统媒体的信息单向传播，而是信息互动传播。通过相应的网站或软件，用户只需简单的操作，就可以从厂商的相关站点中得到更多、更详尽的信息。另外，用户可以通过广告位直接填写并提交在线表单信息，厂商可以随时得到宝贵的用户反馈信息，进一步缩短了用户和企业之间的距离。

2. 网络沟通的问题

（1）沟通信息量大

随着互联网的发展，尤其是大数据时代的到来，数据的数量单位已经从以往的 GB 级别跃升至 TB 级别，信息以前所未有的规模和速度在互联网上传播。这种现象的直接结果就是我们收到的信息量远远超过了我们能吸收和处理的能力。信息的泛滥也导致大量有价值的信息被更多的垃圾信息和虚假信息掩盖，人们在互联网面前有时显得无所适从。因此，在互联网时代更加迫切需要"优质流量"来提升我们的沟通品质。

（2）传统沟通方式受到抑制，沟通质量下降

进入互联网时代，口头沟通、书面沟通、电话沟通这些传统的沟通方式受到了极大的抑制，人们更加青睐电子邮件、网络视频、微信、微博等新兴的互联网沟通工具。尽管互联网沟通有着传统沟通方式无法比拟的优势，但由于沟通时双方不能谋面，因此很难将双方的表情、动作、语气甚至是沟通的场景原汁原味地传递出去，这也导致沟通中会产生信息的衰减或扭曲，沟通质量下降等问题。

（3）网络安全导致信息泄露

互联网具有很强的开放性，这种开放性既方便我们沟通交流也给我们带来

了一定的安全隐患。人们在互联网上沟通时，其信息和敏感数据很容易受到其他危险分子的篡改和窃取，这就对企业和个人的信息及财产安全产生了严重的威胁。可以说，网络安全问题已经成为制约互联网发展的重要因素。如何提高网络安全性、净化我们的网络沟通环境，成为了互联网发展的重要课题。

9.2 电子邮件

电子邮件是通过计算机、互联网传递文件和信息的沟通方式。电子邮件具有便利、迅速、成本低的特点，因此它在现代企业中的应用十分广泛。但许多电子邮件行文草率，人们只是简单地写了自己的想法，有时会带有一定个人情绪，未经认真考虑就把邮件发送出去，发送人也会选择错误，这反而给我们的工作带来了许多不必要的麻烦和困扰。因此，有必要掌握一定的电子邮件写作和使用技巧。

9.2.1 电子邮件的写作要点

电子邮件的写作要点主要包括以下内容。

1. 主题明确，突出重点

一般来说，公务交往的电子邮件都要有明确的主题，该主题能够既要引起读者的注意，又要提纲挈领。使用有意义的主题，这样可以让收件人迅速了解邮件内容并判断其重要性。不要使用空白标题，这样是不礼貌的。回复对方邮件时，可以根据回复内容的需要更改标题。

一般来说，商务电子邮件分为以下几种：表达感谢、答复消息、表达歉意、通知、提醒、确认信息、提出要求、询问原因、提出建议等。每种主题都会有相应的句型可供参考，如表达感谢可以用"感谢您的盛情邀请"；询问原因时，可以用"可否告知不能参会的原因"；通知可以用"销售会议改在周五下午2点举行"；文件提醒可以用"王浩的年度总结报告"。

2. 每封邮件只包含一个主题

你要将每封邮件都看作是一个主题一致的信息包，用以提出问题、表达观点、报告情况等。如果你有好几件事情要告诉收件人，那就为每条主题都单独发送一封邮件，并且使用独立的标题。

只包含一个主题的邮件有两个好处：一是由于只有一个主题，收件人更容易地提炼信息并做出回应；二是如果收件人需要把你的邮件转发给他人，那么其他信息也不会和这封邮件混为一谈。我们可以看看下面的邮件内容。

主题：销售会议改至周三下午两点

李乐：因为刘昌出差未归，我们不得以将会议改期，请把这条信息转发给你们部门的其他同事。

还有一件事，我接受了你的建议，将李雯的工作职责转移一部分给张华，她的分析能力的确跟不上项目进度了，谢谢你的建议。

你能想象这封包含多条信息的电子邮件在公司内部其他员工之间传阅的情况吗？写作人当然不会有意将他对李雯的意见与他人分享，但当人们看到这封邮件时，往往会不加处理地单击"发送"键将邮件中的信息泄露出去。

3. 篇幅适中，信息很长时使用附件

电子邮件的正文要简洁，正文篇幅以不移动滚动条就可以阅读为宜。内容一定要排版整齐，有条有理，与主题有相关性，简单明了。最高的境界就是让别人可以花最少的时间看到你的邮件之后知道你想要干什么。为了让正文显得有条理可以使用诸如 1、2、3、4 之类的样式，以清晰明确，我们还可以用颜色标示或粗体等方式提示正文中的重要信息。

商务邮件不需要过多的寒暄，恰当的称呼和招呼之后就可直接进入主题。第一句说明邮件的目的，例如，"我想和你讨论一下这次会议的安排"。表明邮件的目的是商讨会议准备，接下去再展开具体内容。商务邮件也不宜过长，阐述清楚即可，不需要过多修饰。

如果篇幅过长可以使用附件，并在正文中说明，如"详见附件"。电子邮件的一大特点就是可以使用附件，通过附件可以将文字文件、数据图表、图片等以快捷的方式传送出去。另外，我们还可以在正文中对附件的情况进行简要说明，如下例所示。

主题：客户调查报告

附件：调查报告

刘雯：附件是我写的关于客户调查报告的第一稿，由于时间比较仓促，有些数据还需要进一步补充，请你阅读后告诉我你的意见。

4. 认真修改，避免出现错误

许多人觉得 E-mail 是种比较随便的方式，所以可以忽略语法、拼写和打字的错误，这种想法是错的。写作质量永远都是重要的，一条信息，无论是什

么样的书写或发送方式，都能反映出你和你的工作质量如何。因此，在邮件发送之前要反复检查邮件中的文字错误，尤其是一些重要的信息不能出现错误。如果有必要可以先将邮件打印出来，在纸上进行校对。或者使用邮箱的拼写检查器，如果你的 E-mail 没有这个功能，可以复制 E-mail 然后粘贴到 Word 程序中检查。

9.2.2 收发电子邮件的技巧

1. 定期查看邮箱，及时回复

为了保证工作效率，要养成定期查看邮箱的习惯。一般来说，一天要查看一到两次邮箱，如果看到紧急的或重要的邮件要及时给予回复。有些讲究效率的商务人士还会

电子邮件沟通的注意事项

在手机上设置邮箱来件提醒功能，这样可以大大提高邮件的回复效率。一般来说，一封邮件的回复时间不要超过 24 小时，否则容易产生变数。

2. 慎用自动回复功能

有些人为了方便发件人确认邮件已经收到，还在邮箱中设置自动回复功能，这种做法其实值得商榷。众所周知，自动回复功能只能说明邮件已被对方接收，但不代表对方已读取这封邮件。而发件人真正在乎的，是对方有没有在看完这封邮件之后采取相应的行动。因此，"常规性自动回复"对于商务人士而言，不是一个实用的功能，还会对发件人造成不必要的邮件干扰。假如一家公司的员工集体使用"常规性自动回复"，那么他们的邮箱服务器很快就会面临崩溃。所以一般建议在出差或休假期间，才设定自动回复功能，这样就会避免因长久不回复带来的误解。

3. 确认收件人地址

邮件发送之前要确认收件人是否正确。在互联网中，电邮地址的格式是：用户名 @ 域名。用户名可以使用字母、字码等。就像打电话容易拨错号码，我们在现实生活中经常会出现用户名或邮箱域名输入错误的情况，这就会产生不必要的误会，甚至会泄露公司的机密。所以，在输入收件人地址后一定要认真确认是否有误。一些常用的联系人要存入邮箱的地址簿，这样在输入收件人首字母的时候，邮箱会自动跳出相应的收件人地址。对于十分紧急和重要的 E-mail 邮件，除了发送邮件之外，最好再打电话告诉对方，以免耽误工作进度。

如果一封邮件要同时发送给多个收件人，在填写各收件人时就应按照一定的规则排序，一般是按照职位的高低进行排序。此外，尽管电子邮件的发送成本基本可以忽略，但为了提高工作效率，我们只给需要信息的人发送邮件，慎用群发之类的功能，以免占用他人资源。

4. 区分收件人（TO）、抄送人（CC）、暗送人（BCC）

收件人（TO），即邮件的主要阅读人，他需要受理并对邮件内容做出响应；抄送人（CC），即需要了解邮件内容的相关人员，他需要被告知邮件事项，但没有义务回复，可以发表意见；暗送人（BCC），在收件人（TO）不知道的情况下，收到邮件的人。例如，你需要与本部门的同事一起协商讨论一项工作，在讨论过程中可以将邮件内容以暗送的方式抄送给你的部门领导，这样既可以方便领导掌握你们的工作进度，又能避免同事因抄送而产生的误解。

5. 小心互联网病毒侵袭

电子邮件是基于互联网建立的沟通媒介，所以当你的计算机处于某个网络中的时候要小心病毒的侵袭，因为它可能影响到整个部门甚至整个公司的信息安全。2017 年，一种名为"想哭"（Wanna Cry）的病毒，就利用了微软 Windows 操作系统漏洞导致全球 150 个国家的 20 多万家机构的计算机中毒。试想，如果是你打开了带病毒的 E-mail，然后散布到整个网络，将会给公司和合作伙伴带来多么大的伤害。所以，我们一方面要及时更新计算机的杀毒软件系统，另一方面当我们的邮箱出现来历不明的邮件时，一定不要轻易打开。

9.3 视频会议

视频会议也是网络时代的产物，由于其具有使用方便、使用成本低、扩展性好、时间灵活等特点，已经被越来越多的企事业单位所使用。

9.3.1 视频会议概述

视频会议，是指位于两个或多个地点的人们，通过通信设备和网络，进行面对面交谈的会议。根据参会地点数目不同，视频会议可分为点对点会议和多点会议。一般在企业进行的商务视频会议，因为要求有稳定安全的网络、可靠的会议质量、正式的会议环境等条件，所以需要使用专业的视频会议设备，组建专门的视频会议系统。由于这样的视频会议系统都要用到电视屏幕来显示，它也被称为电视会议、视讯会议。

使用视频会议系统，参会者可以听到其他会场的声音，看到其他会场现场参会人的形象、动作和表情，还可以发送电子演示内容，使与会者有身临其境的感觉。

9.3.2 视频会议注意事项

1. 明确会议目的、与会人员和时间

会前，与会各方应首先通过邮件或电话确认会议的目的。会议目的是确定会议主旨和会议的前提和基础，它是会议进程的指挥棒，明确了会议目的就知道需要哪些人员参加此次会议，继而确认会议的时间。

召开视频会议对时间准确性的要求很高，参会者必须同时出现在视频中。如果是跨时区的会议，在确定会议时间的时候还要考虑到日期和时差的因素。例如，根据季节不同，北京时间就比美国东部时间早 12 个或 13 个小时。

2. 检查网络联机质量

视频会议非常讲求实时互动的影音传输，若网络联机质量不佳，视频会议的协作效率将大受影响。在会议之前，务必先检查当前的网络联机速率，尽量维持高度稳定的联机速率与较高的带宽支持，能够拥有较佳的会议体验。

3. 提前调试系统，检测视频会议设备运作状况

视频会议会使用到摄像机、投影仪、麦克风等大量的设备。在会前要确保视频系统的正常运作，如确认视频会议镜头保持正常对焦与自动补光的运作状态，所有会议参与者的影音画面均可正常传输，并能够顺利连入指定的会议以及邀请所有会议参与者进入会议。

4. 会议环境检视

在连入视频会议前，必须确保环境整洁，光线充足，确认预计参与的会议人员均已到达现场外，更重要的是避免有关企业内部的机密资料和与会议内容无关的素材，暴露于会议室当中或者放置于分享数据传输画面主持人的计算机桌面中，此举不但将造成企业内部的获益损失，导致会议参与者注意力分散，降低会议效率，而且导致高阶主管负面观感产生。

5. 准时加入视频会议

由于目前越来越多视频会议不仅跨企业还跨越多个时区，因而一定要预先

确认会议时间，应避免迟到或错过重要会议的状况发生，造成其他会议参与者的困扰，更进一步让其他参与者对于自身所代表的企业产生负面评价。

6. 注意衣着

衣着的不同颜色经摄像机摄入后的成像效果是有差异的。在参加视频会议的时候应避免穿亮色、全白或全黑的衣服，这样会显得肤色过亮或过暗；也尽量不穿格子或条纹衣服，以免在屏幕上显得眼花缭乱。另外，那些容易反光的配饰也要摘掉，因为它们会分散人们的注意力。通常建议与会者穿浅灰或浅蓝色上装。

7. 行为举止得体

在视频会议中，由于摄像机对着与会者，这样可能会放大人们的行为举止。因此，在参加视频会议时要避免一些随意的动作，如玩手机、搔头发等。在会议过程中要避免在镜头前走动。参会前还要确认手机关机或调至静音状态，以免干扰到信号的传输。

若非发言人，要关闭面前的麦克风，当需要发言的时候再打开，避免杂音影响到其他与会人员讨论。需要发言时，要一个接一个发言，不要争抢麦克风，因为这样会造成所有人的声音混合，远端的声音会非常嘈杂，不仅影响会议进行的质量，更被视为一种不尊重会议的表现。

8. 发言时轻松自然

发言时要对着摄像机，很多人在面对面交流的时候表现得很自然，但当面对摄像机的时候就变得很不舒服，甚至说话结结巴巴。如果要经常参加视频会议，就要训练一下自己的镜头感，要习惯对着摄像机表达自己的想法。这样会让屏幕前的与会者感觉到目光的接触，有助于双方之间的互动，否则会让人觉得你是在跟其他人讲话，自己就像毫不相干的观众。

另外在发言时不必手持麦克风，嘴巴离麦克风 0.5 米以内为佳。讲话过程中尽量不要移动、拍打麦克风，或者使纸张在麦克风附近发出声响。用正常的语调讲话，不必刻意大声喊叫，讲话时身体放松，举止自然。

📖 本章案例：EMC 的邮件门事件

2006 年 4 月 7 日晚，EMC 大中华区总裁陆纯初回办公室取东西，到门口才发现自己没带钥匙。此时他的私人秘书瑞贝卡已经下班。陆试图联系后者未果。数小时后，陆纯初还是难抑怒火，于是在凌晨1时13分通过内部电子邮件系统给瑞贝卡发了一封措辞严厉且语气生硬的"谴责信"。

陆纯初在这封用英文写就的邮件中说，"瑞贝卡，我曾告诉过你，想东西、做事情不要想当然！结果今天晚上你就把我锁在门外，我要取的东西都还在办公室里。问题在于你自以为是地认为我随身带了钥匙。从现在起，无论是午餐时段还是晚上下班后，你要跟你服务的每一名经理都确认无事后才能离开办公室，明白了吗？"（事实上，英文原信的口气比上述译文要激烈得多）。陆在发送这封邮件的时候，同时传给了公司几位高管。

面对大中华区总裁的责备，两天后瑞贝卡在她在邮件中回复说："首先，我做这件事是完全正确的，我锁门是从安全角度上考虑的，如果一旦丢了东西，我无法承担这个责任。其次，你有钥匙，你自己忘了带，还要说别人不对。造成这件事的主要原因都是你自己，不要把自己的错误转移到别人的身上。第三，你无权干涉和控制我的私人时间，我一天就8小时工作时间，请你记住中午和晚上下班的时间都是我的私人时间。第四，从到EMC的第一天到现在为止，我工作尽职尽责，也加过很多次的班，我也没有任何怨言，但是如果你们要求我加班是为了工作以外的事情，我无法做到。第五，虽然咱们是上下级的关系，也请你注重一下你说话的语气，这是做人最基本的礼貌问题。第六，我要在这强调一下，我并没有猜想或者假定什么，因为我没有这个时间也没有这个必要。"

本来，这封咄咄逼人的回信已经够令人吃惊了，但是瑞贝卡选择了更加过火的做法。她回信的对象选择了"EMC（北京）、EMC（成都）、EMC（广州）、EMC（上海）"。这样一来，EMC中国公司的所有人都收到了这封邮件。

就在瑞贝卡回邮件后不久，这封"女秘书PK老板"的火爆邮件就被她的同事在全国外企中广泛转发。

近一周内，该邮件被数千外企白领接收和转发，几乎每个人都不止一次收到过邮件，很多人还在邮件上留下诸如"真牛""解气""骂得好"之类的点评。其中流传最广的版本居然署名达1000多个，而这只是无数转发邮件中的一个而已。

"邮件门"事件的直接后果，是瑞贝卡很快辞职，然而在事件的后续跟踪中，网络有传言，陆纯初也由于此事件，很快就被EMC调离原任。

问题

1. 陆纯初在此次"邮件门"事件中犯了哪些错误?

2. 如果你是陆纯初,你会采取什么方式与瑞贝卡进行沟通?

复习思考题

1. 网络沟通主要有哪些形式?

2. 网络沟通的优势和不足分别是什么?

3. 编辑和发送电子邮件时应该注意哪些问题?

4 如何召开视频会议?

第 10 章
求职面试技巧

【学习目的】

1. 了解求职信息获取的正式渠道和非正式渠道。
2. 熟悉求职面试的常见类型和特点。
3. 掌握结构化面试的应对技巧。
4. 掌握无领导小组讨论的应对技巧。

【引导案例】

董久良的求职面试

董久良是一名应届大学毕业生，自 2015 年下半年开始求职，开始他在中华英才网看到了一家汽车公司的招聘信息后，立即通过电子邮件方式投递了求职简历。终于在 2015 年 10 月，他收到了简历筛选通过的通知，并参加了该公司组织的网上笔试。

一些正规公司的考核，笔试其实不是针对专业知识的考核，而是分为智力测试和情感测试两部分。董久良说：智力测试主要考察应聘者的应变能力和分析能力，情感测试则是为了检验应聘者的团队意识和沟通能力。由于之前在学校曾多次参加暑期实践等活动，他已经有了很多经验。

一个月后，他又收到了笔试通过的通知，并参加了在武汉举行的面试，即"一面"和"二面"。一面：首先是 3 分钟的自我介绍，然后是回答面试官的提问。在自我介绍方面，董久良采用的方式非常独特。他的自我介绍除了基本信息外，运用了"1234"一组词，即：有幸进入 1 所大学深造，2 次寒暑假社会工作经历，在校曾有过 3 次担任学校学生干部的锻炼机会，大学期间获得 4 次一等奖学金。

这简短的自我介绍，给考官留下了深刻的印象，随即他进入到"二面"环节。

"二面"是6人为一组的无领导小组讨论。讨论期间，考察小组的负责人会提出各种各样的问题。这一环节中，董久良非常注意回答问题的细节。每次回答问题，他不仅要自己善于思考，勇于发言，还尊重他人的意见，给别人发言的机会。

就这样，通过几轮过关斩将后，董久良最终在次年3月收到了签约通知，成功地进入这家著名汽车公司做项目研发工作。

董久良的故事告诉我们，如果想要在毕业季顺利就业，需要在大学期间做如下准备。首先，在校期间要多参加社会锻炼，认真学好专业课。英语水平也是很重要的，最好能够通过英语四级、六级考试。因为很多企业招聘时，基本要求就是通过英语四级；学好专业课，能使自己在笔试和面试中获得优势。同时，良好的心态，会使自己在找工作中准确定位，不至于好高骛远。毕业生要不怕挫折，坚定信心，爱拼才会赢。其次，要积极利用各种媒介获得招聘信息。例如，学院的就业信息栏、就业信息网、中华英才网、前程无忧网等。最后，做出具有针对性的简历，其中个人求职意愿、个人能力和自我评价等，要符合企业的招聘信息要求。面试时，提前做好个人介绍，调整好心态，要自信、放松。回答面试官的提问时，要思考后再回答，答案要符合实际，具有可行性、针对性和可操作性。

在职场竞争日益激烈的时代，求职已经成为了困扰在校大学生的一大问题。在形形色色的招聘信息中如何找到适合自己的机会，在面试中又应该如何脱颖而出，这都是现在的毕业生所关心的问题。

10.1 获得求职信息的来源

适合自己的职位首先需要你去发现，才有把握与追求的机会，掌握着丰富的就业信息意味着有更多的机会。因此，多留意并且尝试更多的渠道和方式来搜集就业信息对求职是非常有益的。

10.1.1 获取求职信息的正式渠道

1. 人才交流中心或人才市场

随着社会主义市场经济的发展，我国人才市场中介机构应运而生。近年来，我国从中央到地方都建立了不同类

了解招聘企业

型的人才市场，为各类专业人才的合理流动和学生的求职选择提供了很好的场所。这种机构一般属于当地劳动部门，有的是劳动人事部门的直属机构。它们是面向社会开展职介服务，其中也包括应届和历届毕业生。一般来说，从这些机构得到的人才需求信息可信度高、可靠性强。

对于毕业生而言，他们很少会利用这种社会职介服务机构，更倾向于从学校的毕业生就业办公室或毕业生就业指导中心获取求职信息。毕业生就业指导中心是高校学生毕业就业工作的行政管理部门，在长期的工作交往中与各部委和省市的毕业生就业主管部门及用人单位有着密切的联系，社会需求信息往往汇集到这里。而且，在毕业生就业过程中，学校会及时向毕业生发布有关需求信息，进行就业指导，让毕业生大致了解当前社会对大学生需求的状况及有关就业的政策规定，学生本人也可以就有关问题进行咨询。学校毕业生就业办公室或毕业生就业指导中心是获取用人单位信息的主渠道，他们提供的信息无论是数量还是质量，都有明显的优势。

2. 招聘会

（1）政府组织的招聘会。通常，每年春节前后或是夏季，各省市的政府部门都会组织大规模的招聘会，参与的企业较多，覆盖面广，是求职者找到工作的重要途径。

（2）校园招聘会。一些大公司尤其是著名外企、大型国企通常都会把需求职位的信息发给各大高校的就业处，与就业处联系协商妥当后，来学校召开专场招聘会（即现场宣讲会）。校园招聘会提供的职位主要是针对应届毕业生，通常不会面向社会人士，一般不要求工作经验、而注重应聘人员的综合素质和未来发展潜力，所以这是应届毕业生找工作最好的途径之一。

3. 各大媒体

（1）报纸杂志的求职广告。报纸、杂志等传统媒介一直以来都非常关注高校毕业生的就业情况。一些用人单位的简介、需求信息、招聘启事等都会在当地主要媒体上登载、播报。报纸是非常丰富的资料来源，尤其是周末的报纸，会有大量的招聘资讯，求职者可以通过电话了解用人单位的基本情况，表达自己的求职意向。

（2）互联网。在信息时代，互联网已经成为人们生活中不可或缺的工具。越来越多的用人单位在互联网上倾注大量的技术资金和人力，求职者也越来习惯于在网上找工作。利用网络找工作是现在非常流行也是非常方便的途径之一。这种渠道具有信息透明度高、方便快捷、费用低廉等特点，其发挥的作用也越来越大。求职网站有以下几类。

①专业招聘网站。现在很多专业招聘网站如中国就业网、51job、智联招聘、中华英才网、大街网等提供大量招聘信息。这些网站与大公司合作，发布最新的招聘信息，很多公司直接通过这些网站提供在线职位申请。大部分网站还可以帮助你制作在线简历与求职信，并提供简历在线投递服务。

②各大公司网站。很多公司尤其是著名外企都会将最新的招聘职位放在本公司网站上，提供在线职位申请。所以，随时关注各大公司网站上的招聘专栏，能让你方便地找到自己心仪的岗位。

③学校 BBS 就业版块。学校 BBS 的就业版块对于大学毕业生求职是非常有帮助的。学校的 BBS 就业版块上会有各公司到该学校的招聘信息，同时也是同学们一起交流就业信息、分享求职经验的重要领地。而且，毕业生可以不只局限于自己学校的 BBS 就业版，许多学校都会有这样的 BBS 版块，综合起来能为他们提供海量的就业信息和求职经验，是一个十分贴近毕业生的信息来源。

10.1.2 获取求职信息的非正式渠道

除了通过以上几种正式渠道可以获取求职信息外，人际关系渠道也非常重要。Kristen.W.Gustafson 在《Graduate!》一书中谈论找工作的途径时说："你从来不知道飞机上坐在你身边的人或者你叔叔的一个朋友可能知道你梦寐以求的公司正在公开招聘一个职位。要集众人智慧。"在找工作的时候，要充分利用一切社会关系，包括父母、亲戚、朋友等的社会关系，寻找好的求职机会。这种通过社会关系网获取的信息，一般来说效果比较好，就业成功率也较高。其主要包括以下几个方面。

1. 来自亲朋好友的求职信息

毕业生的家长和亲朋好友都相当关心毕业生的就业问题，他们又来自社会的各个方向，与社会有多种联系，可以从不同渠道带来各种用人单位的需求信息。家长亲友提供的职业信息主要来源于其个人的社会关系，相对固定，也有相当大的局限性。如一般不反映职业市场的实际供求状况，也往往不太适合那些专业比较特殊、学生本人就业个性比较强或具有某些竞争优势（如学习成绩优秀、共产党员、学生干部、有一技之长等）的毕业生。但信息的可靠性比较大，传递到毕业生本人的职业信息，一旦被接受，转变为就业岗位的可能性比较大。毕业生由家长亲友提供的职业信息的数量和"质量"有很大的个人差异。对有些毕业生来说，家长亲友提供的职业信息是其主要的选择，对有些毕业生而言，则可能只是聊胜于无。

2. 学校的老师或已经参加工作的校友

由于本专业的教师，比一般人更了解本专业毕业生适合就业的方向和范围，在与校外的研究所、企业、公司合作开发科研项目和教学活动中，对一些对口单位的人才需求信息了解得比较详细。毕业生可以通过专业教师获得有关这些企业的用人信息，从而不断补充自己的信息库，而且可以直接找他们作为推荐人或引荐人。校友提供的职业信息的最大特点是比较接近本校，尤其是本专业的毕业生在人才市场上的供求状况及其在具体行业中的实际工作、发展状况。近几年毕业的校友更有着对职业信息的获取、比较、选择、处理的经验和竞争择业的亲身体会，这比一般纯粹的职业信息更有参考、利用价值。

从费用角度讲，关注校内信息和网上招聘信息所需的费用最少，而参加社会上的人才招聘活动除了需要门票开支外，还需要做必要的文字材料准备和衣着准备。求助于亲友虽然有时并不需要花费什么，但是感情投资却是需要的。对学生而言，查看各类报纸上的招聘广告并不需要太大的花费，而在报纸上刊登个人求职广告的开支却与借助中介机构持平甚至高于想象的费用。

从周期角度考察，不论何种途径都需要漫长的等待，但是相比较而言还是有所区别的。求助亲友花费的时间或许是最短的，而到刊登招聘广告的单位应聘，如果被选中，会通知你参加面试，到录用还要等待。参加人才招聘会，尽管也有面试的成分，但是由于招聘活动的规模过大，竞争比较激烈，因而需要耐心等待。虽然说网络的发展缩短、缩小了人与人间交流的时间和空间，但是在决定一个人是否被录用的事情上，任何一家用人单位都不会草率行事，面试是必不可少的，因此等待的时间与参加人才招聘会时等待的时间基本上是一致的。同样，求职于中介机构，不论是登记本人信息还是查找单位信息，时效性都会打折扣。

对个人而言，花费力气最小的求职方式莫过于浏览网上信息，在网上不仅能迅速查阅到需求信息，而且能够了解到单位动态，从中掌握一个单位的发展前景，从而为就业决定奠定基础。虽然关注校内的就业信息是每个毕业生的本分，但是还是有些毕业生过于迟钝，等、靠、要，对那些重要信息视而不见、充耳不闻。参加人才招聘会与找一家中介机构相比，一个好的中介机构似乎更难找些，参加招聘会更耗费心力和体力一些。

在困难的时候，家人和亲友的帮助会使大部分人很快地确定就业单位，然而针对性强的东西势必选择面窄，有时朋友好心推荐的单位并不见得让你满意。报纸上刊登的招聘广告，大多数是针对社会上有一定相关从业经验的人员，而给应届大学毕业生提供的机会比较少。

课间案例 1

八面来风　捕捉就业信息

某毕业班大四下学期一开学便安排学生在外地实习两个月，正当班上其他同学整装待发之时小王却不动声色地忙开了：他先找了班主任，拜托班主任如有合适单位，请帮忙推荐，并留下两份自荐材料。然后，他又找到学校负责就业推荐工作的老师，请他们有重要信息及时告知自己。接下来，他走访了自己最要好的一位低年级朋友，拜托这位师弟定期到校就业信息栏看看，将有关重要信息及时通报给他。最后，他仔细查询了即将离开的两个月中各地人才交流会的信息并据实际情况做了安排。做完了以上联系工作小王安安心心地前往外地实习去了，这样小王尽管人在外地实习却总比班上其他同学消息更灵通，不断接到用人单位的面试通知，选择的机会颇多。实习刚结束小王的工作单位也顺利敲定。

分析

在日常就业指导工作中时常会听到有的毕业生抱怨：有这么多用人单位的需求信息学校怎么就及时通知他而不及时通知我？太不公平了！那些捷足先登者肯定是有特殊关系得到了特殊关照。真是这样的吗？

据调查，所有院校都希望尽可能多地把自己的学生推荐出去。只要掌握了用人信息都会想方设法通知到有关的毕业生。而实际情况却是由于毕业班同学不是外出实习，就是做毕业论文、毕业设计或外出求职等，联系起来很困难，往往是一条信息要打很多电话，还不一定能找到本人。结果往往是那些一呼即应，或平时主动联系密切的同学抢占先机；而联系不上或不及时的则造成信息资源浪费错过就业机会。

上述案例中的小王显然在这个问题上处理得很好，虽然他在求职关键时期人在外地实习，但他能够主动密切与学校联系，使得信息来源渠道畅通无阻赢得了时间和机会。因此，作为毕业生应主动与学校各方面保持联系，多利用各方面的资源为就业多找一个门路和机会。

10.2 求职面试的常见类型及特点

面试是用人单位招聘时最重要的一种考核方式，是供需双方相互了解的过程，是一种经过精心设计，以交谈与观察为主要手段，以了解被试者素质相关信息为目的的一种测评方式。由于面试与笔试相比较具有更大的灵活性和综合性，它不仅能考核一个人的业务水平，而且可以面对面观察求职者的口才和应变能力等，因而许多用人单位对这种方式更感兴趣。面试在招聘中的作用已越来越重要。

大多数大学生因为面试经历少，常常不知所措，学会面试，是大学毕业生求职择业过程中面临的新课题。对于面试官而言，面试中最重要也是最难的一件事，是需要他们确定眼前这个应试者以往的成绩是否同样能让公司获得成功。

从不同的角度，面试可分为不同的类型。以下介绍几种常见的面试类型。

10.2.1 结构化面试与非结构化面试

根据面试的结构化（标准化）程度，面试可以分为结构化面试、半结构化面试和非结构化面试3种。所谓结构化面试，是指面试题目、面试实施程序、面试评价、考官构成等方面都有统一明确的规范进行的面试；半结构化面试，是指只对面试的部分因素有统一要求的面试，如规定有统一的程序和评价标准，但面试题目可以根据面试对象而随意变化；非结构化面试，是对与面试有关的因素不做任何限定的面试，也就是通常没有任何规范的随意性面试。

正规的面试一般都为结构化面试，公务员录用面试即为结构化面试。所谓结构化，包括以下3个方面的含义。一是面试过程把握（面试程序）的结构化。在面试的起始阶段、核心阶段、收尾阶段，主考官要做些什么、注意些什么、要达到什么目的，事前都会相应策划。二是面试试题的结构化。在面试过程中，主考官要考查应试者哪些方面的素质，围绕这些考察角度主要提哪些问题，在什么时候提出，怎样提，在面试前都会做出准备。三是面试结果评判的结构化。从哪些角度来评判应试者的面试表现，等级如何区分，甚至如何打分等，在面试前都会有相应规定，并在众考官间统一尺度。

在非结构化的面试条件下，面试的组织非常"随意"。关于面试过程的把握、面试中要提出的问题、面试的评分角度与面试结果的处理办法等，主考官事前都没有精心准备与系统设计。非结构化面试颇类似于人们日常非正式的交谈。除非面试考官的个人素质极高，否则很难保证非结构化面试的效果。目前，非结构化的面试越来越少。

10.2.2　单独面试与集体面试

根据面试对象的多少，面试可分为单独面试和集体面试。

所谓单独面试，指主考官个别地与应试者单独面谈。这是最普遍最基本的一种面试方式。单独面试的优点是能提供一个面对面的机会，让面试双方较深入地交流。单独面试又有两种类型：一是只有一个主考官负责整个面试过程。这种面试大多在较小规模的单位录用较低职位人员时采用；二是由多位主考官参加整个面试过程，但每次均只与一位应试者交谈。公务员面试大多属于这种形式。

集体面试又叫小组面试，指多位应试者同时面对面试考官的情况。在集体面试中，通常要求应试者做小组讨论，相互协作解决某一问题，或者让应试者轮流担任领导主持会议、发表演说等。这种面试方法主要用于考查应试者的人际沟通能力、洞察与把握环境的能力、领导能力等。

无领导小组讨论是最常见的一种集体面试法。在不指定召集人、主考官也不直接参与的情况下，应试者自由讨论主考官给定的讨论题目，这一题目一般取自于拟任工作岗位的专业需要，或是现实生活中的热点问题，具有很强的岗位特殊性、情景逼真性和典型性。讨论中，众考官坐于离应试者一定距离的地方，不参加提问或讨论，通过观察、倾听为应试者进行评分。

10.2.3　压力性面试与非压力性面试

根据面试目的的不同，可以将面试区分为压力性面试和非压力性面试。

压力性面试是将应考者置于一种人为的紧张气氛中，让应试者接受诸如挑衅性的、非议性的、刁难性的刺激，以考查其应变能力、压力承受能力、情绪稳定性等。典型的压力性面试，是以考官穷究不舍的方式连续就某事向应试者发问，且问题刁钻棘手，甚至逼得应试者穷于应付，考官以此种"压力发问"

方式逼迫应试者，充分表现出应试者对待难题的机智灵活性、应变能力、思考判断能力、气质性格和修养等方面的素质。非压力性面试是在没有压力的情景下考查应试者有关方面的素质。

如果工作要求具备应付高度压力的能力，了解这一因素是很重要的。但另一方面，有些人力资源专业人士认为，压力面试不仅不替别人着想而且作用不大。这种观点的支持者觉得，在压力环境下所获信息经常被扭曲、被误解，这些批评者坚持认为这种面试获得的资料不应作为选择决策的依据。有一点很明显，即压力面试对大数情况是不适合的，但这种面试方式特别适用于对高级管理人员的测试。

📷 课间案例2

让人紧张的面试

面试官并非一本正经坐在展台里，而是站在展台边，看似亲切地与学生交流："把你派到大西北工作，车子在戈壁滩上开几个小时见不到人咋办？"应聘的一位女生认真地答："既然选择了销售这个岗位，我做好了吃苦的准备。而且我对销售很有兴趣。""销售不是有兴趣就能做的，需要能力。"

面试官立刻否定了女孩的说法。"我想既然有兴趣，我一定会努力做好。"女孩儿落落大方的回答得到了围观者的赞许。

可是考官显然不满意："起码从现在看，我觉得你的能力不行。"女孩顿时满脸通红："我会努力锻炼自己的能力的。""好，那你说销售人员需要具备什么素质？"没等女孩儿缓过神儿来，考官的问题又来了。"勤奋、刻苦。""光有刻苦就行了吗？""还有聪明才智。""聪明的人太多了。""那还有技巧。""什么样的技巧？"这一连串的问题，让旁观者感觉考官在有意抬杠。5分钟后，女孩一脸疲倦地从人群中挤了出来。"提问太快了，一串接一串，有20多个问题。我来不及回答，气都喘不过来了。从来没有遇到过这样的面试。"女孩说。

10.2.4　一次性面试与分阶段面试

根据面试的进程来分，可以将面试分为一次性面试和分阶段面试。

所谓一次性面试，是指用人单位对应试者的面试集中于一次进行。在一次性面试中，面试考官的阵容一般都比较"强大"，通常由用人单位人事部门负责人、业务部门负责人及人事测评专家组成。在一次面试情况下，应试者是否能面试过关，甚至是否被最终录用，就取决于这一次面试表现。面对这类面试，应试者必须集中所长，认真准备，全力以赴。

分阶段面试又可分为两种类型：一种叫"依序面试"，另一种叫"逐步面试"。

依序面试一般分为初试、复试与综合评定 3 步。初试的目的在于从众多应试者中筛选出较好的人选。初试一般由用人单位的人事部门主持，主要考查应试者的仪表风度、工作态度、上进心、进取精神等，将明显不合格者予以淘汰。初试合格者则进入复试，复试一般由用人部门主管主持，以考查应试者的专业知识和业务技能为主，衡量应试者对拟任工作岗位是否合适。复试结束后再由人事部门会同用人部门综合评定每位应试者的成绩，确定最终合格人选。

逐步面试，一般是由用人单位的主管领导、处（科）长以及一般工作人员组成面试小组，按照小组成员的层次，由低到高的顺序，依次对应试者进行面试。面试的内容依层次各有侧重，低层一般以考查专业及业务知识为主，中层以考查能力为主，高层则实施全面考查与最终把关。实行逐层淘汰筛选，越来越严。应试者要对各层面试的要求做到心中有数，力争每个层次均留下好印象。在低层次面试时，不可轻视大意，不可骄傲马虎，在面对高层次面试时，也不必胆怯拘谨。

10.2.5　常规面试、情景面试与综合性面试

根据面试内容设计的重点不同，可将面试分为常规面试、情景面试和综合性面试 3 类面试。

所谓常规面试，就是我们日常见到的、主考官和应试者面对面以问答形式为主的面试。在这种面试条件下，主考官处于积极主动的位置，应试者一般是被动应答的姿态。主考官提出问题，应试者根据主考官的提问做出回答，展示自己的知识、能力和经验。主考官根据应试者对问题的回答以及应试者的仪表仪态、身体语言、在面试过程中的情绪反应等对应试者的综合素质状况做出评价。

情景面试突破了常规面试考官和应试者那种一问一答的模式，引入了无领导小组讨论、公文处理、角色扮演、演讲、答辩、案例分析等人员甄选中的情景模拟方法。情景面试是面试形式发展的新趋势。在这种面试形式下，面试的

具体方法灵活多样，面试的模拟性、逼真性强，应试者的才华能得到更充分、更全面的展现，主考官对应试者的素质也能做出更全面、更深入、更准确的评价。

综合性面试兼有前两种面试的特点，而且是结构化的，内容主要集中在与工作职位相关的知识技能和其他素质上。

10.2.6 鉴别性面试、评价性面试和预测性面试

依据面试的功能，可以将面试分为鉴别性面试、评价性面试和预测性面试。

所谓鉴别性面试，就是依据面试结果把应试者按相关素质水平进行区分的面试；评价性面试则是对应试者的素质做出客观评价的面试；而预测性面试是指对应试者的发展潜力和未来成就等方面进行预测的面试。

10.3 结构化面试的应对技巧

结构化面试是面试方法中的一种，在细致全面的职位分析基础上，针对岗位要求的要素提出一系列设计好的问题，参考求职者的举止仪表、言语表达、综合分析、应变能力等多方面的行为指标，观察其在特定情境下的情绪反应和应对方略，并做出量化分析和评估；同时结合个人简历等资料，提出对每个个体需要着重考察的工作经验、求职动机等方面的问题，全面把握应聘者的心态、岗位适应性和个人素质。目前被广泛应用于人员招聘活动中。

10.3.1 结构化面试的特点

1. 面试问题多样化
面试问题应围绕职位要求进行拟定，可以包括职位要求的知识、技术和能力，也可以包括应试者工作经历、教育背景；可以让应试者对某一问题发表见解或阐述自己的观点。

2. 面试要素结构化
根据面试要求，确定面试要素，并对各要素分配相应权重。同时，在每一面试题目后，给出该题测评要素（或考查要点），并给出答题要点（或参考答案），供考官评分时参考。

3. 评分标准结构化
评分标准结构化具体体现在与面试试题相配套的面试评价表上。"评价要

素"是对每一测评要素的描述;"权重"是该要素的水平刻度;"评分标准"是观察要点标准与水平刻度的对应关系,是每个测评要素不同表现的量化评分指标。

4. 考官结构化

一般考官为 5~9 名,依据用人岗位需要,按专业、职务、年龄及性别按一定比例科学化配置,其中设主考官一名,具体负责向应试者提问并总体把握面试的进程。

5. 面试程序及时间安排结构化

结构化面试应按照严格的程序进行,时间一般在 30 分钟,具体视面试题目的数量而定,同时对每一题目也应限制时间,一般每题问答时间在 5 分钟左右。

10.3.2 结构化面试的应对技巧

做自我介绍时的技巧

1. 全面展现坚定自信

在任何时候,能否拥有坚定的自信,都会对一个人的成功产生重要影响。求职者要想取得面试的成功,就必须充分展现自己坚定的自信。自信并不仅仅靠考官的提问来展现,外形、语言、姿势等都可以体现出自信。自信不仅是一种内在的气质,也是其他气质存在和表现的依据和支柱。求职者要真正赢得考官的青睐、重视以及信任,就必须用自信心来打动考官,否则,纵然才华横溢、志向高远,也只能被无情淘汰。但要切忌自信过了头,结果变成自傲,给考官一种言过其实、行动力不足、浮夸狂妄的感觉。要想正确把握"自信"与"自傲"之间的度,首先是正确看待自己,不妄自菲薄;其次是保持谦虚,牢记山外有山、人外有人。

2. 恰当运用体态语言

体态语言包括两个方面:一是面部表情;二是身体动作。丰富的面部表情,能带动倾听者的情感共鸣,这也是面试中与考官交流的很好的办法之一。面部表情可以随着自己所讲述的内容有所变化,尤其是在讲述你自己的经历的时候,不要让考官感觉只是在背答案;身体动作在进入考场的瞬间就已经被所有考官所关注,基本的要求就是"站有站相,坐有坐相",基本原则是:大方、得体、不拘谨、不放浪。总之,表情和肢体都是语言之外最能直接引起交谈对方感情共鸣的表象。对它们的适度把握、恰当运用,一方面可以与语言相辉映,增强说服力、感染力;另一方面可独立运用,展现个人内心状况,流露个人感情及情绪。

3. 充分进行眼神交流

面试中，回答问题并不仅仅是言语的交流，更多的是肢体、眼神等的交流。有的考官视角非常犀利，常抓住眼神的交流来判断求职者处理问题的灵敏度与稳重感。面试过程中，惊慌失措、躲躲闪闪或者游移不定的目光，会让考官认为你缺乏自信，难堪大任。要主动与考官进行自然的眼神交流，在重点照顾主考官的同时，还要对其他考官予以眼神回应。但是求职者也要注意适时适度性，不能死盯考官，让考官产生表情呆板，缺乏生机的感觉。

4. 善举事例

俗话说"事实胜于雄辩"，事例论证将使你的观点更加雄辩有力。每个人都想把自己最完美、最真实的一面展示给考官，但仅通过平铺直叙，泛泛地强调自己有多么强的能力，不仅有夸夸其谈之嫌而且没有很强的说服力。而在这时，如果能恰当地引用一个生活中的实例，就可以起到事半功倍的效果。即便是理论可以证明的问题，若用实事论据作为支撑，也可以使自己的观点显得更加严密和无懈可击。

有工作经历的求职者可以说自己在工作的过程中，曾经组织过一次旅游活动，在谈到组织活动时，一定要谈到活动组织的成功之处，活动在同事中产生的良好影响。而没有工作经历的求职者，可以说在学校社团组织过大学生艺术节、书法比赛、歌咏比赛等，在谈到组织活动时，最重要的是要谈到活动的举办是否成功，是否收到了预期的效果，在同学中的反响如何。

5. 凸显个性

面试试题具有开放性的特征，没有标准答案。很多求职者在准备的时候追求"标准答案"，其实是大可不必的。如果众口一词，考官势必疲惫不堪，不利于选拔人才。求职者在答题时应该在将问题做具体化、生活化处理的同时，力求打造亮点。教育专家提醒考生需要记住：试题也是有生命的，只有将自己的思想、个人的认知、实例和经历与试题融为一体，才能将题目鲜活、立体地呈现出来。

就特质来说，男生体格强壮的，一定要展示力量和稳重；文弱内向的，则可以发挥感性正直的一面；女孩子干练、具有较强职业色彩的，要回归率真；稚嫩羞怯的，则要给人以细腻踏实的印象。就经历来说，有工作经验的，可以联系实际工作的体会，把题目答得充实；应届毕业生，可以从理解认识来谈。问题回答没有特定的模式，求职者要在发挥个性优势的同时，尽可能弥补自身的不足。

6. 实事求是

在回答面试官问题的时候，很多人往往自作聪明，在自己的答案里用上太多的修饰，对诚实等为人之道和思考的严密、答案的客观却不太重视，又常常不能自圆其说。在面试时"下套"，把对求职者的真正需求巧妙地隐藏在面试的试题后面，是如今国考面试的习惯做法，这时候如果你只是一味迎合，很快会出局。实事求是指在面试中应试者回答考官提问时要从本人的实际情况出发，要彻底摆脱言不由衷的空话、大话和假话，充分挖掘并结合自己的人生经历，把自己真实的闪光点充分展现在考官面前；即使面对自己的错误，也要勇于承认，切不可卖弄面试技巧来糊弄考官。面试应答不是演戏，也不是演讲比赛。求职者应该明确认识到面试考查的是应试者的真实观点、看法和水平。所以，求职者在作答时应当坚持自己的本色和原则，力求真诚，实话实说。

📖 **课间案例 3**

诚实地表现自我很重要

陈××，23 岁，现供职于上海一家高尔夫俱乐部，管理人员。大学毕业后，得知上海一家高尔夫俱乐部招聘管理人员，于是他前往应聘。面试人员问他对高尔夫运动了解多少，他老老实实回答：了解不多，只在电视上偶尔看过。也不知怎么的就进入了复试，俱乐部主管亲自把关，他被告知：首次面试时，主管其实一直躲在楼上，暗中观察大家在面试前的种种表现。主管说，在不为他人注意之时的言行是最能表现自我的。得知他是学新闻的，主管马上表示对记者职业很不看好，问他如何看待这一问题。他明确表示，对其看法不能苟同，并联系一些事例阐述自己的观点。主管并没因他们之间看法有异而生气，相反，这次面谈挺顺利的。

7. 用真情实感打动考官

面试既是一种能力的测查，同时又是一种考试的形式。在过去的面试中，考官和求职者之间主要是机械问答的关系，考官有如出题机器，求职者好比答题机器，双方通过机械的一问一答来进行面试，这种方式显然不能选择出最真实的人才。但现在的实际情况发生了很大变化。例如，我国公务员面试开始向面试的本质——"见真人、看真心、解真情、选真才"——不断进行回归，在题目设置上就要求求职者能够用真情实感和考官进行交流，把自己由答题机器转变为有血有肉、有灵魂、有感情的人，才能引起考官的情感共鸣，最终通过面试。所以，求职者要挖掘自己人生真实的闪光点，要从内心深处认同公务员职业，从内心深处树立服务意识、责任意识和仁爱意识，要用质朴的生活化语言来表达观点，要用真情实感来打动考官。

10.4　无领导小组讨论

10.4.1　无领导小组讨论的内涵

无领导小组讨论（Leaderless Group Discussion，LGD）主要是通过给一组求职者一个或几个问题，让他们进行一定时间（一般是 1 小时左右）的讨论，来检测他们的组织协调能力、口头表达能力、辩论能力、说服别人的能力、自我控制能力、处理人际关系的技巧和方法、非言语沟通能力（如面部表情、身体姿势、语调、语速和手势等）等，以及他们各方面的素质、个性特点是否达到了拟任职岗位的相关要求，并由此来综合评价考生之间的优劣。因此，要想全面把握无领导小组讨论，还是必须要有一个系统的学习和了解才行。

无领导小组讨论就是大家俗称的小组面试，主要考查个人的交际与合作，以及建立在此之上的个人性格与能力。所以，团队合作始终是一个良好小组面试的基石。小组面试绝不是为了拼得你死我活，更不是为了树立有别他人的鲜明的性格特征。小组面试或者小组讨论的实质是一个了解场景、交流想法、分析问题、提出解决方案、相互尊重、相互妥协、达成结论的一个过程。

10.4.2　无领导小组讨论的特点

1. 无领导小组讨论的优点

无领导小组讨论具有以下几个方面的优点。

（1）能提供给求职者一个平等的相互作用的机会

在相互作用的过程中，求职者的特点会得到更加淋漓尽致的表现，同时也给面试官提供了在与其他求职者进行对照比较的背景下对某个求职者进行评价的机会，从而给予更加全面、合理的评价，即求职者在相对无意之中能充分地暴露自己各方面的特点。

（2）具有生动的人际互动效应

面试官通过观察求职者的交叉讨论、频繁互动，能看到许多纸笔测验乃至面试所不能检测的能力或者素质，如求职者在 LGD 中会无意中显示自己的能力、素质、个性特点等，有利于展现其人际技能和领导风格，提高其在真实团队中行为表现的预测效度。

（3）具有赛马场效应

LGD 提供了一个"赛马场"，在赛马场中选马（求职者），有利于面试官识别最具有潜能的千里马。

（4）具有真实诱发效应

讨论中的快速反应和随机反应，有利于诱发求职者真实的行为模式，大大减少了行为的伪饰性。

2. 无领导小组讨论的缺点

（1）小组之间缺乏横向比较

LGD 的一个突出缺点就是基于同一个背景材料下的各个不同小组讨论的气氛和基调可能完全不同。有的小组气氛比较活跃，比较有挑战性；而有的小组的气氛则比较平静，节奏比较缓慢，甚至显得死气沉沉。一个求职者的表现会过多地依赖于同一小组中的其他人的表现，一个很健谈的人遇到了一些比他更活跃的人时，反而会让人觉得他是比较寡言的。一个说服力不是很强的人在一个其他人更不具有说服力的群体中，反而会显得说服能力很强。这说明不同 LGD 小组之间缺乏横向比较性。

（2）题目要求高

LGD 对测试题目的要求较高，题目的好坏直接影响对求职者评价的全面性与准确性。

（3）评分标准相对复杂

LGD 这种评价方式对面试官的评分技术要求比较高，而且评价标准相对不易掌握，面试官必须接受专门的培训。对求职者的评价易受评价者的主观影响（如偏见和误解），这容易导致面试官对求职者评价结果的不一致。

（4）存在误导的可能

求职者有存在做戏、表演或者伪装的可能性，其经验可能也会影响其能力的真正表现，这样就会误导面试官做出正确的选择。

10.4.3 无领导小组讨论的应对技巧

无领导小组讨论加分项
与减分项

一般而言，无领导小组讨论技巧在无领导小组讨论中，每个人都会隐性地扮演某种角色，不过有些求职者对自己扮演的角色是自觉的，而有些求职者对自己扮演的角色是不自觉的。在无领导小组讨论中，一般有5种角色可供求职者进行有意识的扮演，这5种角色分别是破冰者、领导者、协调者、时间控制者和总结者。

破冰者指的是在无领导小组讨论中，第一个发言的人。因为在无领导小组讨论中，从头到尾都是要求求职者自己进行组织的，而一般来说求职者之间又是互不相识的，因此第一个发言往往需要一定的勇气。而破冰者因为在沉默中第一个站出来，往往会引起考官的注意，具有一定的加分作用。但是，破冰者也具有一定的风险，因为破冰者是第一个发言的，因此也是最引人注意的。所以，破冰者表达流利、逻辑清晰会引起考官的注意，而如果破冰者表达不流利、过于紧张或者逻辑不清晰的话，那就相当于高调地暴露自己的缺陷，这是必须要引起注意的。

领导者一般是对讨论的整个过程起到一种引领的作用。要扮演一个成功的领导者，不仅是对别人发号施令这么简单，而必须要靠自己的能力和魅力来征服自己小组的成员和考官。在无领导小组讨论中，有些求职者以为只要自己对别的求职者发号施令就是领导者了，这就大错特错了。因为如果自己的能力不是很强，或是不够尊重其他的人，那么不但其他的人会不服气，会不配合甚至拆台，而且也不会受到考官的青睐。因此，求职者如果有意要扮演领导者的角色，一定要对自己的能力和魅力有充分的自信，并且还有对其他求职者有足够的尊重才行。

协调者一般来说在无领导小组讨论中起一种协调的作用。协调者发挥作用往往是在出现分歧的时候。在出现了分歧时，如果大家争执不下，不但不利于最终结论的形成，而且争执本身也会给考官留下不好的印象。这时候，就需要有一个协调者，努力缩小对立双方的差距，促使小组形成一个统一的结论，而不能任由分歧影响结论的达成。

时间控制者的作用主要是提醒时间的进度。因为每个阶段都有一定时间的限度，而在整个过程中考官都不会提醒求职者。因此对时间进行提醒就成了一项必要的任务。这个角色的职责相对简单。但还是要注意，时间提醒不能频繁，提醒也应该是有效提醒，应该有实质性的效果才行。

最后一个角色是总结者。总结者要求思路清晰、表达流利，不但要对小组的结论进行一个总结，还要对讨论中出现的分歧做一个必要的说明；而且，对讨论的过程也应该做一个总结。总结者一定要牢记的是，总结者代表的是小组，而不是个人。所以，所总结的内容一定要是小组讨论的结果，而不能是自己与小组相悖的观点。

以上是无领导小组讨论中角色扮演的技巧，在无领导小组讨论中面试者还应该注意以下事项。

（1）发言要积极、主动

面试开始后适时亮出自己的观点，不仅可以给主考官员留下较深的印象，而且还有可能引导和左右其他应试者的思想和见解，将他们的注意力吸引到自己的思想观点上来。自己的观点表述完以后，还应认真听取别人的意见和看法，以弥补自己发言的不足，从而使自己的应答内容更趋完善。求职者应对自己充满信心。无领导小组讨论虽然是求职竞争者之间的"短兵相接"，但也不是特别难对付的可怕事情，因为各个求职者都是一样的公平竞争。所以希望每一位求职者都要放下包袱，大胆开口，不怯场，抢先发言。对于每个小组成员来说，机会只有一次，如果胆小怯场，沉默不语，不敢放声交谈，那就等于失去了被考官考查的机会，结局自然不妙。当然，如果能在组织好表达材料的基础上，做到第一个发言，那效果就更好，给人的印象也最深。

（2）要努力在小组中奠定良好的人际关系基础

其实小组中每一个队友的想法都是差不多的，在是否接受别人观点的考虑中，他会首先考虑他与你的熟悉程度和友善程度，彼此的关系越亲密，就越容易接受你的观点。若他认为彼此存在的是敌对的关系，那么对你的观点的拒绝就是对他的自我保护。所以我们要尊重队友观点，友善待人，不要恶语相向。相信每一个成员都想抓住机会多多发言，以便展示自己。但为了过分表现自己，对对方观点无端攻击、横加指责、恶语相向，会得到整个小组的厌恶，这样的人往往只会导致自己最早出局。没有一个公司会聘用一个不重视合作、没有团队意识的人。

（3）一定要把握住说服对方的机会

试图说服对方的时候要看好时机，不要在对方情绪激动的时候力图使他改变观点。因为在情绪激动时，对方的情感多于理智，过于逼迫反而可能使其更加坚持原有的观点，做出过火的行为，造成更难以改变的结果。所以要找准时机，找到与对方言语里共同的观点，引申出自己的观点，让对方在一定程度上能感觉他的观点与你的有相同之处，然后在对方对你稍稍放下敌对心理，情绪有所放松的时候，你合理地提出自己的观点，以及很充分的理由。这样，你才能在这场心理战中取得胜利。

特别要注意的是在自己发言的时候，要尽量做到论证充分、辩驳有力。小组讨论中，当然不是谁的嗓门大谁就得高分，考官是借此考查一个人的语言能力、思维能力及业务能力。夸夸其谈、不着边际、胡言乱语，只会在大庭广众中出丑，将自己不利之处暴露无遗。语不在多而在于精，观点鲜明、论证严密、有的放矢，尽量能够一下子说到点子上，这样可以起到一鸣惊人的效果。及时表达与人不同的意见和反驳别人先前的言论，也不要恶语相加，要做到既能够清楚表达自己的立场，又不令别人难堪。

（4）发言的时候要注意讲话的技巧，并且言辞要真诚可信

发言的时候能够设身处地地站在对方立场上考虑问题，理解对方的观点，在此基础上，找出彼此的共同点，引导对方接受自己的观点。整个过程中态度要诚挚，以对问题更深入的分析、更充分的证据来说服对方。还有，讲话的时候一定要讲究技巧，千万别在任何场合任何时间搞"一言堂"。不可自己一个人滔滔不绝，垄断发言，这样会让整个讨论小组对自己产生极度厌恶的情绪。但同时也不能长期沉默，一直处于被动的局面。每次发言之前都要好好思考一下，尽量做到每次都必须有条理、有根据。

另外还要注意的一点是，自己讲话的时候要注意停顿。因为停顿的时候显得自己像是在思考，这么做能使你显得像是那种想好了再说的人。但是还要注意的是，这种做法在面对面的面试时是可以使用的，因为面试者可以看得出你在思考而且是想好了才回答。但是如果面试是在电话里进行的，我们最好不要使用停顿的方法，因为在电话面试和可视会议系统面试时，如果做了思考的停

顿，就会出现死气沉沉的缄默氛围。所以，电话或者视频面试的时候要提前准备并且演练一下。所以说针对什么样的面试就要做什么样的准备，要注意这些细节。这样才能取得面试的成功。

（5）切记无论什么时候发言都要抓住问题的实质，言简意赅

任何语言的攻击力和威慑力，归根到底来自于语言的真理性和鲜明性。反驳对方的观点不要恶语相加，敌视的态度不能达到有效反驳的目的。从心理学角度看，敌视的态度会使人产生一种反抗心理，因而很难倾听别人的意见。反驳对方的观点的时候，首先要表示出自己的友好态度，在部分肯定对方观点的基础上，再提出自己的一点不同意见，最后在陈述自己观点依据的过程中，放大对方观点的错误性，同时放大自己观点的正确性，让听者能在你的言语中潜移默化地接受你的观点，然后进而让听者自己否定了对方的观点。

要是想达到这样的效果，准备工作是不可少的，你要提前准备纸笔，记录要点。随身携带一个小笔记本，在别人讨论时，你可以做些记录，表明你在注意听。但是要听的时候画出你认为是他缺点的地方，留下标记，以便进行反驳。然后简单写下自己的观点，组织一下自己的语言。切记一定要提前做准备，再高明的发言者也不能将自己精彩的发言随手拈来，都需要提前准备和思考。

（6）在讨论的过程中，要努力充当讨论小组的领导者

在适当的时候对每个发言者的言论逐一点评，寻找充当领导者的机会。最好能找机会成为小组讨论的主席，以展示自己引导讨论及总结的才能。尤其是某个发言者无突出见解时，自己帮他进行总结。因为争取当一个小组的主席实在是明智之举。在讨论结束之前，你将各成员交谈要点一一点评，分析优劣，点评不足，并适时拿出自己令人信服的观点，使自己处于讨论的中心，无形中使自己成了领导者的角色，自然就为自己成功"入阁"增加了筹码。当然，充当小组领导者也可能是把双刃剑，极力想表现自己的决策能力或者领导能力会招人反感；充当领导者的度很难把握，太强则会显得过于侵略性，太弱则又与领导者的应有作用不相匹配。这对自己本身的要求就更高了，所以，希望每个求职者都能在之前多做训练，平时多积累自己的这种经验，还要注意提高自己这方面的能力。

（7）在论辩中要多想办法摆事实、讲道理，让自己的发言有说服力

发言的时候不仅要立场鲜明，态度严肃，语气还一定要坚定，这样可以使

对方明确己方的观点，重视己方的意见。道理一定要讲得生动、深刻，还要有很强的说服力。这些都是由一个人的能力来决定的，这种能力是可以通过锻炼提高的。所以要想在关键的时候"发光"，平时一定要努力提高自己。多接触这方面的案例，多将自己置身于具体的案例里去思考应对的策略。这样日积月累，就能得到丰富的经验。

（8）千万记得不能使用粗话或黑话

有人认为说出那些很流行的网络语言，或者那种所谓的很另类的流行词语，便会缩小同他人的距离，他们把长得漂亮叫作"条挺""盘亮"，把 100 元、1 000 元、10 000 元分别称为"一棵""一吨""一方"，讲话者觉得这样可以显示自己的与众不同，其实这样的话用在日常熟悉朋友之间是可以的，但是如果用在面试场合，则是很不合时宜的。

（9）谈话的时候要广泛吸收别人的语言精华，以求取得胜利

这其实是"后发制人"的策略，在面试开始后，不急于表述自己的看法，而是仔细倾听别人的发言，从中捕捉某些对于自己有用的信息，通过取人之长来补己之短。待自己的应答思路及内容都成熟以后，再精心地予以阐述，最终达到基于他人而又高于他人的目的。

（10）谈话时候要考虑周到，不要冷落他人

如果你和几个人谈话，当谈话者超过 3 人时，应不时同其他所有的人都谈上几句话。要在谈话的时候用眼神去照顾下暂时没和自己交谈的那位，不要冷落了某个人。尤其需要注意的是，同女士们谈话要礼貌而谨慎，不要在许多人交谈时，同其中的某位女士一见如故，相知恨晚，谈起来没完没了，而且张口闭口引经据典，子曰诗云的，这样只会让人见笑。不论生人熟人，如果在一起相聚，都要尽可能谈上几句话。遇到有人想同自己谈话，可主动与之交谈。如果谈话中一度冷场，应设法使谈话继续下去。在谈话中因故急需退场的，应向在场者说明原因，并致歉意，不要一走了之。

（11）谈话时候切记不要失礼，失态

有的人谈话就是喜欢得理不让人，天生爱抬杠，非要和对方争个你死我活的，哪怕对方是自己的朋友或者同学；有的人则非常爱好打破砂锅问到底，不管什么问题，即使是别人很私人的问题，他也没有什么是不敢谈的、不敢问的。这样做都是失礼的行为。我们要记住，在谈话的时候要温文尔雅，不要恶语伤

人，讽刺谩骂，不能高声辩论，纠缠不休。试想，即使在这种情况下自己占了上风，惹得别人对你心生厌恶，那么是得大还是失大呢？同时应时刻注意自己的气量，做个有气量的谈话者。如果当你选择的话题过于专业，或者自己发起的话题众人不感兴趣，或者对自己的个人私事介绍得过多了的时候，可能会导致听者疲惫，有时候听者面露厌倦之意的时候，自己就应当立即止住，最不宜在这个时候还要我行我素。当有人突然出来反驳自己的时候，不要恼羞成怒，而是应心平气和地与之讨论。发现对方有意寻衅滋事时，则可对之不予理睬。

（12）谈话要记得注意自己的体态

谈话时目光应保持平视，仰视显得谦卑，俯视显得傲慢，均应当避免。谈话中应用眼睛轻松柔和地注视对方，但不要眼睛瞪得老大，或直愣愣地盯住对方不放。以适当的动作加重谈话语气是必要的，但某些不尊重别人的举动不应当出现。例如，揉眼睛、伸懒腰、挖耳朵、掏鼻孔、摆弄手指、活动手腕、用手指向他人的鼻尖、双手插在衣袋里、看手表、玩弄纽扣、抱着膝盖摇晃等。这些举动都会使人感到你心不在焉、傲慢无礼。

（13）什么时候都要有自己的观点，讨论的时候态度要端正

求职者应该有自己的观点和主见，即使与别人意见一致时，也可以阐述自己的论据，补充别人发言的不足之处，而不要简单地附和说："某某已经说过了，我与他的看法基本一致。"这样会使人感到你没主见，没个性，缺乏独立精神，甚至还会怀疑你其实根本就没有自己的观点，有欺骗的可能。当别人发言时，应该用目光注视对方，认真倾听，不要有下意识的小动作，更不要因对其观点不以为然而显出轻视、不屑一顾的表情，这样不尊重对方，会被考官认为是涵养不够。对于别人的不同意见，应在其陈述之后，沉着应付，不要感情用事，怒形于色，言语措辞也不要带刺，保持冷静可以使头脑清晰，思维敏捷，更利于分析对方的观点，阐明自己的见解。要以理服人，尊重对方的意见，不能压制对方的发言，不要全面否定别人的观点，应该以探讨、交流的方式在较缓和的气氛中，充分表达自己的观点和见解。

实践出真知。这些技巧只有在实战中经常运用才能使自己的实力有真正的提升，否则就只能是纸上谈兵。网上有很多关于小组面试的"面经"，多读一些有助于提前感受到小组面试的气氛和考查的重点。小组面试要多多练习，第一次参加通常都会因为经验不足而有所欠缺，不要把你最重要的面试作为你第

一次小组面试的彩排，这样你会很吃亏的。

以下有无领导小组讨论部分试题，即将参加面试的你可以找三五个好友一起模拟。

📅 小练习1

无领导小组讨论：谁来当总经理？

飞达公司是一家中等规模的汽车配件生产集团。最近由于总经理临近退休，董事会决定从该公司的几个重要部门的经理中挑选接班人，并提出了3个候选人。这3位候选人都是在本公司工作多年，经验丰富，并接受过工作转换轮训的有发展前途的高级职员。就业务而言，3个人都很称职，但3个人的领导风格有所不同。

1. 赵强

赵强对他本部门的产出量非常满意。他总是强调对生产过程和质量控制的必要性，坚持下属人员必须很好地理解生产指令，迅速准确、完整地执行。当遇到小问题时，赵强喜欢放手交给下属去处理。当问题严重时，他则委派几个得力的下属去解决。通常他只是大致规定下属人员的工作范围和完成期限，他认为这样才能发挥员工的积极性，获得更好的合作。赵强认为对下属采取敬而远之的态度是经理最好的行为方式，亲密关系只会松懈纪律。他不主张公开批评或表扬员工，相信每个员工都心中有数。赵强认为他的上司对他们现在的工作非常满意。赵强说在管理中的最大问题是下级不愿意承担责任。他认为，他的下属可以把工作做得更好，如果他们尽力去做的话。他还表示不理解他的下属如何能与前任——一个没有多少能力的经理相处。

2. 王亚虎

王亚虎认为应该尊重每一位员工。他同意管理者有义务和责任去满足员工需要的看法。他常为下属员工做一些小事：帮助员工的孩子上重点学校，亲自参加员工的婚礼，同员工一起去郊游等。他还为一些员工送展览会的参观券，作为对员工工作的肯定。王亚虎每天都要到工作现场去一趟，与员工们交谈，共进午餐。他从不愿意为难别人，他还认为赵强管理方式过于严厉，赵强的下属也许不那么满意，只不过在忍耐。王亚虎还注意到管理中存在的不足，不过他认为大多是由于生产压力造成的。他想以一个友好、粗线条的管理方式对待员工。他也承认本部门的生产效率不如其他部门，但他相信他的下属会因他的开明领导而努力地工作。

3. 刘国强

刘国强认为作为一个好的管理者，应该去做重要的工作，而不能把时间花在与员工握手交谈上。他相信如果为了将来的提薪与晋职而对员工的工作进行严格考核，那么他们会更多地考虑自己的工作，自然地会把工作做得更好。他主张，一旦给员工分派了工作，就应该让他以自己的方式去做，可以取消工作检查。他相信大多数员工知道自己应该怎样做好工作。如果说有什么问题的话，那就是本部门与其他部门的职责分工不清，有些不属于他们的任务也安排在他的部门，但他一直没有提出过异议。他认为这样做会使其他部门产生反感。他希望主管叫他去办公室谈谈工作上的问题。

要求被测试人分别以推举候选人的董事身份，参加讨论，决定总经理的最终人选。

应试者须知：

（1）应试者接到"讨论题"后，用5分钟时间拟写讨论提纲；

（2）按照考号的顺序每人限3分钟阐述自己的基本观点；

（3）依次发言结束后，应试者用30分钟时间进行自由交叉辩论。在辩论过程中，应试者可更改自己原始的观点，但对新观点必须明确说明；

（4）辩论结束后，应试者将拟写的发言提纲交给主考官，应试者退场。

无领导小组评分要素及权重：

言谈举止得体（5%）；发言主动生动（15%）；论点准确（15%）；综合分析与论证说理能力（15%）；提纲挈领（20%）；组织、领导能力（30%）。

小练习2

无领导小组讨论：先救谁？

现在发生海难，一游艇上有八名游客等待救援，但是现在直升飞机每次只能够救一个人。游艇已坏，不停漏水。寒冷的冬天，刺骨的海水。游客情况：

（1）将军，男，69岁，身经百战；

（2）外科医生，女，41岁，医术高明，医德高尚；

（3）大学生，男，19岁，家境贫寒，参加国际奥数比赛获奖；

（4）大学教授，50岁，正主持一个科学领域的项目研究；

（5）运动员，女，23岁，奥运金牌获得者；

（6）经理人，35岁，擅长管理，曾将一大型企业扭亏为盈；

（7）小学校长，53岁，男，劳动模范，五一奖章获得者；

（8）中学教师，女，47岁，桃李满天下，教学经验丰富。

请将这8名游客按照营救的先后顺序排序。

（3分钟阅题时间，1分钟自我观点陈述，15分钟小组讨论，1分钟总结陈词）

小练习3

扳道工的选择

一群孩子在铁轨上玩，铁轨有A、B两道，A道正在使用，B道已经废弃停用，A道上有9名小孩儿在玩，B道上有2名小孩儿在玩。这时一辆满载乘客的火车行驶过来，已经来不及刹车，作为扳道工的你，也已经来不及将在轨道上玩耍的孩子赶开，你唯一能做的就是改道。这种情况下，你是让火车按原轨道行驶，还是让火车改道而行呢？

（2分钟阅题时间，1分钟自我观点陈述，15分钟小组讨论，1分钟总结陈词）

本章案例：小李的求职之路

小李是某大学金融专业的优秀毕业生，她在学校学习期间每学年均获得奖学金，毕业时小李在年级德智体综合评估中名列三甲。小李的父母都是工人，亲戚朋友当中也没有人能够为小李推荐工作单位，所以，小李十分相信学校的就业信息网。她经常查看学校就业信息网上的招聘启事。

由此，她选择了中国农业银行总行和一家国外独资企业作为自己应聘的对象，积极地投递了自荐信和履历表。由于两家单位都是广大毕业生非常向往的就业单位，前去应聘的毕业生人数很多。面对众多的应聘者，两家单位均采取笔试加面试的考核方法进行筛选。都说女生就业难，没想到小李一路过关斩将。其他毕业生均感到能够在其中一家单位参加到最后一轮面试就绝非易事了，小李却都坚持到最后一关。考核后等待时间不长，在同一周之内，这两家单位都向她伸出了橄榄枝。

取谁舍谁？小李没有立刻决断，而是广泛征求父母、老师和同学们的意见，她得到的建设性意见基本分为两个方面：一方认为去外资企业工作利大于弊。其根据是，外资企业有利于个人的发展，工资待遇高，流动比较容易，出国留学比较方便；不利的只是工作不努力的话，容易被"炒鱿鱼"。另一方认为去银行工作利大于弊。其根据是，女生适合从事比较稳定的工作，银行工作风险不大，劳动强度不高，待遇虽然没有外企高，但是内部福利并不少；不利的只是工作合同年限较长，不方便出国留学和适时的流动。

小李结合各方面对自己提出的忠告与建议，分析自己的性格特点、两家单位用人的标准和自己将来的发展走向，在两家用人单位的最后答复期限内，选择了中国农业银行总行，婉言谢绝了那家独资企业的邀请。

问题

1. 除了从父母、亲戚朋友以及学校的就业指导中心处获取求职信息外，你认为还有哪些渠道可以获取求职信息？

2. 都说女生找工作难，如果你是小李，面对面试考官提出的"男生可能会比你更能胜任此项工作"问题，你该如何回答？

3. 如果你是小李，面对两家优秀单位的邀请你将如何抉择？为什么？

复习思考题

1. 求职信息的获取渠道一般有哪些？请分类列出并举例说明。

2. 面试有哪些类型？

3. 什么是结构化面试？其特点有哪些？

4. 如何应对结构化面试？

5. 什么是无领导小组讨论？其特点有哪些？

6. 无领导小组讨论的应对技巧有哪些？

第 11 章
求职书面材料的准备

【学习目的】

    1. 了解自荐信的基本格式和内容。

    2. 掌握简历写作的基本原则，熟悉简历的结构和写作格式。

    3. 熟悉英文求职信的写作。

【引导案例】

"精美"的求职材料

    4 年的大学生活就要结束了，作为 ×× 专业"仅有的才子"，李强对那些已经开始着手准备找工作的同学不屑一顾：最后的才是最好的！

    在班上大部分的同学签了就业协议之后，李强才开始行动："那些土包子就为求个职，连简历怎么写、写多少内容都去咨询！"李强花了 3 个晚上，写了一份 3 页的求职信、一份 4 页的个人简历，而且经过润色，使词句流畅，读起来朗朗上口，颇有《少年中国说》的气势。然后，又用整整一天的时间，把求职信和简历进行了精美的设计，最后"不惜血本"用彩色打印机打印了 20 份，用李强的话说：这材料，洋洋洒洒万言，阅读者看了就不想放下。

    可事与愿违，20 份"精美"的求职材料都寄给了那些他认为比较中意的企业，竟然没有一家企业和他联系。

    李强不知道，他的"洋洋洒洒万言"的求职信和求职简历，使企业一下子失去了往下看的兴趣，每个职位企业都能收到几十份求职材料，谁有那么多的空闲时间看你的万言书！而且，彩色求职材料，恰恰是最不受企业欢迎的。

    上述案例告诉我们，制作出让招聘单位满意的求职材料是求职成功的第一步。在该案例中李强更多是站在自己的角度来"过度包装"自己，忽略了企业的需求和偏好，冗长的内容不仅不会吸引企业的注意，反而会引起对方的反感。由此可见，在求职之前对求职材料的精心打造是需要一定技巧的。

求职是一个双向选择的过程，用人单位根据毕业生提供的书面材料了解毕业生的基本情况，从而决定是否给予毕业生面试机会进行进一步接触和了解。作为毕业生，为了向用人单位充分展示自己、推销自己，应该准备具有说服力和吸引力的求职书面材料，从而为自己赢得面试机会。求职的书面材料一般包括中英文自荐信和简历。

11.1 自荐信的写作

自荐信，又称为求职信，是指求职者向自己欲谋求职位的单位介绍自己的基本情况，提出供职请求的书信，是求职者展示自我能力，主动推销自己的书面材料，一般是大、中专院校毕业生、无业、待业人员求职，以及在职人员谋求或转换职业和工作时使用。

自荐信最大的特点就是自我推销，它能够直接有效地向用人单位推介自己、展示自己，从而获得理想的工作职位。然而，求职者应该根据自己的实际情况以及对用人单位的了解有针对性地撰写求职信，无论是在内容还是文体上都能够给读信人留下良好、深刻的印象。

11.1.1 自荐信的基本格式与内容

自荐信的基本格式一般包括标题、称呼、问候语、正文、敬语、落款和附件等几个部分。

1. 标题

求职信的标题一般只由一种文种名称组成，一般以"求职信"或"应聘信"3个字为标题，居于首页第一行正中。要求醒目、简洁、优雅，从而显得大方美观。

2. 称呼

称呼要在求职信的第二行顶格书写，一般是求职单位的领导或负责人的姓名或称呼，称呼后面加上冒号，是引起下文的意思。称呼应根据不同单位、不同部门的情况而定，要做到礼貌得体。一般情况下，对国有企事业单位，称谓写成单位名称或单位的人事处（部），如"××单位"或"××单位的人事处（组织人事部）；对民营、私营或合资、独资企业，称谓一般写成公司老板或人事部门负责人个人姓名，若不清楚对方姓名，可直接写上他的职务，如"××公司总经理""××厂人事部部长"，若知道对方姓名，可在姓名后面加上"先生"或"女士"或职务名称，以示尊重；若单位不明确，可以直接称呼"尊敬的贵单位领导"等。总之，称呼要恰当得体，视其身份而定，不可乱用。

3. 问候语

问候语往往写在称呼的下一行，空两格，独立成段，表示对用人单位收信人的尊重和敬意，也是文明礼貌的表现。常用的问候语有"您好"或"你们好"。若称谓只是单位或部门名称，问候语可以省略。

4. 正文

正文是求职信的核心，一般由开头、主体、结语3部分组成。

（1）开头

开头一般先写明求职缘由。应该说清楚是属于毕业求职、待岗求职还是在岗者换岗求职等。开头的表达要做到简洁明了，富有说服力。

（2）主体部分

求职者应该针对用人单位的征招信息，结合自己的实际情况，有针对性地介绍自己具备能够胜任某项工作的优越条件，如学历、知识、经验等，从而充分展示自己、推销自己，使用人单位愿意与你进行进一步接触和了解。这一部分是求职信的关键部分，其内容通常包括简介、自荐目的、条件展示、愿望决心。

简介是自我概要的说明，包括自荐人姓名、性别、民族、年龄、籍贯、政治面貌、文化程度、校系专业、家庭住址、任职情况等，要针对自荐目的做简单说明，无须冗长烦琐。

自荐目的要写清信息来源、求职意向、承担工作目标等项目，要写得明确具体，但要把握分寸，简明扼要，既不能要求过高，又不能模棱两可，给人以自负或自卑的不良印象。

条件展示是自荐信的关键内容，主要应写清自己的才能和特长。要针对所求工作的应知应会去写，充分展示求职的条件，从基本条件和特殊条件两个方面解决凭什么求职的问题。

愿望决心部分要表示加入对方公司的热切愿望，展望单位的美好前景，期望得到认可和接纳，自然恳切，不卑不亢。

（3）结语

结语的语气要谦恭有礼。一般表明求职者想得到该工作的迫切愿望，或以商量的语气表达希望前往拜访或打电话了解面试消息等请求。常用结语词有"盼望答复""伫候佳音"等。

5. 敬语

与其他信函一样，求职信也要写敬语，要礼貌，不可过于随便。常用语有"此致、敬礼"，"此致"另起一行，空两格，"敬礼"另起一行顶格。

6. 落款

在敬语的右下方，要写上"求职者：×××"，并注明写求职信的具体日期。

为方便对方回文联系，还需写上自己的详细通信地址、邮政编码、电话号码、个人网站、电子邮箱地址等。

7. 附件

附件部分是附在信末用于证明或介绍自己具体情况的书面材料。附件用于向对方证明自己的能力和水平。其主要包括所读课程及成绩表、获奖证书或等级认定证书、发表的文章、专家和单位的推荐信或证明材料等的复印件。

11.1.2 自荐信的注意事项

1. 态度要谦恭

自荐信是求职人用来向用人单位求职的。所以，通常情况下，自荐信中的语气要谦和、礼貌，表述要得体，用语要亲切；对于迫切希望得到某个职位的求职者来说，在自荐信中除了恭敬与礼貌外，在展示自身才能的同时，还应该表达一种恳切之情，力求以情感人，达到加深对方印象的目的。

2. 情况要真实

用人单位招聘员工往往要通过面试，聘用员工还有试用期。如果求职者把自己不具备的素质和能力作为标签贴在自己身上，迟早会露馅，到头来只会徒增烦恼，严重的还会导致用人单位对求职者的品格产生怀疑，影响个人将来的发展。

3. 目标要明确

求职目标意向要明确，一方面对自己希望获得什么职位要表达清楚；另一方面对于自身从事相关工作，履行相应职责所具备的基本素质或特殊才能也应表述清楚。如果是应聘式求职函，还应严格依据招聘条件，有针对性地逐条如实表述。

4. 语言要简洁

由于求职信的特殊目的以及它所针对的特殊对象，决定了求职信的语言与其他文体有所不同，文字表达必须简洁、朴实、通顺，不要使用修饰性词语，切忌错别字和语法错误。

11.1.3 自荐信的主要内容

第一，介绍自己的基本情况和获得招聘消息的渠道和方式。首先在正文中简明扼要地介绍自己，重点是介绍自己以及与应聘岗位契合度较高的学习经历、工作经历，以及取得的成就等，引起招聘单位对求职者的兴趣，但详细的个人简历作为附录。其次说明招聘信息的来源，例如"两天前在某某卫视上看到贵公司的招聘广告，获悉贵公司招聘文员，故冒昧地写信前来应聘文员一职"。这样写不仅有理有据，而且还可以让招聘单位感觉到招聘广告的影响和作用。

第二，说明你应聘的岗位和能胜任本岗位工作的各种能力。由于用人单位的招聘岗位往往不止一个，因而必须写清应聘的岗位。若不清楚用人单位的招聘岗位，可以表明自己的意愿，希望获得什么样的工作岗位。说明个人胜任某项工作的条件，体现自身的能力，表达与应聘岗位的契合度是自荐信的核心部分，主要是向对方说明自己的学历、经验和专业技能，要突出与所求职业相对应的特长及个性，起到吸引和打动对方的目的。

第三，阐述自己的潜能。向对方介绍自己的工作经历以及取得的成绩，目的是说明自己在管理方面的能力，有发展、培养的潜力。如介绍自己在外企工作数年，则表明自己有较强的英语沟通能力，并有较强的抗压能力，能更快地适应环境。

第四，表示希望得到答复或面试的机会。对 HR 在百忙中批阅了自己的求职信要表示感谢，并希望该单位能考虑自己的求职愿望，给予入职机会，最后请求答复。

中文求职信示例

求职信

尊敬的领导：

您好！

首先，为我的冒昧打扰向您表示真诚的歉意。在即将毕业之际，我怀着对贵公司的无比信任与仰慕，斗胆投石问路，希望能成为贵公司的一员，为贵公司服务。

我是××职业技术学院土木工程系建筑工程技术专业的一名学生，将于 2016 年 7 月毕业。××职业技术学院是××唯一一所国家公办的建筑类的高等学校，建校 50 多年来，已为社会输送了 3 万多名各类建设工程技术专门人才。

在大学 3 年的学习期间，在师友的严格教益及个人的努力下，我具备了扎实的专业基础知识，系统地掌握了×××、××××等有关理论知识；同时，我还利用课余时间广泛地涉猎了大量书籍，不但充实了自己，培养了自己多方面的技能，也提高了个人的综合素质。我曾获××比赛一等奖，××年获学校优秀奖学金……

作为 21 世纪的大学生，我非常注意各方面能力的培养，抓住每一个机会，积极参加社会实践，不断地提高自己各方面的能力。我曾在××公司××项目实习（主要实习内容为：现场施工质量检测），也曾在假期期间到×××项目实习……这些实践活动让我初步掌握了建筑工程技术现场施工必备的技能。

大学 3 年的学习，我深深地感受到，与优秀同学共事，使我在竞争中获益；向实际困难挑战，让我在挫折中成长。父母教导我勤奋、尽责、善良、正直；学校培养了我实事求是、开拓进取的作风。

我热爱贵单位所从事的事业，殷切地期望能够在您的领导下，为这一光荣的事业添砖加瓦；并且在实践中不断学习、进步。

诚然我尚缺乏丰富的工作经验，如果贵公司能给我机会，我会用我的热情、勤奋来弥补，用我的知识、能力来回报贵公司的赏识。

收笔之际，郑重地提一个小小的要求：无论您是否选择我，尊敬的领导，希望您能够接受我诚恳的谢意！

此致

敬礼！

祝愿贵单位事业蒸蒸日上！我是应届生。

求职人：×× 敬上

××××年××月××日

联系地址：×××××

邮　　编：×××××　　　　电　　话：×××××××

病文求职信示例

求职信

尊敬的阳光装饰公司经理：

您好！

本人是今年的毕业生，面临毕业，想到贵公司工作，现将本人的情况做如下的介绍：本人现就读于××职业技术学院建筑装饰专业，今年七月毕业。我在学院各方面表现都很好。

我的性格是属于外向型的，不喜欢独来独往，人比较健谈，喜欢去人多的地方，喜欢交朋友，而且自己认为朋友越多越好，将来有什么困难可以得到更多朋友的帮助。

我的兴趣是广泛的，好像什么都喜欢。我的音质不好，不会唱歌，但喜欢听人唱歌，喜欢欣赏音乐。我也喜欢画画，也喜欢体育活动，特别喜欢打羽毛球。

在遵守纪律方面，我比较自觉，从没有违反过学院的纪律，不但没有受过处分，有时还能得到表扬。

在生活方面，我比较简朴，不乱花钱。有人说我吝啬，我有自己的看法：我们学生是消费者，花钱不能大手大脚，不然会增加家长的负担，节约是我的优点，我不承认吝啬。在学习方面，我也很自觉。有的人对基础课的学习不够重视，只重视专业课，我不是这样，我对基础课和专业课同样重视，所以各科学习成绩都达到了老师的要求。

贵公司是从事装修工作的，我是学装饰专业的，完全可以在贵公司工作，请公司研究并答应我的求职申请。

此致

敬礼！

求职人：××职业技术学院装饰班：张叁

2016 年 3 月 16 日

【病文评析】

本文的主要毛病是中心不突出，未能针对该用人单位的通常要求和自己的专业特长来组织安排材料。主体部分详略处理不当，重点不突出。此信的重点应该是介绍求职者的专业知识和专业技能的情况，而本文只笼统地提到"各科学习成绩都达到了老师的要求"，没有具体地介绍自己学习了哪些与装饰有关的学科，学科知识和技能掌握的情况如何。另外，应聘人对自己的性格、兴趣、生活等方面的叙述过多，而对自己的性别、年龄、志向等却只字不提。

在语言表达方面，未能做到简洁、朴实、准确。如关于自己的性格、兴趣爱好、生活简朴、有关他人看法、其他人对学习的态度等的表述，都与该信的主题关系不大，可以不写。有些地方的文字表达过于口语话，如"喜欢去人多的地方""将来有什么困难可以得到更多朋友的帮助"等。

11.2 求职简历的准备

简历即对履历的简要陈述，又称履历表，英文简称 CV，常用于个人求职、申请，但也可作为非求职者的经历简述。简历记载一个人的教育学历、专长以及就业经验，有时会补充个人特质、兴趣或期许。它经常是求职者用以取得面试或访谈机会的工具，也是招聘单位或学术机构挑选候选人的过滤依据，其重要性可见一斑。

简历是求职时给人的第一印象，也是展示求职者素质的一块"门面"。简历的重要目的就在于尽可能地使招聘单位对你产生兴趣；使人才交流中心和介绍部门信任或赞赏你，看到简历，就想把你推荐给用人单位。就此意义来说，一份卓有成效的个人简历是开启事业之门的钥匙。

11.2.1 制作简历的注意事项

1. 力求简单明了，精美大方

"简"历，就应该把"简单"这个含义运用好。即应该将介绍个人基本情况的信息直接放在最前面，让人一目了然。此外，简历的制作应该精美，以便提高简历对审阅者的吸引力，而精美的基础是简洁大方。因此，简历的字体应统一，不用斜体、隶书、行楷、琥珀体等；印刷应精良，整页文字疏密有致，清楚大方，四周留有一定的空白。而且简历中的小标题应该加粗，如个人资料、个人兴趣、社会实践经历、求职意向等。

2. 内容务必真实可信

每个求职者都希望给用人单位留下最好的印象。有些求职者没有好的成绩，或是不符合用人单位的要求。但是，他又不想因此而丧失找到工作的机会，于是就想办法伪造成绩或是编造实习经历来骗取用人单位的信任。但是，假的终究是假的，欺骗即便成功也只能是暂时的成功，求职者通过虚假的简历进入单位后，可能在很短的试用期内，问题就迅速地暴露出来。

3. 要有的放矢

简历的制作应该具有针对性。一份简历应该只适合一家单位，将同样的简历投给不同的单位，那将无法让用人单位觉得你是最合适的人选。因此，制作简历的时候应该有目标，针对不同的单位要制作不同的简历。这样做你的简历才会让招聘者眼前一亮。

4. 凸显自己的不同

自己不做简历，到同学那借一个套用，或是在打字社买一套现成的简历，连封面都不用换就投给用人单位。用人单位见到这样千篇一律的简历，并没有任何新鲜感，很多时候只能把简历丢在一边，因为，成百上千份简历几乎一模一样，他们不会感到其中的哪个人有出众的水平。在相同学历条件下，一定要在简历设计中巧显个性，体现出自己的特长。

5. 避免书面差错，字斟句酌

简历完成后，可以采用文字处理软件中的"拼写检查"功能进行复查，或者请一位朋友帮你通览整份简历，看看有没有漏掉的小错误，避免涂改和错别字。要注意调整格式，选择适当字号和字体，使版面整洁、美观，做到反复修改后再定稿打印。准备简历时不要试图在打印纸上省钱，一定要使用优质纸张，如专门的简历用纸。

11.2.2　简历的一般格式

1. 标题

简历撰写技巧

标题一般写成"求职简历"或"个人简历"，写在简历正文的顶端，居中书写，字号和字体可着意设计。

2. 个人信息

个人信息主要包括姓名、性别、出生年月、年龄、籍贯、政治面貌、学历、联系地址、电话号码等。这一部分写得过简或过繁都是不可取的。过于简略，招聘者对求职者的基本情况知之甚少，这不利于通过最初的筛选；过于繁细，甚至将个人的许多隐私全盘托出，也可能带来负面影响；而个人的联系方式则尽可能写得详细些。把个人资料放在简历的最上面，主要是为了方便用人单位与求职者及时取得联系。

3. 求职目标

求职目标是寻求工作职位或表明应聘的类型。无论是刚刚毕业的高等院校学生，还是另谋职业者，确定求职目标一定要结合自己的实际情况，根据自己所学专业和经验特长去选择，切不可好高骛远。对于特别热门、应聘人员较多的职业要慎重选择。求职目标一般比较简练，不超过 40 个字，可以是具体的工作，也可以是工作类型。

4. 教育背景

受教育情况往往写在"工作经历"之前，以突出优势。主要包括所就读的学校、专业、获得的学位、主要课程、主要研究领域研究成果、荣誉情况等。介绍受教育背景时，要注意其与所申请职位的关联程度。

5. 专业技能

求职者应注明自身具备哪些素质、能力，如计算机水平、外语能力、人际交往能力、道德品质、团队协作精神等。在介绍自己的特点时，个人的兴趣和爱好是否要写明，取决于所应聘工作的性质。表述时尽量用事实说话，语气要坚定、积极、有力。

6. 校内和校外工作经历

工作经历主要包括校内和校外两种，求职者应该写明曾从事某项工作的起止时间，就职单位的名称、职位，具体的任务和职责、主要成就等。一定要突出那些与求职目标相关的工作经历，这一工作经历可以是本职的，也可以是兼职的或业余的。这部分内容要写得详细些，用人单位要通过这些经历考查你的团队精神、组织协调能力等。

📖 应届毕业生求职简历示例

个人简历

个人概况

姓名：张三	性别：女	民族：汉	籍贯：××××××
出生年月：1992 年 3 月		婚姻状况：未婚	身高：162cm
健康状况：良好		学历：硕士研究生	专业：统计学
研究方向：经济统计		政治面貌：党员	

职务：研究生会女生部副部长

身份证号：××××××××××××××××××

求职意向

应聘职位：统计工程师　　　　期望工作地点：北京

联系方式

联系地址：中南财经政法大学　邮编：430060

E-Mail：××××@163.com　电话：××××××××××××

外语水平

英语：大学英语六级　　　　日语：初级

计算机水平

国家二级；能熟练应用各种统计软件；熟悉网络操作

教育背景

2010.9-2014.7，河北经贸大学统计学专业，获经济学学士学位

2014.9-2017.7，中南财经政法大学统计学专业，获经济学硕士学位

参加的学术科研活动及成果

◆中国电信（武汉地区）2003 年大客户满意度调查分析报告（本人完

成调查问卷的数据化处理，数据录入，数据分析，撰写报告）

◆湖北省人口普查办课题：湖北农村剩余劳动力转移与农业可持续发展问题研究，获一等奖

◆湖北省第二次基本单位普查课题：湖北民营科技企业创新与可持续发展问题研究，获二等奖

◆国家级课题：注册会计师行业调查、评估行业系列调查分析（本人完成调查问卷的数据化处理，数据库结构建立，数据录入以及调查数据分析）

工作实践与实习

2012.3—2012.5，在河北省石家庄市统计局核算处实习

2015.9—2016.1，在湖北经济学院执教（经济计量学课程）

奖励情况

2010—2011 学年度：校优秀学生三等奖学金

2011—2012 学年度：校优秀学生二等奖学金

主修课程

英语　科学社会主义　微观经济学　宏观经济学　会计学专题

时间序列分析　计量经济学　抽样调查　统计决策　国民经济统计

市场调查与分析统计　分析软件　多元统计分析　随机过程

11.2.3　简历成功要诀

1. 求职目标清晰明确

修改简历的技巧

写求职简历时，简历的所有内容都应有利于你的应征职位，无关的甚至妨碍你应征的内容不要叙述。简历的所有内容最好压缩到一页纸上，如果你有很长的职业经历，一张纸写不下，请试着写出最近 5~7 年的经历或组织出一张最有说服力的简历。

2. 突出过人之处

现在，找工作的竞争非常激烈，所以为了凸显自己的与众不同，毕业生在材料中应把自己最突出的优势和最能吸引人的长处充分表现出来。与众不同的优势，正是你的闪光点，是你在竞争中取得成功的保证。例如，曾被评为省三好学生、参加全国电子设计比赛得过奖、在全省演讲比赛中得过奖、曾是校某运动队主力队员、校卡拉 OK 大赛得过名次等。

3. 用事实和数字说明强项

不要只写上你"善于沟通"或"富有团队精神"，这些空洞的字眼招聘人已熟视无睹。应举例说明你曾经如何说服别人，如何与一个和你意见相左的人成功合作。这样才有说服力并给人印象深刻。

4. 自信但不自夸

有些毕业生为了给招聘单位一个好印象，尽快落实一个理想的工作单位，在求职材料的自我介绍中添油加醋、夸夸其谈，这种做法的结果往往是适得其反。因此，应掌握好写求职材料的基本要素，实事求是，扬长避短，充分准确地表达你的才能，不可过分浮夸、华而不实。过分地夸大个人工作能力，即便轻松过了面试关，也很难过试用期。

11.3　英文求职书面材料的准备

现在许多单位都希望应聘者有比较扎实的英文基础，特别是外企和涉外业务比较多的单位。一份漂亮的英文求职信会给用人单位留下良好的印象。

11.3.1　叙述信息来源

首先，应该表明自己是通过什么渠道、什么方式获得的该求职信息。这样可以使求职信更加自然，不会有唐突的感觉。例如：

Dear manager,

（1）In answer to your advertisement in（媒体名称）for（职位名称），I wish to tender my services.

（2）With reference to your advertisement in（媒体名称）for（职位名称），I respectfully offer myself for the post.

11.3.2　自我介绍

自我介绍，既是自我展示的一个平台，也是让企业最快了解自己的一种方式。自我介绍中，通常介绍自己的工作经验，尽量不要出现与应聘工作无关的经历。例如：

Now I'd like to introduce myself to you. My name is ××，I'm × years old, I graduated from ×× university in 年份 . I have had 数字 years experience with 以前

供职单位 as a 以前职务 .

11.3.3　申请原因

表达自己求职的心愿，并且讲述自己与该职位的契合度很高，突出自己适合该职位。例如：

I'm interested in this job, I'd like to get this job. My experiences will show you that I can fulfill this job .

11.3.4　如何在求职信中体现自己的能力

这部分非常重要，因为这体现你究竟能为公司带来什么，直接关系到求职的成功与否。例如：

I have received a special English education of marketing, I can install a marketing assistant.

11.3.5　请求答复

求职信中提出希望得到该职位，并且留下自己的通信地址、邮政编码、电话、电子邮箱等。例如：

If you agree with me, please call me, my telephone number is 676374179, or E-mail me, my E-mail is ×××@yahoo.com.

11.3.6　表达自己的感激之情和署名

在求职信的结尾要表达对对方的感激之情，以及记得署名。例如，Thank you very much, everything goes well with your work。

署名一般用 Sincerely yours 或 Respectfully yours。

📖 课间案例

英文求职信实例及分析

608 Green-grass Building

Pigeons Community Road

West Riverside District

Tianjin 300071

July 20，2005

Jane Wang

Personnel Resources Department

Sinotrans Beijing Station

12 Xinyuan Street

Beijing 110027

Dear Ms. Jane Wang：

I am very interested in your advertisement for a Network Engineer in Beijing Youth Daily July 11，2005. I would like to apply for this position.

I earned my Bachelor of Science degree from the Electronic Engineering Department of Tianjin University in 2002. After that I worked in the Computer Center of theTechnical Development Center of Tianjin as a Applications Programmer for nearly two years. Since I left the center, I have been working as a Web Developer with General Electronic Medical Systems. Working in these two positions，I have gained valuable experiences in PC software and hardware，knowledge of programming, remote administration，mail systems and networking hardware. Now I wish to develop my career in a foreign enterprise in the field of network technology.

I know the importance of teamwork and cooperation，and I can always cooperate with my colleagues and customers very closely.

I would be very happy if you could favor me with an opportunity for an interview. My telephone number is 011-××××××.

Looking forward to hearing from you.

Yours sincerely,

Li Lu

分析

这封求职信正文的第一段直接说明写信目的：申请网络工程师一职，同时说明了登载这一招聘广告的报纸和时间。

第二段简述自己的学历、工作经历和工作能力。申请人获得天津大学工程系学士后，做过几年编程员和网络开发员，具有计算机软件、硬件、编程、远距离管理、邮件系统及网络硬件等方面知识和经验。

第三段介绍自己的性格，特别是合作精神。

最后，请求得到面试的机会，并告诉对方联系方式。

📖 本章案例：盘点各种"奇葩"简历

求职简历是毕业生们求职的"武器"。然而，很多应届毕业生由于缺乏简历撰写的经验，导致简历中有一些低级错误，从而出现了许多"奇葩"简历。

"奇葩"一：一人多岗，不同岗位"样样通"

说到写简历，毕业生们都希望多展示自己优秀的一面。不过，应聘者对自己的评价应基于实事求是。"一些应聘者把自己的经历写得太丰富了，丰富得让人质疑。"一家外资企业的人力资源主管这样向记者吐槽。

在网友盘点的"奇葩"简历中，就有一条"一人多岗"的例子。该应聘者是工商管理专业毕业生，他在应聘简历中注明自己除了管理岗位，还可以从事销售、人力资源管理、网络技术、公关部门以及办公室文秘等。网友惊叹，这是啥能人啊？实际上，这样"样样通"的应聘者也让雇主发蒙。"我们遇到过这样的应聘者，感觉什么岗位都能胜任，但实际上并非如此。"一家企业的人事主管这样感慨。

"奇葩"二：换岗原因都是"企业倒闭"

"看到这位同学的见习经历，简直'吓尿'。"网友吐槽了一份毕业生的简历。

记者看到，在这位同学的简历上关于实习经历一栏中，大学四年期间分别在五家公司工作过，就职的岗位分别是市场部高级营销策划师、商务合作部经理、产品部运营经理、人力资源部负责人、营销策划主管。

但在离职原因一栏中，原因竟都是"公司倒闭"或"公司破产"之类。

网友惊呼，这位求职者把自己频繁换岗位归结为公司的原因，但不知有没有想过，哪个公司还敢招聘你！

"奇葩"三：简历夸海口，月薪一栏却只填2 000元

"10份简历，9个说自己是学生干部。有的同班同学中，有好几个竟是同一个职务。"一位人力资源主管这样吐槽。

在网友盘点的奇葩简历中，也出现过夸海口的例子。

在工作或实践经验一栏中，一位毕业生写道：曾经见习于几家公司，分别担任过执行总监助理、产品部门副总经理等职，并给企业带来了一定的收益等。

该同学应聘的是"产品总监"一职，而在下一栏的"期望薪酬"中，却写了 2 000 元（税后）字样。看后不少网友表示："孩子你得自信到底啊，总监月薪才 2 000 元，是带有义务性的岗位吗？"

"奇葩"四：狂妄吹嘘：雇佣我你可以辞退 4 个本科生

一位求职者学历不高，但通过自己的努力也取得了一些小小的成绩，从蓝领晋升为白领。他在简历当中"我的优势"这一部分时直言不讳："雇佣我，你可以辞退至少 4 个本科生：虽然我没上过大学，但是网管、人力、公关、销售、市场甚至翻译，我都能胜任。相反，在我眼里，大学生＝垃圾＝眼睛长头顶上却不会干活的废物，混吃等死。我当客户经理时曾经开除过至少 24 个本科生，因为他们不会做事，只会来事。"

强调自己虽然学历低，但工作能力强过本科生本身并没有错，但这名求职者并没有向人力资源管理者说明自己在哪些方面做得比高学历的人好，反而用了大段带有攻击性的语言嘲笑大学生是混吃等死的废物。这种为了抬高自己就贬低他人的做法，令人感到求职者心胸狭窄、嫉贤妒能。一般公司的管理者都是本科以上学历，将这样一份奇葩的简历递到他们面前，无异于指着鼻子骂对方，这次求职的结果可想而知。

问题

1. 你如何评价上面的几份"奇葩"简历？

2. 你认为我们在撰写简历时应该怎样突出自己的优势？

3. 除了上面列举的几种现象，我们在撰写简历时还容易犯哪些错误？

复习思考题

1. 一份成功的个人简历应具备哪些基本要素？

2. 个人简历的一般格式是怎样的？试制作一份个人简历。

3. 个人简历与求职信有何关系？

4. 求职信主要包括哪些内容？

5. 请列出英文求职信的一般格式。

附录　商务沟通游戏精选

游戏一：提问技巧训练——猜成语游戏（第 1 章用）

游戏程序

步骤 1：把学员分成 3 个小组，每组选一位代表面向成员就座。

步骤 2：教师给每个代表一个成语，除了代表本人以外的学员均知道每个代表手中的成语。

步骤 3：现在开始猜，从 1 号开始，必须问封闭式问题，如"是形容……的吗？"如果成员回答是，则他可以继续问第二个问题，否则失去机会，轮到 2 号发问，依此类推。

步骤 4：先猜出者为胜。

相关讨论

1. 你认为哪个学员的提问最有逻辑性？最能达到目的？

2. 在你的沟通之中，你应该怎样改进提问的方法？

游戏二：荒岛求生（第 2 章用）

游戏的背景资料

私人飞机坠落在荒岛上，只有 6 人存活。这时逃生工具只有一个只能容纳一人的橡皮气球吊篮，没有水和食物。

这 6 个人是：孕妇：怀胎八月。

发明家：正在研究新能源（可再生、无污染）汽车。

医学家：多年研究艾滋病的治疗方案，已取得突破性进展。

宇航员：即将远征火星，寻找适合人类居住的新星球。

生态学家：负责热带雨林抢救工作。

流浪汉：历经人生艰辛，生存能力较强。

游戏程序

步骤 1：参加人通过抽签确定角色。

263

步骤2：每个角色有2分钟陈述自己存活的理由。

步骤3：在其他扮演者完成陈述后，每个角色有1分钟通过反驳他人来增强自己的说服力。

步骤4：听众根据扮演者的表现进行投票，在投票时不要加入自己对角色的主观认识。

游戏总结

1. 通过倾听他人理由可以完善自己，因此倾听是很必要的。

2. 游戏者成功关键在于体会角色的处境和心情，如果真的觉得自己生命和游戏相联系，这样在劝说时会很认真。

3. 这是一个帮助自己提高说服力的游戏，也可以锻炼心理承受能力。

游戏三：副厂长的人选（第3章用）

游戏程序

步骤1：3个人参加角色扮演，每人阅读各自的角色材料（只看自己的那部分材料），大约5分钟。

甲扮演张厂长，乙扮演王总经理，丙扮演观察者。

张厂长与王总经理进入角色，进行面谈，观察者开始观察，大约10分钟。

观察者谈自己的所见所闻，大约3分钟。

步骤2：其他参加人交流各自体会，并回答以下问题。

1. 作为倾听者，张厂长和王总经理分别从对方那里了解到什么新信息？在他们的倾听过程中是否出现过什么障碍？

2. 作为倾听者，张厂长和王总经理应该怎样运用反馈技巧使倾听更为有效？

3. 通过练习，你是否已经体会到在人际沟通中，倾听技能是十分重要的？

张厂长的背景材料

现在，你就是张厂长。

你今年40岁，是永光无线电子厂厂长。该厂是永光电子有限公司下属的一个分厂。由于厂部业务的拓展，需要增设一名分管采购和销售的副厂长。关于此职位的人选，你心里早已有个候选人，此人就是现任采购科长的小李。小李今年38岁，身体健康、业务熟悉、沟通能力强，而且人品不错。然而，对这样一个人，公司王总经理却持不同意见，王总刚才打电话来，要你去总经理办公室谈关于副厂长人选的事情。

你认为，目前在厂里除了小李外，没有更合适的人选，可是王总的口气似乎他另有一个候选人。"不管怎样，"你思考着，"这个候选人必须年富力强、有开拓精神、熟悉业务，同时还要有一定的群众基础。"想到这里，你便快步向总经理办公室走去。

现在你将练习倾听技能了。

王总背景材料

本来，你心里早有谱：让公司人事科科长老刘当副厂长。老刘这个人十分忠厚，从公司初创之日便跟随自己，在公司做了 20 多年的科长，让他当副厂长，资格是没有问题的。

不过前几天，永光无线电子厂张厂长推荐该厂采购科科长小李作候选人。小李你见过，年纪很轻，现年大概不过 38 岁吧。你认为年轻人办事有时过于草率，做副厂长尚嫌太嫩。然而，听张厂长的意思，这个副厂长的人选非此年轻人莫属！这个张厂长，有时也很固执。

就副厂长候选人之事，你今天找来张厂长想亲自与他谈一谈。

现在，你将运用倾听技巧进行角色操练了。

观察者在角色扮演中，应注意以下情形。

1. 作为倾听者，王总对张厂长的表述是否表现出兴趣？

2. 在倾听过程中，王总是否对张厂长的表述做出客观评价？

3. 在倾听过程中，王总是否表现出非语言的暗示？

4. 在倾听过程中，王总是否有能力引导张厂长的观点？

5. 通过倾听，王总是否意识到张厂长确实想物色一名德才兼备，且年富力强的候选人？

6. 在倾听过程中，王总是否认识到他对小李的了解欠全面？事实上，小李确实是一位不可多得的年轻人才。

7. 在倾听过程中，张厂长是否与王总发生争执？王总是否运用倾听技巧设法让张厂长安静下来？

游戏四：是下巴还是面颊（第 4 章用）

游戏程序

步骤 1：教师一边示范，一边请学员站起来，伸出右臂，与地面保持水平。教师说："现在，请用你们的大拇指和食指围成一个圈。"（教师在说的时候，示范该动作）然后继续说："请将上臂举起，弯成直角。"（继续示范该动作）

步骤 2：看看学员是否都做正确，然后继续说："好，请用掌心托住你的下巴。"注意，当教师说"托住下巴"时，教师用掌心贴住面颊。

步骤 3：教师四处看看，但什么也不要说。5~10 秒后，学员中有些人会意识到错误并转而用掌心托住下巴。再过几秒，学员会大笑起来。这时教师可以强调指出："一位培训师的行为往往比他的言语更为有效。"

提示：如果时间允许，教师可以改变一些动作，看看学员们这次是否反应过来。

相关讨论

1.有多少学员跟着教师的动作做了呢？为什么？

2.有时候，行为上发生的问题会导致沟通的失误，通过这个游戏，启发我们认识到阻碍有效沟通的困难有哪些？

3.讨论一下如何更好地运用行为动作来进行沟通。

4.在工作中，你是否遇到过类似情况？如何更好地处理这些问题呢？

游戏总结

1.很多沟通问题就是由于理解不够准确而造成的。在与他人交往时，有时会出现一些言行不一的现象。这种疏忽就有可能导致别人一些理解上的错误，造成不必要的误会。我们要在平时多加注意，出现问题及时改正与解释，当然我们还应该学习一些可以有效化解这种错误的方法。

2.从游戏中可以体会到，人们评价你的标准通常是你的行为。要时刻关注自己的行为，努力做到言行一致。

3.在日常的生活中，非语言沟通会起到很重要的作用。要在语言沟通的同时配合适当的非语言沟通，会增强沟通的有效性，我们应多学习一些非语言沟通的技巧。

游戏五：见面礼仪（第6章用）

找6~8名学员并分成两小组，分别扮演以下角色。

主方代表：副总经理、销售部经理、副总经理助理。

客方代表：总经理、销售部经理、公关部经理、总经理助理。

要求穿上正装，并按照正式场合的见面顺序依次进行称呼、介绍、握手、交换名片、寒暄等事宜。

要注意正确地使用商务礼仪，并尽可能创造和谐融洽的交谈氛围，以便为后续商务活动奠定良好的基础。

其他同学作为观察员，要指出表演者在表演过程中出现的错误。

游戏六：模拟谈判（第7章用）

现有两家公司打算就合作事宜进行商务洽谈，两家公司的基本情况和谈判内容如下。

甲方：云南省某品牌绿茶公司

乙方：云南省某建材公司

一、甲方背景资料

1. 品牌绿茶产自美丽而神秘的云南省，它位于中国的西南部，海拔超过 2 200 米。在那里优越的气候条件下生长出优质且纯正的绿茶，它的茶多酚含量超过 35%，高于其他（已被发现的）茶类产品。茶多酚具有降脂，降压，减少心脏病和癌症的发病概率。同时，它能提高人体免疫力，并对消化、防御系统有益。

2. 已注册生产某一品牌绿茶，品牌和创意都十分不错，品牌效应在省内正初步形成。

3. 已经拥有一套完备的策划、宣传战略。

4. 已经初步形成了一系列较为顺畅的销售渠道，在全省某一知名连锁药房及其他大型超市、茶叶连锁店都有设点，销售状况良好。

5. 品牌的知名度还不够，但相信此品牌在未来几年内将会有非常广阔的市场前景。

6. 缺乏足够的资金，需要吸引资金，用于扩大生产规模和扩大宣传力度。

7. 现有的品牌、生产资料、宣传策划、营销渠道等一系列有形资产和无形资产，估算价值 500 万元人民币。

（除以上内容外，谈判代表还应自行查找一些相应的茶产品、茶叶市场等一系列资料，以供谈判使用。）

二、甲方谈判内容

1. 要求乙方出资额度不低于 100 万元人民币。

2. 保证控股。

3. 对资产评估的 500 万元人民币进行合理的解释（包含品牌、现有的茶叶及制成品、生产资料、宣传策划、营销渠道等）。

4. 由乙方负责进行生产，宣传以及销售。

5. 风险分担问题（提示：例如可以购买保险，保险费用可计入成本）。

6. 利润分配问题。

三、甲方谈判目标

1. 解决双方合资（合作）前的疑难问题。

2. 达到合资（合作）目的。

四、乙方背景资料

1. 经营建材生意多年，积累了一定的资金。

2. 准备用闲置资金进行投资，由于近几年来保健品市场行情不错，投资的初步意向为保健品市场。

3. 投资预算在 200 万元人民币以内。

4. 希望在一年内能够见到回报，并且年收益率在 20% 以上。

5. 对保健品市场的行情不甚了解，对绿茶的情况也只知甚少，但甲方对其产品提供了相应资料。

6. 据调查得知甲方的绿茶产品已经初步形成了一系列较为畅通的销售渠道，在全省某一知名连锁药房销售状况良好，但知名度还有待提高。

五、乙方谈判内容

1. 得知甲方要求出资额度不低于 100 万元人民币。

2. 要求由甲方负责进行生产，宣传以及销售。

3. 要求甲方对资产评估的 500 万元人民币进行合理的解释。

4. 如何保证资金的安全，对资金的投入是否会得到回报的保障措施进行相应的解释。

5. 乙方要求年收益达到 20% 以上，并且希望甲方能够用具体措施保证其能够实现。

6. 乙方要求甲方对获得资金后的使用情况进行解释。

7. 风险分担问题（例如可以购买保险，保险费用可计入成本）。

8. 利润分配问题。

六、乙方谈判目标

1. 解决双方合资（合作）前的疑难问题。

2. 达到合资（合作）目的。

（注：此次谈判是乙方建材公司赴甲方绿茶公司进行洽谈）

请根据上述内容组织一场模拟谈判，要求按照谈判基本的规范和程序进行，并能够结合公司及谈判人员自身的特点与优势，采取适当的谈判策略，最终达成令双方满意的结果。

参考文献

1. 苏勇，罗殿军. 管理沟通［M］. 上海：复旦大学出版社，2005.

2. 魏江，严进. 管理沟通——成功管理的基石. 第3版［M］. 北京：机械工业出版社，2015.

3. 胡巍. 管理沟通——案例101［M］. 济南：山东人民出版社，2005.

4. Nicky Stanton. 商务交流［M］. 王秀村，等译. 北京：高等教育出版社，1998.

5. 金咏韩，金咏安. 开会就要学三星［M］. 北京：新华出版社，2005.

6. 梁丽芬. 商务沟通［M］. 北京：中国建材工业出版社，2003.

7. Richard Luecke. 商务沟通［M］. 李雪，等译. 北京：机械工业出版社，2005.

8. 全球一流商学院EMBA课程精华. 商务人员的沟通［M］. 北京：北京工业大学出版社，2003.

9. Mary Munter, Lynn Russel. 商务演示指南［M］. 沙丽玎，姜晓春，译. 北京：清华大学出版社，2003.

10. Kitty Locker. 商务与管理沟通［M］. 康青，等译. 第6版. 北京：机械工业出版社，2005.

11. 理查德·D. 刘易斯. 文化的冲突与共融［M］. 关世杰，译. 第2版. 北京：新华出版社，2002.

12. 基蒂·洛克，斯蒂芬·乔·卡奇马莱克. 商务沟通教程［M］. 兰天，王国红，译. 第1版. 北京：人民邮电出版社，2004.

13. 宋莉萍. 礼仪与沟通教程［M］. 上海：上海财经大学出版社，2006.

14. 康青. 管理沟通［M］. 北京：中国人民大学出版社，2011.

15. 金正昆. 商务礼仪［M］. 北京：北京联合出版公司，2013.

16. 黄漫宇. 商务沟通［M］. 北京：清华大学出版社，2016.

17. 刘吉双，蔡柏良. 商务财经写作理论与实践［M］. 北京：中国经济出版社，2016.

18. 一分钟情景销售技巧研究中心. 一分钟情景销售技巧：电话销售 [M]. 北京：中华工商联合出版社，2005.

19. 赵云龙. 电话营销学 [M]. 北京：中国经济出版社，2003.

20. 方其. 商务谈判. 第 3 版 [M]. 北京：中国人民大学出版社，2011.

21. 张强. 商务谈判学 [M]. 北京：中国人民大学出版社，2010.

22.《大学生就业指导新编》编写组. 大学生就业指导新编 [M]. 北京：北京大学出版社，2004.

23. 宝利嘉顾问. 好工作都到哪儿去了 [M]. 北京：中国社会科学出版社，2004.

24. 王燕希. 实用商务英语写作大全 [M]. 北京：对外经济贸易大学出版社，2003.

25. 沈宽. 职场点津 [M]. 上海：上海科学技术文献出版社，2003.

26. 陈核来. 大学毕业生就业指南 [M]. 长沙：国防科技大学出版社，2003.

27. 北京高校毕业生就业指导中心. 大学生就业指导理论与实践 [M]. 北京：中国财政经济出版社，2004.

28. 胡文仲. 文化与交际 [M]. 北京：外语教学与研究出版社，1999.

29. 谢玉华，李亚伯. 管理沟通 [M]. 大连：东北财经大学出版社，2011.

30. 玛丽·埃伦·伽菲. 商务沟通过程与结果 [M]. 兰天，译. 大连：东北财经大学出版社，2009.

31. 凯瑟琳·伦茨等. 商务沟通 [M]. 朱春玲，檀文茹，译. 第 12 版. 北京：中国人民大学出版社，2012.

32. 李仁山. 大学生就业指导与范例 [M]. 北京：首都经济贸易大学出版社，2004.

33. 刘文秀. 卡耐基沟通术：让你魅力倍增的交际技巧大全集 [M]. 北京：中国法制出版社，2014.

34. 童大信. 会说软话的 80 后女教师. 演讲与口才 [M]，2009（1）.

35. 李品嫒. 商务谈判：理论、实务、案例、实训 [M]. 北京：高等教育出版社，2010.